独立学院管理的研究与实践

Duli Xueyuan Guanli de Yanjiu yu Shijian

那薇 曹国林 著

前 言

独立学院是我国 20 世纪末开始出现的依靠社会力量办高等教育的新事物，是我国现阶段扩展大众化本科高等教育的一种新的办学模式，现已成为我国高等教育重要的组成部分。这种模式在广泛吸纳社会资金、扩大优质教育品牌和教育资源、满足广大人民群众接受优质高等教育的需求方面，能够发挥巨大的作用。在今后相当长的一段时间内，促进独立学院快速而又规范化的发展，是有效推动我国高等教育持续健康发展的战略选择。

本书正是在这样的背景下，以"进口"环节（招生工作）、中间环节或过程环节（教学工作与学生工作）和"出口"环节（就业工作）作为切入点，剖析当前独立学院管理与发展中存在的问题，有针对性地提出对策和建议，并就独立学院的发展战略进行了探讨。

本书的两位作者自 1996 年便在民办高校担任管理职务，2000 年开始在云南省规模最大的独立学院——云南师范大学商学院担任中高层管理工作，积累了丰富的经验，对独立学院的运作和管理有独到的见解。本书作为他们十多年来工作的结晶，既有宏观的思考，又有微观的探讨，既有理论的研究，又有实践经验的总结。希望本书能对独立学院的各项管理工作有一定的现实指导意义。

本书在编写过程中，参阅了大量的专著和论文，在书后的参考文献中无法一一列出，在此谨向其作者致以衷心的感谢！

　　由于水平有限，疏漏之处在所难免，敬请广大读者批评指正，编者在此表示万分感谢！

编者

2010 年 11 月

目 录

第一章　独立学院概述 / 1
第一节　独立学院的发展历程 / 1
第二节　发展独立学院的意义 / 5
一、独立学院是高等教育管理体制创新的一种有益探索 / 6

二、独立学院适应了高等教育大众化进程的需要 / 6

三、独立学院客观上弥补了公共财政对高等教育发展的不足 / 7

四、独立学院促进了高等教育资源的优化配置 / 7

五、独立学院促进人才培养规格的多样化 / 8

第三节　独立学院的特点 / 8
一、投资主体的社会性和多元化 / 9

二、民办机制 / 10

三、独立性 / 10

第二章　招生管理工作 / 11
第一节　独立学院招生工作的概况 / 12
一、2010年全国招生工作总体形势 / 12

二、独立学院招生工作的特点 / 13

三、独立学院招生工作中存在的主要政策问题 / 16
　　三、关于独立学院招生政策的建议 / 18
第二节　独立学院招生计划编制工作影响因素分析 / 19
　　一、外部影响因素 / 20
　　二、内部影响因素 / 20
第三节　独立学院招生宣传工作初探 / 22
　　一、精心策划，制订招生宣传方案 / 22
　　二、突出特色，设计多样化的宣传材料 / 23
　　三、多渠道、多形式进行宣传 / 24
　　四、招生宣传工作中的注意事项 / 25
第四节　网上录取工作研究 / 26
　　一、网上录取工作步骤 / 26
　　二、网上录取工作分析 / 29
　　三、完善网上录取工作的建议 / 32
第五节　人本管理在独立学院招生工作的应用 / 35
　　一、加强集体意识是独立学院招生工作人本管理的核心 / 35
　　二、提高领导者素质是独立学院招生工作人本管理的关键 / 36
　　三、学习现代知识和提高自身素质是独立学院招生工作人本管理的保证 / 36
第六节　影响独立学院新生报到率的因素分析及对策建议 / 37
　　一、影响独立学院新生报到率的因素分析 / 37
　　二、提高独立学院新生报到率的对策及建议 / 39
第七节　独立学院招生队伍建设 / 41
　　一、招生人员应具备的素质 / 41

二、独立学院招生队伍建设的措施 / 43

第三章 教学管理工作 / 46

第一节 独立学院学生学习动机和学习行为调查 / 46
一、调查背景 / 46
二、调查结果分析 / 47
三、调查结论与建议 / 53

第二节 独立学院教学工作中存在的问题及对策 / 55
一、独立学院教学工作存在的主要问题及困难 / 55
二、改善和提高独立学院教学质量的对策 / 57

第三节 学分制与独立学院教学管理体制改革 / 62
一、学分制概述 / 62
二、独立学院学分制实施现状 / 70
三、实施学分制的对策和建议 / 71
四、人本管理与独立学院现代教学管理模式构建 / 73

第四节 独立学院多元化教学质量评价体系研究 / 77
一、独立学院多元化教学质量评价概述 / 77
二、独立学院教学质量评价体系存在问题及其原因 / 80
三、独立学院多元化教学质量评价体系的构建 / 83
四、独立学院多元化教学质量评价体系的组织与实施 / 91

第五节 关于独立学院系级教学管理工作的思考 / 101
一、系级教学管理工作的地位和作用 / 101
二、系级教学管理的基本内容 / 102
三、系级教学管理工作的特点 / 104
四、独立学院系级教学管理工作存在的问题 / 105

五、加强系级教学管理工作的建议和措施／106

第六节　独立学院教学秘书队伍建设研究／107

　　一、独立学院教学秘书工作内容／108

　　二、独立学院教学秘书工作特点／110

　　三、独立学院教学秘书能力要求／112

　　四、独立学院教学秘书队伍现状／113

　　五、加强独立学院教学秘书队伍建设的对策及建议／114

第七节　独立学院教学档案管理工作／115

　　一、教学档案概述／116

　　二、教学档案工作的基本原则／121

　　三、独立学院教学档案管理现状／122

　　四、加强独立学院教学档案管理的对策及建议／123

第八节　关于独立学院毕业论文工作的几点思考／124

　　一、目前独立学院毕业论文工作中存在的问题／125

　　二、改进毕业论文工作的建议／128

第九节　独立学院师资队伍建设问题研究／131

　　一、独立学院师资队伍的现状和问题／131

　　二、独立学院"三师型"教师队伍建设／133

　　三、系统论对独立学院兼职教师队伍管理的启示／139

　　四、融智观念在独立学院师资队伍建设中的应用／143

第四章　学生管理工作／146

第一节　独立学院学生的群体特点／146

第二节　关于独立学院学生管理工作的思考／148

　　一、独立学院学生管理工作的主要内容／148

二、独立学院学生管理工作存在的主要问题 / 148

　　三、加强独立学院学生管理工作的对策和措施 / 151

第三节　独立学院教学管理与学生管理一体化思考 / 154

　　一、独立学院教学管理与学生管理工作中存在的问题 / 154

　　二、实现教学管理与学生管理一体化的途径 / 156

第四节　学分制下独立学院学生管理工作的思考 / 159

　　一、学分制下独立学院学生管理工作面临的新问题 / 159

　　二、对学分制下做好独立学院学生管理工作的建议 / 160

第五节　独立学院辅导员的角色定位和素质能力 / 166

　　一、独立学院辅导员的角色定位 / 166

　　二、独立学院辅导员应具备的素质 / 168

第六节　独立学院辅导员队伍职业化和专业化建设的
　　　　思考 / 170

　　一、独立学院辅导员队伍存在的主要问题及原因分析 / 170

　　二、辅导员队伍职业化和专业化的内涵及建设的必要性 / 174

　　三、加强独立学院辅导员队伍职业化和专业化建设的
　　　　途径 / 177

第七节　独立学院学长辅导员管理模式初探 / 180

　　一、独立学院学长辅导员的现实意义 / 180

　　二、独立学院实施学长辅导员的主要职责 / 182

　　三、独立学院学长辅导员制的实施方法 / 183

　　四、实施过程中需要注意的几个问题 / 184

第八节　独立学院学生思想政治教育工作的探讨 / 185

　　一、独立学院学生思想政治工作存在的问题及面临的
　　　　挑战 / 185

二、加强和改进独立学院学生思想政治工作的思考 / 187

第九节 独立学院学生学习状况的实证分析——以云南师范大学商学院为例 / 189
一、研究背景 / 189
二、研究方法 / 190
三、独立学院学生学习状况的实证分析 / 193
四、对策及建议 / 196

第十节 关于独立学院学风建设的思考 / 200
一、学风的内涵 / 200
二、独立学院学风问题及其影响因素分析 / 201
三、加强独立学院学风建设的对策及建议 / 203

第十一节 独立学院校园文化建设现状与对策研究 / 205
一、校园文化的概念和功能 / 205
二、独立学院校园文化建设存在的问题 / 208
三、加强独立学院校园文化建设的措施 / 210

第十二节 大学生网络成瘾的原因及预防 / 212
一、大学生网络成瘾的现状及危害 / 212
二、大学生网络成瘾的原因 / 214
三、大学生网络成瘾的防治对策 / 215

第十三节 独立学院贫困生资助工作体系研究 / 217
一、独立学院学生总体经济状况 / 217
二、独立学院贫困生心理健康状况 / 218
三、独立学院贫困生现有资助模式及问题分析 / 218
四、关于构建独立学院贫困生资助工作体系的思考 / 220

第五章　就业管理工作 / 223

第一节　独立学院毕业生就业问题研究 / 223
一、高校毕业生就业存在的问题 / 223
二、独立学院毕业生就业形势和现状 / 225
三、开展独立学院大学生就业工作的建议及思考 / 226

第二节　个案研究——云南师范大学商学院财务管理专业毕业生跟踪调查报告 / 230
一、基本情况 / 230
二、调查结果分析 / 231
三、调查反映出的主要问题 / 236
四、建议及对策 / 237

第三节　家庭因素对独立学院毕业生就业及择业的影响 / 241
一、调查结果 / 241
二、家庭因素对独立学院毕业生就业及职业选择的影响 / 242

第四节　独立学院全程化就业指导工作研究 / 245
一、独立学院就业指导工作存在的问题 / 245
二、开展独立学院全程化就业指导工作的必要性 / 247
三、独立学院全程化就业指导工作的实施 / 248

第五节　全程化就业指导的契入点——新生入学教育 / 256
一、入学教育应包括就业教育 / 256
二、就业教育应始于入学教育 / 257
三、入学教育中就业指导形式的多样化 / 258

第六节　模拟面试在全程化就业指导中的运用 / 260
一、模拟面试的涵义和作用 / 261
二、模拟面试的组织与实施 / 262

三、模拟面试需注意的问题 / 265

第七节 独立学院毕业生自主创业存在的问题及对策 / 267

一、当前引导和鼓励独立学院毕业生自主创业存在的主要问题 / 267

二、解决独立学院毕业生自主创业的对策 / 269

第六章 独立学院发展战略研究 / 272

一、独立学院的发展战略目标 / 272

二、独立学院发展战略构架 / 272

三、独立学院发展战略实施的前提 / 281

附 录 / 284

参考文献 / 323

第一章　独立学院概述

本书所指的独立学院是实施本科以上学历教育的普通高等学校与国家机构以外的社会组织或者个人合作，利用非国家财政性经费举办的实施本科学历教育的高等学校。

作为一种新兴的高等教育模式，独立学院从1999年开始试办，到目前已成为我国高等教育体系中重要的组成部分，在提高本科教育资源增量，特别是在发展优质本科教育中发挥着不可小觑的作用。截至2009年年底，经教育部批准或确认的独立学院全国共有322所，其中湖北省最多，有31所，其次为江苏省，有26所。除西藏自治区没有独立学院外，其他省市都有不同数量的独立学院。

第一节　独立学院的发展历程

独立学院是在过去的高校二级学院的基础上发展起来的。20世纪末，国家做出了扩大高等教育办学规模的决策，以满足人民群众对接受更多更好的高等教育的强烈愿望。在政府财力不足和办学资源紧张的情况下，一些高校利用非财政经费按新体制举办了一批公办民助性质的二级学院，招收第二批次或第三批次的本科生（个别高校招收专科生），单独进行培养或分散委托给其他二级学院培养。

我国最早的二级学院出现在浙江省。1999年7月，经浙江省人民政府批准，浙江省率先依托普通公办高校，吸引社会力量，利用银行贷款组建了浙江大学城市学院等5所具有独立法人资格、经济独立核算的二级学院。随后，全国其他省市相继建立了类似模式的二级学院，当时被称为"公办民助二级学院"（以下简称"二级学院"）。2003年上半年，全国共有二级学院360所。[①]

在当时，二级学院的创办，调动了民间投资办学的积极性，吸纳了大量社会资金，缓解了扩招带来的教育资源不足的矛盾，也增加了民众接受高等教育的机会，受到社会的欢迎。但由于初创阶段思想上准备不够，缺乏相应的政策和规范，二级学院在办学过程中，不可避免地出现了一些问题和困难。比如没有引入民办机制，投资主体为母体高校，没有充分吸纳社会资金和资源；办学模式和管理方式简单继承公办大学模式，缺乏鲜明的办学特色；多数学院采取"校中校"的办学形式，财务、招生、学历证书、教学管理缺乏独立性，等等。

2003年4月，在总结各地发展独立学院经验的基础上，教育部对全国的独立学院进行了清理与规范，并印发了《关于规范并加强普通高校以新的机制和模式试办独立学院管理的若干意见》（以下简称《若干意见》），将"由普通高校按照新的机制、新模式举办的本科层次的二级学院"简称为"独立学院"，明确提出试办独立学院一律采用民办机制，独立学院应具有独立的校园和基本办学设施，实行相对独立的教学组织和管理，

---

① 刘春.中国独立学院期刊论文的对应分析[J].大连理工大学人文社会科学学院，2009（8）.

独立进行招生，独立颁发学历证书，独立进行财务核算，应具有独立法人资格，能独立承担民事责任。《若干意见》还规定了独立学院应具备必要的办学条件。初办时一般应当具备：校园占地面积不少于150亩（艺术类院校和国家另有规定的除外）。为了保证今后发展需要，应预留发展用地，校园规划占地面积不少于300亩，教学行政用房建筑面积不少于4万平方米，教学仪器设备总值不少于1000万元，图书不少于4万册。独立学院还应具备不少于100人，聘期一学年以上的、相对固定的专任教师队伍。专任教师中具有副高级以上职称的比例应不低于30%，独立学院正式招生时生均各项办学条件应基本符合国家规定标准。满足了这些条件，独立学院在硬件上就得到了一定的保障。

2003年6月，教育部召开了"普通高等学校以新的机制和模式试办独立学院工作会议"，时任教育部部长周济发表了题为《促进高校独立学院持续健康快速发展》的讲话。他强调独立学院要积极发展，突出一个"优"字；规范管理，突出一个"独"字；改革创新，突出一个"民"字。

2003年8月，按照《教育部关于对各地批准试办的独立学院进行检查清理和重新报批工作的通知》，对经省级人民政府或省级教育行政部门批准试办的独立学院进行了检查清理及确认。截至2004年3月1日，教育部第一批共批准173所独立学院。

2004年11月，教育部又发出了《关于对独立学院办学条件和教学工作开展专项检查的通知》，并从2004年12月起到2005年2月，分期分批对全国已经确认的独立学院的办学条件和教学工作进行了专项检查。在专项检查的基础上，教育部于2005年3月22日召开了"进一步做好独立学院试办工作网络视频会"，时任教育部副部长的张保庆作了题为《统一思想，提高认识，注重质量，严格管理，努力促进独立学院健康、持续发展》

的讲话，明确指出"独立学院总体上是积极的、健康的，成绩是主要的，这是一个基本判断"，并表示今后应该继续加以支持，并适度加快发展，争取在未来几年内使在校生总规模达到200万人，成为我国高等教育大众化的一支重要力量。

经过几年的探索实践，独立学院的发展取得了很大成绩，截至2007年，全国共有独立学院318所，在校生186.6万人，占民办高等学历教育在校生的53.4%，本科生的比例占民办本科教育的88.7%。① 当然在试办的过程中也遇到了一些问题，有些甚至影响了独立学院的办学质量和社会稳定。例如，有的独立学院办学不规范，违规招生，违规宣传，学位证书的发放不统一；有的独立学院只顾扩大招生规模，不注重办学质量，管理混乱等。② 因此，只有加强制度建设，才能保证独立学院的可持续发展。

在这样的背景下，教育部于2008年4月1日正式实施《独立学院设置与管理办法》（以下简称《办法》），出台了规范独立学院办学行为、提高办学质量等一系列"新政"。《办法》从法律上明确了独立学院是指实施本科以上学历教育的普通高等学校与国家机构以外的社会组织或者个人合作，利用非国家财政性经费举办的实施本科学历教育的高等学校；同时对独立学院的设立、组织与活动、管理与监督、变更与终止、法律责任等都做了规范，对以前一些模糊的问题进行了明确。《办法》规定，2008年秋季及以后入学的独立学院学生，均以独立学院的名称颁发毕业证或学位证书；同时，还进一步明确了对已设立的独立学院给予5年的过渡期，由教育部进行评估验收。对验

---

① 姚依农．"26号令"颁布有喜有忧，独立学院渐褪母校光环．http://mt.rednet.cn/Articles/08/04/11/919070.htm.
② 杨继瑞，等．高校独立学院市场化运作的经济学分析[M]．成都：西南财经大学出版社，2007.

收合格的独立学院核发办学许可证，符合普通本科高等学校设置标准的，可允许"单飞"，即申请转设民办高等学校；对验收不合格的独立学院将停止招生资格。独立学院由此进入规范发展阶段。①

《办法》实施后，教育部组织了多个评估组对各地、各高校举办的 360 多所独立学院进行了清理整顿，逐个审查，重新备案。截至 2009 年年底，我国有独立学院 322 所，在校生达 241.4 万人，占全国民办普通高校在校生总数的 54.1%，其中独立学院本科生占民办本科学生总数的 86.7%。② 从广大考生及家长对高等教育需求的强烈愿望以及目前我国公办高等教育仍然不能满足考生上大学的需求的现实，独立学院的产生和发展是适于高等教育发展趋势的，并将在今后一段时间内，为推进高等教育多样化健康发展作出应有的贡献。

第二节 发展独立学院的意义

我国高等教育发展进入了一个历史性的转折与发展的新阶段。受高校扩招、适龄人口变化、独生子女时代、高等教育大众化带来的入学门槛降低以及毕业生就业压力增加等一系列因素的影响，全国范围内高中阶段教育，尤其是普通高中规模扩展逐步加快，广大人民群众接受高层次及优质高等教育的期望值迅速提高，对高等教育发展提出了新的要求。未来 20 年尤其是未来 10 年，我国高等教育发展的任务十分艰巨，高层次高等

---

① 阙海宝，罗昆. 指明发展方向 完善制度设计——《独立学院设置与管理办法》的政策解读 [J]. 教育发展研究，2008 (12).

② 2010 年 7 月 16 至 19 日，全国独立学院表彰大会暨中国独立学院协作会 2010 年峰会上公布的数据。

教育供求矛盾依然突出。高中阶段毕业生数的逐年增长，要求在发展大众化本科教育方面探索新的路径和模式。独立学院在这样的背景下产生，一经出现就立即引起了高等教育界的普遍关注，其意义已经超出了通过这种方式来扩大招生规模的简单办学行为本身。

一、独立学院是高等教育管理体制创新的一种有益探索

独立学院是公办高校联合社会力量举办的高等教育机构，实现了公办高校优质教育资源与充裕社会资金的结合，是我国高等教育办学机制与模式的一项有益的探索和创新，是更好更快扩大高等教育资源的一种有效途径，对今后我国高等教育的持续、健康发展具有重大的意义。独立学院的产生和发展有利于大众化背景下在高等教育系统中引进竞争意识，促进高等教育管理体制的创新，从而实现各类高等教育机构相互竞争、相互促进、共同发展。

二、独立学院适应了高等教育大众化进程的需要

我国普通高等教育发展已达到历史上的最大规模，高校大规模的扩招，已使全国各地均出现了万人规模的大学。大部分公办大学的潜力已经充分发挥，容量已接近饱和，部分高校甚至早已处于超负荷运转状态。根据《中国教育与人力资源问题报告》预测，2020年中国高等教育发展将达到3300万人的总规模，即在现有1600万人的基础上再增加1700万人。假设本科招生保持现在40%的比例不变，届时本科生总量将比目前净增加680万人，即需要在现有本科高校的基础上，再增加680所万人本科大学，才能满足高等教育发展的实际需求。

在这种情况下，独立学院的创办为高等教育的发展发挥了不可替代的作用。我国近年来办学实践证明，独立学院具有很

强的生命力，其人才培养质量能够得到保证，人才规格越来越受社会的认可，可以在很大程度上满足广大人民群众对高等教育的需求，同时为社会培养出高素质的专门人才。

三、独立学院客观上弥补了公共财政对高等教育发展的不足

人口众多的现实使我国政府承受着沉重的教育财政负担。1999年扩招以来，中央和地方政府采取了切实有效措施，逐年加大对高等教育发展经费的投入力度，但财政性经费投入仍滞后于高等教育规模的发展，很多地方高校生均拨款逐年下降，许多高等学校处于超负荷运转的状况。受国民经济发展总体水平和国家财政实力的制约，今后国家财政性教育经费用于高等教育的投入不可能有很大幅度的增长。另外，我国高等教育政府拨款占政府教育拨款的比重已达到1/4，远高于日本、韩国，也超出美国等世界发达国家的高等教育比例。而作为政府主要责任的义务教育普及任务依然严峻。因此，在大众化教育阶段，如果单纯依赖政府所提供的高等教育，不可能解决不断激化的高等教育供需矛盾。要实现高等教育的迅速发展，就必须充分利用民间资本，支持非财政性的办学实体发展。独立学院的办学经费是采取民间筹措的方式实现的，完全不依靠国家财政拨款。所以，高等教育要巩固大众化，实现普及化，国家必须进一步鼓励和引导独立学院的发展。

四、独立学院促进了高等教育资源的优化配置

大力发展高等教育首先要扩大规模，同时必须保证质量。但在实际发展过程中，数量扩张与质量提升是一对不可回避的矛盾，往往难以兼顾。独立学院既拥有母体高校在品牌、管理、师资、教学等方面的优势，同时又具有民办机制的灵活性，从而较好地解决了高等教育快速发展普遍存在的办学资源紧张问

题，使教育质量得到有力保证，实现规模扩大与质量保证的同步发展。

另外，通过举办独立学院，可以挖掘母体高校的办学潜力，优化高等教育资源的配置。通过母体高校教育资源的盘点，可将原本没有得到充分利用的存量教育资源进行重新组合，物尽其用，人尽其才，既可增加高等教育的有效供给，也有利于母体高校的改革和发展。[①]

五、独立学院促进人才培养规格的多样化

独立学院在办学理念、管理体制、办学模式等方面与公办高校完全不同，而且相形之下，其跟市场的联系更为紧密。另外，独立学院的办学模式与一般的民办高校也有根本性的区别，在办学层次上相对一般的民办高校较高。独立学院既不培养研究型人才，也不直接培养职业技术人才，而是强调基础知识和应用能力的结合。所以，独立学院人才培养规格是具有特色的。独立学院的出现，不仅满足了社会对人才的多样性的需求，还为学生在现有的公立教育体系之外提供了另一种选择。

第三节 独立学院的特点

原教育部部长周济在《促进高校独立学院持续健康快速发展——在普通高等学校以新的机制和模式试办独立学院工作会议上的讲话》中指出，独立学院的特点是"优、独、民"。其中"优"是指利用母体院校的"优"质资源（这是与纯粹的民办

---

① 来茂德. 独立学院：中国高等教育发展的新探索 [M]. 杭州：浙江大学出版社，2004：107.

高校最大的不同之处），依托于公办高校好的品牌、教学传统、教学资源、管理模式及教师队伍；"独"是相对于过去的国有民办二级学院而言，由三个独立变成了六个独立；"民"是相对于公立大学而言，独立学院是民办的，由社会力量投入资金、土地使用权等而创办的，同时也带来民营的机制与活力。在《2004中国成长型大学——独立学院峰会会议纪要》中根据独立学院的发展需要，又增加一个"特"字，所谓的"特"是指适合独立学院的办学特点和办学特色。

与普通高校及民办大学相比，独立学院具有以下三个基本特性：

一、投资主体的社会性和多元化

几十年来，我国高等教育在计划经济体制下形成的一元化办学体制和单一的政府投资渠道，使国家财政背上了沉重的包袱，虽然许多高校尝试过社会渠道捐资、筹资的办法，但未能从根本上解决办学经费短缺的问题。独立学院的资金不是国家和地方政府的财政性教育经费，而主要是由各种社会力量，如企业、社会团体或个人的非公有资本，以及其他有合作能力的社会机构等出资。独立学院的投资方（合作者）可以是一家投资单位，也可以是多家单位组成的联合投资体，经济比较发达的省市还可以得到政府的资金或政策扶持，投资主体体现出了较大的社会性。

投资主体多元化具体表现为：具有较高教育水平和管理水平的公办普通本科高校与各种具备较强经济实力的社会力量联合举办；公办高等院校与投资方（合作者）共同拥有独立学院的管理权和支配权；公办高校不仅要投入学校的教育品牌、成熟的教学管理经验等无形教育资产，而且还要投入相当数量的高水平教师和教育管理人员，对独立学院的教学和管理负责；

合作者不仅要"负责提供独立学院办学所需的各项条件和设施",而且还要"参与学院的管理、监督和领导"。这是独立学院与民办高校的本质区别。

二、民办机制

教育部第26号令颁布以后,独立学院的发展方向基本可以确定,逐渐走向完全意义的民办大学,机制上一律采用民办机制办学,改变过去的"非公非民"状态,母体院校由"主导"逐渐走向"过渡"进而"退出"历史舞台,基本完成搭建的历史使命。独立学院在办学过程中不仅要遵循《中华人民共和国高等教育法》,而且还必须贯彻实施《中华人民共和国民办教育促进法》,建立学院董事会,实行董事会领导下的院长负责制,维护学院独立的法人地位,按照民办机制筹措学院建设与发展所需要的各项经费,独自实施学院资产和财务管理,自主经营、自负盈亏。由此可见,独立学院的机制较普通高校而言,更为灵活,市场化运作的空间更大。

三、独立性

独立学院应与母体高校相分离,享有独立法人地位,独立承担民事责任;还应具有独立的校园和基本办学设施,实施相对独立的教学组织和管理,独立进行招生,独立颁发学历证书,独立进行财务核算。因此,独立学院与母体学校之间不是简单的上下级关系,不是学校与其下属的一般二级学院的领导与被领导的关系,而是独立法人与独立法人之间的关系。从某种意义上说,是校方、合作方在独立学院这个独立平台上的同舟共济的平等合作关系。

第二章　招生管理工作

招生工作是学校工作的首要环节，生源是学校的根本。与公办学校不同，独立学院按照市场机制办学，此项工作就显得更加重要。一方面是因为独立学院没有国家财政拨款，所有办学经费都来源于学费收入，生源数量直接影响着办学效益；另一方面，独立学院办学时间不长，要想得到社会各界的认可，就必须确保教学质量和办学水平的提高，生源质量是一个重要的影响因素。

随着我国高校招生考试制度改革的不断深入，高等教育大众化、国际化的快速发展，越来越多的独立学院认识到招生工作对学校生存和发展的重要性，并开始把提高生源质量作为学校人才培养的重要内容来抓。然而，目前仍有不少独立学院对招生工作的重要性认识不够，招生工作还普遍存在系统性不强、全面性较差、开放性不够、信息服务不畅、管理松散不科学等情况。根据独立学院自身特点，加强和改进招生工作，强化管理，不断提高独立学院的生源质量至关重要。

第一节 独立学院招生工作的概况

一、2010年全国招生工作总体形势

1. 生源数量总体下滑，招生计划持续增加，生源竞争更加激烈

根据教育部公布的数据，2009年、2010年全国高考报名人数连续两年出现大幅度下降，而录取率却持续增长（见表2-1）。招生计划增加与报考人数减少的矛盾，导致生源竞争更加激烈。

表2-1 近五年全国参加高考人数和录取人数统计表

时间（年）	报考人数（万人）	录取人数（万人）	录取率（%）
2006	950	546	57
2007	1010	566	56
2008	1050	599	57
2009	1020	629	62
2010	946	657	65

资料来源：中国教育在线 http://www.eol.cn/

2. 各地高校逐年增多，地方保护主义范围逐年扩大

近几年来，各省、市、自治区都不同程度地增加了一批民办高校、独立学院，升格了一批高职学院。在生源有限的前提下，为了满足本地高校招生的需要，有的省、市、区会对民办高校、独立学院采用省内、省外两种政策进行录取；同时限制向省外投放的招生计划，尤其是中东部省市，生源多、质量好、

高校多、报考考生大幅减少的省份的计划限制更为突出。从以前的卖方市场变为现在的买方市场,增加了省外院校招生的难度;同时,各地招办在对省外独立学院投档时直接屏蔽掉考生联系电话,录取前不允许征询考生意见,对提高录取考生报到率直接设置障碍。

3. 经济发达地区独立学院迅速崛起,竞争实力显著增强

近年来,经济发达地区的独立学院迅速崛起,尤其是硬件条件,动则土地上千亩,在校生上万人,无不体现出大手笔和大投入。对考生和家长来说,硬件条件是直接反映该校办学实力的有力特征。因此,经济欠发达地区独立学院的硬件条件优势不是太明显,对考生报考数量和生源质量的提高有较大影响,马太效应逐步显现,且对新生报到率的影响尤为突出,新生报到率呈逐年下降趋势,从而加大了这些地区独立学院完成招生计划的难度。

4. 自然灾害频发,严重影响各地经济水平

进入 20 世纪 90 年代以来,在全球气候变化的大背景下,我国各种极端气候事件频繁发生,破坏程度越来越强,给社会、经济和人民生活造成了严重的影响和损失。据民政部公布,2008 年因灾直接经济损失为 1516 亿元,2009 年达到 2523 亿元。2010 年我国发生了多起洪涝、风雹、雪灾、山体滑坡、泥石流、干旱、低温冷冻以及地震等灾害,仅 5 月份因灾直接经济损失就高达 451.7 亿元。这些灾害对考生报考独立学院的积极性以及后续新生的报到率和缴费情况等也造成了一些不利影响。

二、独立学院招生工作的特点

(一) 学生全额成本交费,收费较高

近年来,随着教育投资体制改革的深化,高校的经费来源由原来主要依靠国家投入,逐步转变为教育成本合理分担制,

学生需承担部分教育费用，并且承担的比例近年来还在不断提高，尤其是独立学院承担的比例更高，基本由学生全额承担教育成本。据不完全统计，独立学院学生的学费一般在 10 000～20 000 元/生/年。

（二）办学时间较短，社会影响力较小

从传统意义上来理解，判断一所学校办学情况如何，一般从该校的办学历史可大概了解。学校要办好，除了要有雄厚的资金、功能齐备的教学楼之外，还要有优良的师资和深厚的文化底蕴。而这二者靠金钱是不能解决的，要靠时间来磨砺、沉淀、影响和深化，要靠一批又一批老师的不懈努力，一批又一批学生的奋斗才能实现的。办学质量的好坏，最基本的判断是学校培养的学生是否经得起社会的检验。而检验是一个漫长的过程，需要时间，被社会逐步接纳和认可，最终才会形成社会影响力。社会影响力对学校的发展非常重要，尤其是对完全依靠学生的学费收入办学的独立学院来说，生源是办学的基础。因此，所有独立学院对招生工作都非常重视，将其视为学院发展和生存之本。招生工作是一个系统工程，与教育的各要素密不可分，如社会影响、教育质量、就业情况、招生模式、招生数量、招生质量等，都互相关联。因此，办学时间短、社会影响力小、考生及家长对学校信任度不高，都将对独立学院的招生产生较大的影响，主要表现为生源不足和招生计划难以完成，直接影响独立学院的生存和发展。这是独立学院办学过程中客观存在的主要问题。

（三）政策不完善，流程不清晰

独立学院是在特殊时期产生的新的高等教育办学形式，还处于摸索过程。目前全国独立学院的办学模式有近十种之多，从投资方来讲，有完全公司投资的；有政府加公司投资的，也有高校自己投资的，有高校加公司投资的；还有政府加国有大中型企业投资等形式，投资来源比较复杂。对于办学只有几年的独立学院来说，要在较短时间规范独立学院的办学形式，明晰工作流程，那是较为困难的事情。从管理学的角度来说，制定政策、出台标准，都要照顾到各方利益，并要求所定政策针对性强，可操作性强。而在独立学院投资主题多元、办学规模快速增长的同时，不仅规范性、可操作性的制度难以出台，就连独立学院今后将如何发展都备受关注和质疑，是独立、合并，还是维持现状？这一连串的问题自独立学院成立之初就引起社会各界的广泛关注和议论。综合起来主要有两种不同的观点：一是独立学院利用社会投资举办，高收费办学，办学质量难以保证，投资方办学的目的完全是为了赚钱，应该给以限制和控制；二是独立学院利用社会投资办学，不用政府财政投入，是高等教育的重要组成部分，在高等教育从精英教育到大众化教育的发展过程中发挥了重要作用，应该给予大力支持。从以上两种观点可以看出，未形成最终共识的关键是教学质量的问题，如果独立学院的教学质量有保证，那么没有理由不支持。因此，尽快完善相关政策，明确工作流程，是独立学院生存与发展的当务之急，这也是独立学院目前发展过程中的一个重要特点。

  针对独立学院客观存在的特点，为了有效地缓解独立学院在招生工作中表现出的突出矛盾，即招生计划网络的硬管理与独立学院追求的录取新生百分之百报到率之间的矛盾，就应进一步提高独立学院新生报到率，降低办学风险。因此，在招生过程中，强化独立学院招生的科学管理，树立全员意识，充分调动招生工作人员积极性，强化并实施科学的人本管理，是独立学院招生工作矛盾得以缓解的有效途径。

三、独立学院招生工作中存在的主要政策问题

（一）独立学院招生计划的管理与分配机制不完善

独立学院的招生与普通高校的招生有着很大的区别。在谈到独立学院的招生工作时，往往首先考虑的就是招生计划问题。因为作为按照市场机制办学的新体制大学，独立学院完全没有国家财政拨款，所有办学经费都来源于学费收入，学校规模的大小直接影响着办学效益，招生计划对于独立学院而言是至关重要的。目前，独立学院招生计划的管理与分配存在的主要问题有：

1. 招生计划总量不足

依照教育部对独立学院的层次定位，独立学院应该属于本科层次的高等院校。国家又同时规定，对独立学院实行属地化管理原则。然而，依据国家高等教育现行管理体制，地方政府教育主管部门并没有本科招生计划的审批权，而只能在国家分配给地方院校的本科招生计划余额内统筹安排独立学院的招生计划，这就造成了独立学院无法获得足够的本科招生计划，造成投资方资源的浪费和闲置，从而影响投资者投资的积极性。这已成为投资方和主办方最头疼的问题。

2. 招生计划分配不公

独立学院按市场经济管理体制组建，却在招生计划上受制于计划经济体制下的招生模式，招生计划有多少、招生计划如何分配等都取决于教育行政主管部门的决策，在一定程度有"分配不公"的现象存在。曾有一位湖北省的独立学院董事长就提出："投资这么大，每年只给两千个指标，够吗？就像一个每顿能吃一斤饭的人，你偏偏只准他吃二两，能吃饱吗？"如果有关部门在招生计划的分配上"撒胡椒面"，家家都差不多，不全面考虑投资者的投入，那是不科学、不合理的。有的学校是

"校中校"，有的学校租地办学，如果招生计划、收费标准和投巨资兴建的学校相差无几，会让人觉得有失公平。

（二）填报志愿的程序不合理

随着经济和社会的发展，我国高等教育由原来的增加招生人数、扩大办学规模向巩固现有规模、提高教学质量转变，因此，国家严格控制招生计划的增长，改革招生办法：多数省（区、市）实行了考生在高考成绩公布后填报志愿，更有个别省允许考生查询在所报高校中的个人排名，对照招生计划不断调整和修改自己所报考的志愿。这种填报志愿的方法无疑会使第一、第二批次录取的高校获得充足的高素质生源，但对处于第三批次录取的独立学院来说，就只能在有限的考生资源中选择，很大程度上压缩了其录取空间。

（三）独立学院招生录取政策不够健全，配套政策不够完善

独立学院招生录取政策制定得是否科学合理，对独立学院能否足额完成招生计划起到至关重要的作用，独立学院的发展与高等教育需求和各地科学合理地制定招生录取政策是密不可分的。目前各地在招生录取政策方面各有差异，有的省份因独立学院发展时间稍长，积累了一定的经验，制定出了较为科学合理的招生录取政策；而有的省份独立学院刚刚开始起步，招生录取政策还有待改进。

1. 国家政策不够完善

由于独立学院尚处于试办阶段，一些配套的政策还未出台或正在试行之中，在各项工作中难免遇到一些困难和阻力。但随着国家及各级政府相关政策的完善，独立学院将会有一个更加良好的发展环境。

2. 地方保护政策严重

自高校1999年"大扩招"以来，各省（区、市）独立学院发展较快，有的省区为了保障本省独立学院的生源，采取了不

同程度的地方保护政策，不允许或限制外地独立学院到本省区投放招生指标，这也在一定程度上对独立学院的招生工作造成了影响。

3. 招生秩序不够有序

一方面是由于相关政策不够完善导致招生秩序不够有序；另一方面有少数独立学院或招生中介的一些违规行为也影响了正常的招生秩序。他们不惜重金非法贿赂各级政府官员盲目增加招生计划指标，然后拿着这部分招生计划录取一部分线下考生，利用学生和家长求学心切的心理又额外收取"点录费"或"建校费"。这些违规行为直接扰乱了独立学院的招生秩序，损害了独立学院的公众形象，同时还增加了一个教育腐败源头。

因此，在招生工作中必须严格执行教育部的相关规定，杜绝打招呼、递条子的情况发生，严禁任何除正常费用以外的收费行为发生。相信随着独立学院的发展、成熟以及相关政策的出台与完善，招生工作会越来越规范有序。

四、关于独立学院招生政策的建议

目前独立学院招生工作中存在的诸多问题短时间内是不可能完全解决的，只能逐步加以改进和完善。建议教育行政主管部门在制定录取政策时应从以下两个方面加以考虑：

（一）增加招生录取的投档比例

正确确定比较科学合理的录取投档比例，对独立学院录取来说非常重要。有些省特别是沿海发达地区这方面做得较好，他们在常规普通高校投档比例（120%）的基础上，将比例增加到130%~150%对独立学院投档录取。这主要是出于两个方面的考虑：第一，由于独立学院实行教育成本分担制，不是每一个家庭都能承受得了的，学校在录取过程中往往会征询考生意见，对于不愿就读"三本"却误报志愿的、经济能力差的考生及时退档，提高投档比例能够确保独立学院有足够的生源；第二，在确保考生利益的前提下，这一措施也提高了招生计划的使用效率，使原本紧张的本科招生计划不被白白地浪费掉。

（二）争取招生录取后期设置补录环节

由于独立学院的报到率一直不够理想，本科的平均报到率只有75%左右，因此独立学院设立补录环节就显得尤为重要。如果按原有程序进行录取工作，由于学生报到率较低，就会造成想读的人读不了、不想读的人被录取后放弃入学的现象。这样，不仅不能最大化地满足考生的教育需求，还会导致教学资源的浪费和教学成本的增加，影响投资方的利益。因此，增设补录环节是有效解决独立学院考生报到率低的方法之一。

第二节 独立学院招生计划编制工作影响因素分析

高校招生计划的编制是高校招生工作中的重要环节。招生计划的编制直接关系着学校招生计划的完成、教学工作的开展、教学质量的提高、人才培养目标的实现，最终影响到学校的生存与发展。独立学院因其办学经费的来源比较单一，招生计划的编制和执行更是与其命运息息相关。

编制招生计划不是招生专业与招生人数的简单分配，而是通过招生专业、人数、地域的最优组合实现生源数量和质量的全面提高，最终培养出适应社会经济发展的有用人才。影响招生计划制定的因素很多，只有将内、外部影响因素有机地结合起来，才能制订科学的招生计划。

一、外部影响因素

影响独立学院招生计划编制的外部影响因素有很多，如人口因素、经济因素、文化因素等。此处主要讨论社会经济发展对招生计划编制的影响。

独立学院的人才培养定位于"应用型"，主要为地方经济建设服务。因此，要求独立学院在编制招生计划时要有预见性和前瞻性，应以当地经济结构、产业布局和社会发展需要为前提，充分论证现有专业，深入调研、科学预测经济发展所需专业，科学合理、有步骤地规划和申报新专业，遵循经济建设和社会发展的需要，灵活调整专业结构及专业方向，积极扩大经济建设和社会发展急需的学科专业，并相应地调整招生计划。

二、内部影响因素

除了外部因素，招生计划编制还要受独立学院的办学定位、学科专业、管理水平、师资队伍、生源质量、就业情况等内部因素的影响。

（一）办学定位和学科专业设置的影响

随着高等教育大众化进程的加快，各高校招生规模不断扩大，生源却在逐年萎缩，生源之争日趋激烈。独立学院在这样的形势下更需准确定位，提高"应用型、实用性"人才的培养规格标准。在明确学校发展定位之后，要对优势学科、特色学科给予重点发展，适当扩大对相关专业的招生计划，尽量避免专业重复设置的问题出现以及过度竞争与低水平重复办学。

（二）管理水平和师资队伍的影响

独立学院是新生事物，从自发产生、试办，然后经过治理调整的过程进入到规范办学和提升的阶段。由于地方经济与文化的综合力量以及思想解放的程度不同，各地独立学院的发展状况参差不齐，基本上是"东高西低"——经济条件比较好、办学意识比较强的中东部地区发展较快，西部地区及偏远地区发展比较缓慢。因此，独立学院必须考虑自身的管理水平和师资队伍状况，科学合理地编制招生计划。

（三）生源质量的影响

生源质量是影响计划制订的最内在的因素，独立学院需要根据实际生源情况调整分专业、分省计划。

1. 根据各专业生源质量，调整分专业计划

考生的第一志愿录取率是从报考角度来体现考生的专业取向，各专业的生源质量可由这一指标体现出来。新生第一志愿录取率较高的专业生源较好，可以适当增加招生计划。与此同时，对有优势和发展前景较好的专业也应适当增加计划量。

2. 根据各省生源质量，调整分省计划

各省的录取分数、录取分数与提档线之间的差距以及第一志愿录取率等都反映着各省的生源质量，从而影响到各省的计划分配。

首先，要争取更大的"覆盖面"，在招生计划总数允许的情况下，尽可能将招生计划安排到更多的省份。其次，在总结、分析历年招生和就业工作的基础上，适当向录取分数高、第一志愿录取率高、报到率高、未来有利于就业的省份多投放计划，为学校吸纳更多的优秀学子。

3. 根据各省经济发展状况，调整分省计划

独立学院的学费较高，招生时要考虑学生的经济承受能力，因此在经济较发达地区可以适当增加招生计划，如浙江、江苏、广东等。

（四）就业情况的影响

随着高校扩招和金融危机的影响，就业形势越来越严峻，就业率已成为社会对高校人才培养工作进行反馈的重要指标。

因此，独立学院要紧密结合各专业近年来的就业情况，分析未来一个时期区域经济社会发展特点，加强对各类专业人才需求的规律性研究，逐步建立招生学科专业动态调整机制，统筹好招生、培养和就业几个方面，提高人才培养的适应性。

需要注意的是，这里所指的就业情况不能单纯以就业率为参考指标，还应该重视就业质量，即岗位、职务、专业对口率、工资水平等。对于就业率和就业质量均较好的专业可适当多投放一些计划指标。

综上所述，编制招生计划的过程，实际上是学校对影响其招生计划实现的内、外部因素进行科学预测和分析基础上决策的结果。

第三节　独立学院招生宣传工作初探

随着高等学校招生规模的不断扩大，高校生源的竞争日趋激烈，生源质量直接影响着学校的人才培养质量，而招生宣传工作在提升生源质量过程中起着重要的作用。因此，应将招生宣传工作落到实处。

一、精心策划，制订招生宣传方案

学校领导要站在学校生存和发展的高度精心策划宣传方案。首先，要在熟悉国家政策的基础上，进一步掌握各省、市、自治区的生源情况以及本省的现状，确定招生目标市场；其次，要注重信息、情报的收集、整理、分析、反馈等工作，知己知彼，为科学决策提供信息支持；最后，要确定招生宣传工作的指导思想、工作目标、组织结构、工作方法和经费预算等。

二、突出特色，设计多样化的宣传材料

1. 确保宣传内容的真实性

招生宣传内容是考生报考志愿的重要依据，宣传内容真实与否，不但直接影响考生的切身利益和新生报到率，而且还会影响社会对学校的信任度和学校声誉。《招生简章》是主要的宣传材料，包括学校的基本概况、招生情况以及录取原则等。其内容必须符合国家法律和教育部的有关规定，宣传内容必须真实有效。学校的基本情况介绍要从实际出发，宣传学校的办学规模、办学层次、办学性质、师资队伍、管理水平、人才培养质量等情况，让考生对学校的基本情况有比较准确的认识和定位，便于进行正确的选择。

2. 凝炼特色，突出重点

大学的办学特色是指一所大学在发展历程中，形成的比较持久稳定的发展方式和被社会认可的、独特的、优良的办学特征。

每逢高考来临之际，各高校的宣传资料犹如雪片般地飞向学生，有些学生根本不看，或只看一眼觉得没什么新颖之处就将其丢入垃圾箱。因此，独立学院在选择宣传内容时一定要突出办学特色，以此来吸引考生填报志愿。

在凝炼特色的过程中，学校领导要明确特色就是一种比较优势：人无我有是特色，人有我新是特色，人新我强也是特色。

3. 设计、印制宣传材料

作为宣传的主要媒介，做好招生宣传资料的编印是十分必要的。首先，要印制图文并茂的宣传材料，生动具体，讲究美学原理和艺术水准，给人视觉上的美感，让人愿意看或吸引人来看，这样才能增强宣传效果。其次，宣传资料不能太单一，应有多种形式，根据不同的需要选择不同的形式。比如，彩色

画册内容丰富、制作精美，但成本较高，印制数量不易太多，主要针对各地招办工作人员、中学领导、年级组长、班主任发放，电子版则可放在校园网上供远程浏览；彩色招贴画比较醒目，可在咨询会现场、中学校园、教室或人流量较大之处张贴使用；折页成本低、信息量大、易于携带，可成批邮寄给考生，也可在咨询会现场发放给考生及家长。

三、多渠道、多形式进行宣传

招生宣传应根据自身的内容特点运用多种形式，通过各种渠道，抓住一切可以利用的机会，进行广泛深入的宣传。

（1）直接寄发资料宣传。直接给各地中学寄发《招生简章》等宣传资料，是各高校采用得最多、运用最为普遍的宣传方式。它的优点在于宣传面广，可以把学校概况、招生计划、录取原则、专业介绍和招生问答等印刷在一起，既直观又便于张贴展出。

（2）参加现场咨询会宣传。在填报志愿期间，各省、市招生部门在一定范围内举办高考填报志愿咨询会，独立学院可在咨询会上设立咨询点，宣传学校，扩大影响，争取优秀生源。通过咨询会，宣传人员可以与考生和家长面对面地交流，让考生和家长直接了解到学校的相关信息。

（3）利用网络宣传。网络作为信息传播的新媒介，越来越成为高校发布各种招生信息的重要渠道和与考生相互交流的平台。网络宣传具有传播速度快、影响范围广、公众接触程度高等特点，使招生宣传更为便捷、有效和连续，已成为家长及考生深入了解独立学院的重要途径。

（4）实地宣传推介。按政策要求，独立学院大部分招生计划要在省内投放，因此应选派招生宣传人员到各地市州、各中学进行实地宣传推介，实现招生宣传进学校，《招生简章》完全覆盖的目标。这一途径可加强对中学的宣传力度，加强与学校的密切关系，保持和促进两校关系的发展，建立稳定、高质量的生源基地。

四、招生宣传工作中的注意事项

1. 确保一个重点

独立学院主要培养区域经济建设所需各类专门人才，因此招生宣传经费的投入、宣传的重心都应以本省作为工作重点，要力争做到省内完全中学全覆盖，对考生填报志愿时"有影响、有导向、有选择"。

2. 兼顾两块市场

独立学院在整个招生宣传过程中，除了做好省内招生宣传外，还要兼顾省外市场，做到省内、省外两个市场统筹考虑。由于省外计划较为分散，宣传内容主要是体现学院办学优势、办学特色及取得的成绩，树立学院品牌和影响力，提高学院美誉度，为改善生源结构、提高生源质量和新生报到率奠定基础。

3. 协调三种关系

独立学院在做好省内宣传的同时，还要协调好三种关系：一是学院与各地市州招办的关系；二是协调好学院与各县级招办的关系；三是协调好学院与各地市、州、县高级完全中学的关系。只有这样，才能理顺各种关系，营造良好的工作环境，得到尽可能多的支持和帮助。

总之，独立学院要根据自身情况，精心策划，加强组织，构建更加科学合理的招生宣传体系，开展招生宣传工作，不断扩大学校在社会公众中的影响，争取更多、更好的生源，提高人才培养质量。

第四节 网上录取工作研究

公平竞争、公正选拔、择优录取，是高校招生工作的原则。自 1977 年恢复高考制度以来，围绕这一原则，各省、市（自治区）都制定和实施了一系列相应的规章制度和政策措施，一直沿用着用围墙和警察把工作人员和录取人员同外界严密隔离开来的"全封闭"录取模式。这种封闭模式能减少干扰、有效维护公平公正录取，在当时的历史条件和环境下确实起到十分显著的作用。

但是，在通信技术日益发达的今天，移动电话满天飞，"封闭虽严，干扰依旧"；同时，每年八月，全国各高校派出大批招生人员奔赴各省招办，费时、费力、费钱的弊病一直无法解决。因此，改革现行录取办法的思想已逐步萌发，随着计算机和网络技术的飞速发展，一种新的招生方式——无纸化录取应运而生。

无纸化录取就是在高校录取新生过程中，利用现代计算机技术，在网络系统管理下，高校录取人员通过电脑直接调阅考生电子档案并确定录取与否。在投放和审阅考生电子档案直至全部确定录取名单的过程中，没有原始档案流通，也没有纸上文件流通，完全用信息流通代替实物流通。当录取人员在计算机上确认录取完毕以后，才打印录取新生名册，办理审批手续，提取考生原始档案并离开录取场所。我们把这样的录取新生管理系统简称为"无纸化录取"。

一、网上录取工作步骤

根据教育部《计算机网上远程录取工作办法》和《招生计算机网上远程录取工作保障制度》规定，网上录取工作由如图 2-1 所示步骤完成，"远程录取辅助决策系统"（见图 2-2）

在远程录取过程中发挥着重要的作用。

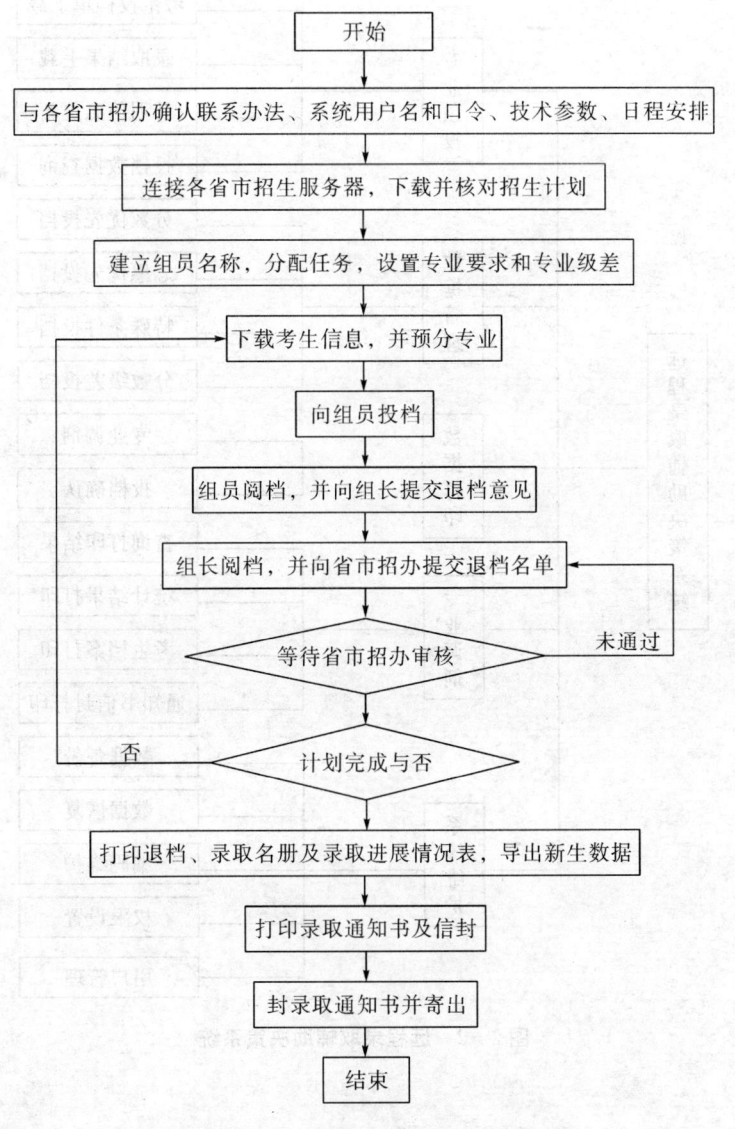

```
                    ┌──────────┐
                    │   开始    │
                    └────┬─────┘
                         ↓
      ┌──────────────────────────────────────────┐
      │ 与各省市招办确认联系办法、系统用户名和口令、│
      │        技术参数、日程安排                  │
      └──────────────────┬───────────────────────┘
                         ↓
          ┌─────────────────────────────────┐
          │ 连接各省市招生服务器,下载并核对招生计划 │
          └────────────────┬────────────────┘
                           ↓
        ┌───────────────────────────────────────┐
        │ 建立组员名称,分配任务,设置专业要求和专业级差 │
        └────────────────┬──────────────────────┘
                         ↓
   ┌───→ ┌──────────────────────────┐
   │     │  下载考生信息,并预分专业   │
   │     └────────────┬─────────────┘
   │                  ↓
   │           ┌─────────────┐
   │           │  向组员投档  │
   │           └──────┬──────┘
   │                  ↓
   │     ┌─────────────────────────────┐
   │     │ 组员阅档,并向组长提交退档意见 │
   │     └──────────────┬──────────────┘
   │                    ↓
   │     ┌──────────────────────────────────┐
   │     │ 组长阅档,并向省市招办提交退档名单 │←──┐
   │     └──────────────┬───────────────────┘   │
   │                    ↓                        │
   │              ╱────────────╲                 │
   │             ╱  等待省市     ╲─── 未通过 ─────┘
   │             ╲   招办审核    ╱
   │              ╲────────────╱
   │                    ↓
   │              ╱────────────╲
   └─── 否 ──────╱ 计划完成与否  ╲
                 ╲              ╱
                  ╲────────────╱
                        ↓
      ┌────────────────────────────────────────┐
      │ 打印退档、录取名册及录取进展情况表,     │
      │          导出新生数据                   │
      └──────────────────┬─────────────────────┘
                         ↓
           ┌─────────────────────────────┐
           │    打印录取通知书及信封       │
           └──────────────┬──────────────┘
                          ↓
           ┌─────────────────────────────┐
           │    封录取通知书并寄出         │
           └──────────────┬──────────────┘
                          ↓
                   ┌──────────┐
                   │   结束    │
                   └──────────┘
```

图2-1　计算机网上远程录取流程图

第二章　招生管理工作　27

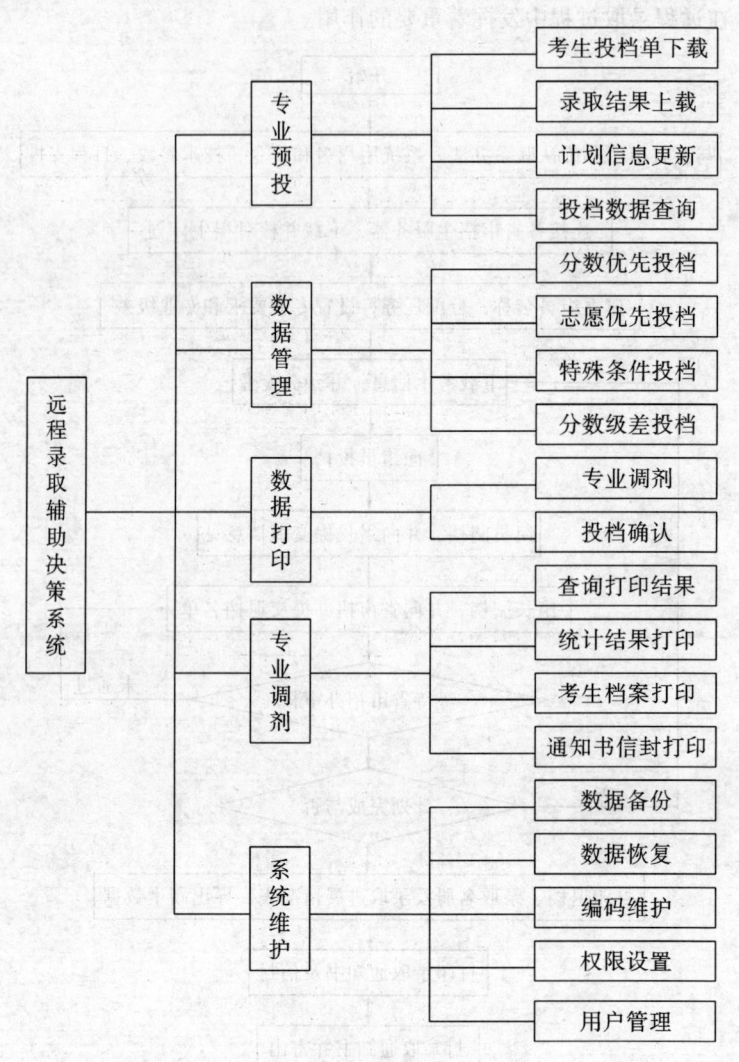

```
远程录取辅助决策系统
├── 专业预投
│   ├── 考生投档单下载
│   ├── 录取结果上载
│   ├── 计划信息更新
│   └── 投档数据查询
├── 数据管理
│   ├── 分数优先投档
│   ├── 志愿优先投档
│   ├── 特殊条件投档
│   └── 分数级差投档
├── 数据打印
│   ├── 专业调剂
│   └── 投档确认
├── 专业调剂
│   ├── 查询打印结果
│   ├── 统计结果打印
│   ├── 考生档案打印
│   └── 通知书信封打印
└── 系统维护
    ├── 数据备份
    ├── 数据恢复
    ├── 编码维护
    ├── 权限设置
    └── 用户管理
```

图2-2 远程录取辅助决策系统

二、网上录取工作分析

1. 与传统录取管理模式的区别

与传统的录取管理模式相比,计算机网上录取存在着一些根本性的变化。主要表现在以下几方面:

(1) 管理思想

在传统录取管理的模式下,其根本的指导思想就是以招办为中心。招办在工作过程中包办太多,对高校卡得过死。实行网上录取以后,进一步扩大了高校自主权,"高校自主,招办监督"的原则逐步体现。招办也相应转变角色,摒弃传统的思想和行为模式,集中体现、强化为高校和考生服务的意识。

(2) 管理重点

传统的录取管理模式的重点是全体工作人员和整个流程。实行网上录取后,管理重点是机器、网络、程序和技术人员,同时由全流程管理改为重点结果管理。只要这些方面管理好了,录取工作就不会出现大的问题。

(3) 管理形式

传统的录取管理模式一般采取"全封闭"的形式,工作人员在录取期间不能离开录取现场。实行网上录取后,录取信息全部通过计算机网络传递,实行"开放式"管理已成为可能。

(4) 管理手段

传统的录取管理手段一般是依靠人力,基本上是"层层布防,关关设卡",录取现场一般都要设立调档组、录检组、计划组、档案组、审批组等,高校要一关一关地过。实行网上录取后,主要靠计算机,省、市招办在录取现场主要设录取联络组就可以了,其作用主要也不是"管、卡",而是联络、协调和服务。

(5) 运作方式

传统的录取运作方式是以考生的纸质档案为载体来运作。

实行网上录取后，交流的方式与传递的介质发生了变化，考生信息以电子档案为载体，考生信息的交流方式由"物流"变成了"信息流"，高校招生工作人员与省、市招办工作人员的交流方式也由人与人、面对面的交流，转变为通过计算机网络进行。

(6) 计算机管理层次

传统的录取模式中，计算机仅起辅助作用。实行网上录取后，不论是考生档案的投放、运转，还是录取新生名册的打印等工作都在网上进行，实现了计算机对录取工作的全方位管理，真正实现了招生工作手段的现代化。

2. 网上录取的优势

这些根本性的变化使计算机网上录取具有传统录取模式不可比拟的优势。主要体现在以下几方面：

(1) 迅速、准确

计算机网上远程录取可以使高校招生人员不出校门就能完成录取工作。由于"信息流"取代了纸质"物流"，过去手工操作的分档、投档、专业调整等都由计算机程序来实现，在信息处理上更迅速、更准确。

(2) 省时、省力

计算机网上远程录取的另一大优势在于招生软件的多种功能大大节省了人力、物力和时间。计算机录取系统具有数据管理、专业预投、专业调剂、数据打印和系统维护这五大功能。每种功能又都具有不同的子功能，不仅可以完成现场录取手工操作的全部任务，还可以解决一些手工录取不能解决的问题。

(3) 公正、公平、公开

我国高校招生录取体制倡导"高校负责，招办监督"和"公正、公平、公开"的原则，但一直无法真正实现。过去是由高校派人进驻各省录取现场进行招生工作，采用集权管理。由于受来自社会各方面因素的干扰和录取人员自身情况的影响，难免出现一些问题，没有实现真正的"学校负责"，而是派到现场的"录取人员负责"。实行计算机网上录取以后，首先排除了部分外界干扰，同时网上录取规定了管理权限，分解了管理权利，记录了操作痕迹，整个操作过程更加清楚、透明，从而有效地行使了监督权，极大减少了权力运作过程中的随意性，真正做到了"公正、公平、公开"。

3. 网上录取尚存的缺陷分析

经过几年的实践，我们发现网上录取方式虽然具有传统录取方式不可比拟的优势，但也存在一定的缺陷，主要表现在两个方面。

第一，缺乏与网上远程录取相适应的监督手段，人为因素的干扰仍然存在。

网上远程录取与原有招生模式的区别在于：由招办控制的计算机通过网络与院校控制的计算机之间的对话取代了招办工作人员与院校招生人员面对面的对话，招生可以由操作者瞬间完成，而原有监督体制的监督时效性也就远远不能适应了。此外，这种招生模式没有了纸介质的流转，使原有的监督机制无从下手，并且招生决策者一般不是计算机专业人员，对于计算机操作的监督权限极为有限。在招生工作中出现部分高校退高分考生档的现象，招办却难以全面监督，显然有失公正与公平。从某种意义上说，计算机远程录取解决了原有招生模式的费时、费力及个人因素影响等弊端，但同时由于计算机及其网络的特殊性又给招生工作带来了新的隐患，因而急需与之配套的新的监督体系。

第二，仍未克服传统招生的局限，特别是受志愿填报局限性的制约。

在计划经济时代建立起来的志愿填报模式，由于招生计划较小，一味强调考生服从，加之招生工作时间紧、任务重，受手工操作的限制,不可能进行大量志愿信息的采集与处理,只能以人为确定的几个选项决定考生的志愿。不论考前填或考后填,"碰运气"色彩较重,缺乏科学性。现行的志愿填报仍沿袭多年固定的志愿填报格式,显然已无法适应社会发展对志愿填报的要求。主要表现是:①考生无法找准自己的位置;②不了解志愿分布情况,容易出现志愿"内倾"、"外倾"等一边倒现象,这既不利于完成招生计划,更不利于高校选才;③每批志愿个数太少,不能满足考生志愿多元化要求;④调配志愿的确定度太低,不论分高、分低,能调配到哪所院校,都只能听天由命,随意性较大,难以做到公正与公平。这样录取的考生,满意率肯定不高。由此可见,传统招生手段遗留下来的志愿局限性在今天尚未得到有效改变。

随着社会主义市场经济体制的不断完善,相应地建立与之适应的招生体制与运行机制已迫在眉睫。

三、完善网上录取工作的建议

1. 监督机制的完善

笔者在此提出一种较理想的两级监督模式供决策者参考。

(1) 两级监督模式划分

第一级是基于全社会的监督模式,具体措施可以继承原有公开招生计划来源、招生办法、各校录取结果等方式,也可增加网上查询的新手段。总之,要把招生信息及时地反馈给社会,使招办与院校处于社会监督之下,这种宏观的监督机制是保证公平公正的基础。

第二级是基于招办在录取过程中对于计算机录取的全程监控,这也是最为重要的实质性的监督。因为招办在录取过程中代表政府行使职权,代表着地方民意,是招生原则和招生办法具体的实现者,扮演着"招办监督"的重要角色。这里使用

"监控"一词比较准确，实质是招办内部对于远程录取各种情况的控制措施，是招办决策者对招生环节的内部控制。

（2）内部结构

招生工作委员会是招生结构中的首脑，由各方权威人士组成，负责制订招生办法、录取分数线、增减计划、全局把握等关键问题。

系统组：是适应网上招生而设立的新组别，是招生结构中的核心机构，负责网络传输、考生数据库运转、设置指令、权限、发档、指定投档、结束操作等功能。

录取检查组：是检查监督录取院校遵守国家招生政策的工作组。与原来的区别在于该组不具备最终的确认权，而演化为类似系统组的喉舌，成为招办与院校之间沟通的纽带。

电子档案组：是录取过程中内部监督监控的重要环节，该组已不具备原招生模式下档案组的功能，而是由一两台计算机和一两名工作人员组成的具有重要监督职能的组别。

综合组：是录取结束后院校办理录取手续，寄发档案的组别，在招生环节中可起到一定的监控作用。

2. 志愿填报局限性的克服——志愿填报"无纸化"

计算机技术的广泛运用为采集和处理复杂志愿信息提供了可能。笔者建议充分运用网上录取这一现代化管理手段，借鉴"股票委托交易方式"建立"无纸化"志愿填报系统，是解决志愿填报局限性的有效途径。

"股票委托交易方式"是证券机构方便股民进行股票交易的一种举措，股民无须到股票交易大厅，只凭证券机构核发的股权证编码和交易密码，通过电话、互联网或宽带信息网等媒介进行股票买进、卖出交易的一种方式。其数据登录准确、安全、快捷、灵活，交易信息公开、透明，现场感强，能有效保护股民的利益。借鉴该方式，可实现志愿填报"无纸化"。具体来说就是取消现行由考生填涂志愿卡的方式,改由考生通过计算机系统进行志愿填报的一种方法。其具体做法是直接将志愿信息登录计算机,招生机构在给每个考生编定一个考生号的基础上,再核发一个密码,当高考成绩及划线情况公布后,随即组织考生填报志愿。填报时,考生通过电话或网络设备,输入考生号及密码,系统确认其身份后,考生继续输入报考学校代码,系统自动判断其成绩、身体素质等条件是否符合所报考学校要求。符合要求后,系统立即提供当前已填报该校志愿的考生信息统计情况,如分数结构、志愿顺序结构、计划结构等。考生据此慎重选择,决定是否填报该校志愿、第几志愿填报,一旦确定,系统就正式登录该生信息。至此,考生填报该校志愿即告完成。每名考生在不同批次可选择符合条件的多个学校志愿,从第一志愿、第二志愿、第三志愿……依次填报,考生愿填多少就填多少,填报志愿的数量受计算机系统自动控制。

　　随着考生档案数字化的实现,反过来也将促进网上远程录取的发展。不仅可以大大提高录取速度、降低工作成本。同时,有了考生档案"数字化"这个基础,又能全面、及时地向院校提供所需德、智、体等方面的数据,完成网上远程录取发展到"数字化"资源的充分利用的阶段。随着考生档案"数字化"、志愿填报"无纸化"的实现,可以预见,考生接受高等教育的权利将得到更加充分的尊重,网上远程录取也将会得到更快、更新的发展,建立较为完善的网上远程录取体系就不会离我们太远。

第五节　人本管理在独立学院
　　　　　招生工作的应用

　　人本管理是20世纪80年代以来风靡全球的一种新型管理模式。这一管理理论是把"人"作为管理的核心和最重要的资源，把组织内全体成员作为管理的主体，围绕如何充分利用和开发人力资源，服务于组织内外的利益相关者，从而实现组织目标和组织成员个人目标。它从管"物"转向对"人"的管理，核心价值观是以人为本，即尊重人，关心人，激发人的热情，满足人的合理需要。[1]

　　这里所说的人本管理在独立学院招生工作中的应用是指在此项工作中要以人为中心，以调动招生工作人员的积极性、做好招生工作为根本。在组织招生管理活动中，我们要紧紧抓住这个根本，尽可能地围绕着发挥人的能力和需要展开工作，组织结构要充分考虑人的需要，管理者应通过做好人的工作，使全体组织成员明确整体目标、个人职责、工作意义及其相互关系等，主动、积极、认真创造性地完成自己的任务。以人为本的管理就是把尊重人、关心人、激励人作为重点，充分发挥人在招生工作中的主体作用，依靠人的力量完成独立学院的招生工作任务。

一、加强集体意识是独立学院招生工作人本管理的核心

　　招生工作是一项系统工程，尤其是独立学院的招生。招生整体任务的完成，最终还是依赖于招办及各系、部、处、室抽

---

[1] http://baike.baidu.com/view/81836.htm

调的成员。因此，招生工作人本管理的核心在于重点培养全体成员的共同价值取向，形成一种共识的"群体意识"和高尚的"奉献精神"，这是体现招生工作良好形象的重要标志。有了这种精神，就有了凝聚力，就会激发持久的工作热情，提高招生工作效率。招生的人本管理就是要用这种精神进行长期的、潜移默化的教育，使受教育者在自我控制、自我约束的自主管理中，树立归属感，增强责任感，使个人与整体达成共识。集体意识就是团队精神，这种精神是无形的财富和宝贵资源。

二、提高领导者素质是独立学院招生工作人本管理的关键

招生工作领导者的思想道德和品质、业务水平、思维方式、个人素养和科学管理能力等，直接影响招生工作人员的价值取向、行为规范和工作任务的完成。成功的招办负责人要有良好的人格形象——坚持原则、作风正派、勤政廉洁、依法行政、办事公道、实事求是、平易近人等，以此影响和感召招生工作人员的思想品德和品质的完善。人本管理强调在作为管理对象的整体系统内，人是所有其他构成要素的主体。因此，应将每一位招生工作人员都作为有理想、有情感、有进取心的人来对待，要创造良好的人际关系氛围，以自身的情操和娴熟的业务能力来引领招生人员的行为；同时可大胆使用危机激励和文化激励，使全体人员在强烈的责任感和事业心的驱使下，忠于职守，勇于开拓进取，以主人翁的姿态参与招生自身的建设，全身心地投入到招生选才事业中去。

三、学习现代知识和提高自身素质是独立学院招生工作人本管理的保证

招生工作是一个社会性很强的系统工程，是国家选拔和培养人才的重要途径之一，是整个教育工作的重要组成部分。作

为一名招生工作人员，要努力掌握和运用现代科学文化知识和技术，适应招生管理现代化的要求，增强服务意识，不断改善和提高自身的综合素质，培养和强化自觉的行为能力。这些都是招生工作人本管理的有力保证。

第六节　影响独立学院新生报到率的因素分析及对策建议

独立学院的出现为广大考生提供了更多接受高等教育的机会和选择，有效地缓解了"千军万马过独木桥"状况。然而，独立院校报到率却持续低迷，很多独立学院的报到率一直在70%～80%之间。这样一来不仅浪费了宝贵的教育资源，而且给下一年度的高考招生工作带来了很大的压力。对于以企业投资和学生学费为主要资金来源的独立学院来讲，从某种意义讲更是制约其可持续发展甚至决定其生存的重大问题。

一、影响独立学院新生报到率的因素分析

经过多方调研，影响报到率的主要因素有社会认同度、招生政策、就业形势、高额学费等因素。

1. 社会认同

由于独立学院还是中国高等教育事业中的新生事物，教育行政部门对独立学院的正面宣传力度不足，社会、用人单位、考生及家长对其的认知度不高，因而在一定程度上持怀疑、观望的态度，这对于独立学院招生工作的开展有很大的影响。因此，学生接到录取通知书又不到校报到也就是情理之中的事了。

2. 招生政策

在计划经济体制下，高考招生政策中规定了录取不报到考

生两年内不得参加高考。随着社会的发展，教育部取消了这一政策，这就使一些高考分数稍低于二本线但高于三本线的学生放弃到独立学院上学的机会，重回高中复读，从而影响了独立学院的报到率。

3. 就业形势

1997年以前，我国高校毕业生实行国家包分配的就业政策，"进了大学门，就端上了铁饭碗"。随着新就业政策的实施，高校毕业生的就业压力越来越大。在严峻的就业形势下，用人单位纷纷提高了用人标准，许多高学历人才专业不对口从事着一般性工作，从而导致新的"上学无用论"重新抬头。一些学生受此影响，认为上了大学就业也难，如果被独立学院录取，还得支付高额的学费，倒不如早点去社会闯荡，积累一些就业经验。

另外，独立学院的毕业生就业还会受到一些单位的歧视，因此，许多考生和家长不得不从就业的角度考虑而放弃入学。

4. 高额学费

独立学院学费比公办大学和民办学校高出许多，选择就读的考生及家长会更加关心子女的学习成绩、毕业后的工资收入、贡献社会的能力，权衡他们的投入能否得到相应的回报。这种期求回报的强烈程度与他们负担学费的多少成正比。近年来，由于所录学校是独立学院而放弃入学资格、选择复读的考生比例已悄然增大，而学费较高也是其放弃的原因之一。

另外，公办高校为家庭困难的新生报到开辟了"绿色通道"，他们入学后可以申请国家助学贷款，有政策去资助困难学生完成学业。但是独立学院的学生却不能享受国家的助学贷款，国家也没有在独立学院设立"绿色通道"。虽说国家开始试行开办生源地信用助学贷款业务，但仅限于江苏、湖北、重庆、陕西、甘肃五省市，范围较小，这就使相当一部分被独立学院录取但家庭经济困难的学生不能借助生源地助学贷款来完成学业，从而影响了学生报到率。

二、提高独立学院新生报到率的对策及建议

录取考生不报到的现象到对独立学院非常不利，重复录取、多次补录，不但延长了招生的时间，而且增加了招生成本。因此，解决报到率的问题对独立学院的生存和发展有相当重要的作用，在一定程度上也有助于推动和促进中国高等教育的可持续发展及改革与创新。

要提高独立学院的新生报到率，必须做好以下几方面的工作：

1. 加大宣传力度，提高独立学院的知名度

独立学院要针对社会认知度不高的情况在平时多做沟通和宣传工作。例如，在高考刚刚结束、填报志愿的这一段时间要派人到生源大省和学生人数较多的中学与学生面对面交流、宣传；也可把社会各界人士请进校园参加各类活动，让他们认识、了解、熟悉独立学院，最终取得社会各界的认同、帮助和支持；或是建立学生实习基地，让学生与用人单位广泛接触、互相了解，或是在有影响力的媒体上以"专版"的形式介绍学校取得的成就和办学特色；还可以建立学校网站，展现学院特色和学生风采……总之，就是要多渠道、多角度加大在公众媒体上的宣传效度，以增强用人单位、考生及家长的认同感，提高独立学院的知名度。

2. 正确指导考生填报志愿

在对考生进行招生咨询时，向他们充分讲解国家招生政策、规定和录取原则及网上录取操作工作程序，科学、有效地指导考生填报志愿，不要随意填写院校或专业。要让考生认清形势，拓宽视野，既要明确自己的志向和兴趣，又要兼顾就业形势，

本着"对自己负责,对社会负责"的态度,慎重完成人生中的第一个选择。

3. 加强就业指导,拓宽就业渠道

毕业生就业工作是一项长期的系统工程。为了帮助毕业生能较好地就业,独立学院应打通校内就业市场与校外就业市场的通道,建立立体化、外延式的就业市场,拓宽毕业生就业渠道,增加毕业生就业机会,优化毕业生就业结构。具体的做法有:举办形式多样、规模不等的双选会,为就业单位和毕业生牵线搭桥;鼓励毕业生个人创业和到农村到基层到边疆建功立业;请已取得成就的校友回校分享就业和创业感受和经验并帮助在校学生设计就业目标和方案等。独立学院要千方百计帮毕业生找到自己相对满意的职位,使独立学院的学生就业率逐步提高。

4. 完善"奖、贷、助、补、减"制度,保证家庭经济困难的考生上学

独立学院可以与国家相关部门尤其是金融部门积极协调,以争取"绿色通道"、助学贷款等政策惠及独立学院学生。独立学院也可以出台校内助学扶贫政策,帮助品学兼优的贫困生完成学业。对家庭经济确实贫困的学生应适当减免费用。

5. 加强内部建设,提高教学质量

独立学院应加强基础设施建设,加大教学设施、实验设备、图书资料的投入,完善超市、食堂等综合配套设施,注意对学院周边治安环境、卫生状况的治理,为学生营造一个良好的学习和生活环境。

独立学院还要注重抓教学质量,建立高质量的教师队伍,开设具有前瞻性的课程体系,设计科学合理的教学计划,建立完善的教学质量评估体系。要使培养的学生与普通本科生相比,动手能力、应用技术能力更强;与专科或高职生相比,学科基

础理论更系统,并具有一定的创新与技术革新的理论能力。教学过程中,要在注重理论知识掌握的同时,加强学生专业技能方面的培训,要求学生参加相应的专业技能考试,取得相关专业技能资格证,成为应用型高级专门人才,提高竞争力,适应社会需求。要使独立学院从招生到教学再到就业形成良性循环,树立独立学院自身品牌,从而吸引考生报考、吸引用人单位到校招聘。

总之,独立学院的招生是学院生存和发展之本,在加强自身管理、提高办学质量、提高办学水平的同时,还要充分利用先进的管理理念和信息化、现代化技术,服务于招生工作;在确保招生任务完成的同时,进一步提高生源质量,是独立学院打造核心竞争力和可持续发展的重要途径。

第七节 独立学院招生队伍建设

招生人员作为招生工作的承担者和招生政策的执行者,其工作质量不仅影响到"公平、公开、公正"的招生原则能否得到有效实施,而且直接关系到独立学院的人才选拔和教育事业发展,同时还直接影响到独立学院的声誉和形象。因此,招生人员的素质对于做好招生工作至关重要,独立学院应建立一支稳定、高素质的招生队伍。

一、招生人员应具备的素质

(一) 过硬的政治素质

招生工作与国家利益和人民利益息息相关,一直是社会关注的焦点、热点之一,如果做得不好就会损害国家和人民群众的利益,破坏社会安定团结。因此,招生人员要做好招生工作,首先必须要有过硬的政治素质，从"三个代表"的高度认识做好招生工作的重要性，以国家招生工作的政策和规定为准则，自觉增强做好招生工作的责任感和使命感，时时、处处、事事严格要求自己，做到让社会满意、让考生和家长满意、让政府和学校放心。

（二）高度的责任意识

由于招生工作有很强的程序性和时间性，加之招生工作直接影响着考生的未来，甚至决定着考生的命运。因此，招生工作责任重大，牵动社会各界敏感的神经，不能有丝毫麻痹思想，因为一个小小失误就可能造成重大事故。这就要求招生人员必须具有高度的责任感和兢兢业业、谨其言、慎其行的责任意识。

（三）良好的服务意识

招生部门是联系社会、宣传学校的一个窗口，服务水平和服务质量直接影响着独立学院的形象。因此，招生人员要始终坚持服务社会、服务考生的原则，树立"一切为了考生、为了一切考生、为了考生一切"的服务理念。招生人员要急考生所急、想考生所想，要认真对待考生及家长的来信来访，耐心解答考生提出的相关问题，为其提供政策咨询和信息查询，提供优质服务。

（四）严明的工作纪律

招生工作要坚持执行国家的各项政策、制度和规定，体现"全面考核、择优录取"和"公平竞争、公开选才"原则，依法治招，严明纪律，强化管理监督。招生人员应严格执行"三不准、一禁止"的规定，即不准擅自扩大招生计划、不准特批录取不符合条件的学生、不准利用职务和工作之便递条子、打招呼，禁止参与和组织、介绍、拉拢生源以牟取利益的活动。

（五）较高的政策水平

招生工作政策性很强，对于国家制定的一系列政策和规定，招生人员应全面了解、深刻领会、融会贯通，特别是在实际工作中要能准确把握。既不能把符合录取条件的考生拒之门外，也不能把不符合录取条件的考生录进来。因此，要处理好招生中出现的各类问题和突发事件，招生人员没有较高的政策水平，是无法开展工作的。

（六）过硬的业务水平

招生人员不仅要掌握教育部和省、市有关部门关于招生的政策、纪律、录取办法及程序等，而且，由于招生工作涉及学校工作的方方面面，招生人员还要对学校的办学思路、办学理念、学科特色、专业设置、师资队伍、办学条件、往年的招生录取情况、毕业生就业率及就业去向等信息了如指掌；同时还应对各地的产业结构和经济结构进行深入了解，能够科学合理制订招生计划，明晰招生的层次结构、专业结构和区域结构。在宣传过程中要突出本校特色，在咨询过程中能答疑解惑并给予考生正确的指导，在录取过程中能把握好考生单科成绩、体检状况等综合因素。

另外，招生工作现已全面实现通过互联网上报计划、调整计划、远程录取等，需要招生人员能够科学合理地设计和安排招生流程、准确及时地处理信息。因此，招生人员必须经过严格的计算机操作的专门培训。

二、独立学院招生队伍建设的措施

（一）严格挑选，确保招生人员的基本素质

独立学院虽然都设置有专门的招生办公室，但配备的专职招生工作人员较少，一般都采用临时调用的方式完成宣传、咨询、录取等工作。因此，在从其他部门或院系抽调工作人员时，一定要把好"入口关"，要挑选那些政策素质高、思想品德好、奉献精神强、服务意识浓、吃苦耐劳、认真负责、踏实肯干、廉洁自律的人员充实招生队伍，以保质保量地完成招生工作。

需要注意的是，有的独立学院为了扩大生源，就从社会上招募招生代理或招生中介，将学校的招生权分给他们。在操作过程中，由于无法对这些个人和机构进行监管，以致出现很多问题，甚至出现一些违法行为，严重影响了独立学院的招生工作和社会形象。这些问题主要表现在：向考生许诺可以"单独招生"或答应上专科线可以录取本科，或可以"计划外招生"、给予"内部指标"、"机动计划"等方式"照顾录取"；或是携带独立学院的招生宣传资料，在取得家长信任之后，强调录取的难度，暗示家长出钱；还有的通过非法途径获得上线考生的准考证号、志愿填报情况等信息，钻家长和考生信息不灵的空子，抢在院校录取通知下达前，向考生家长邀功，借机收取钱财。因此，独立学院在选择招生代理或招生中介时一定要慎之又慎，加强过程控制，一旦发现问题要及时加以解决；否则会严重影响独立学院的声誉，甚至被牵连进不必要的纠纷中。

（二）加强教育与培训，建立一支相对稳定的招生队伍

招生工作是学校外树形象、内保质量的重要窗口，受到全社会的普遍关注，因此要加强对招生人员的教育与培训。培训的主要内容包括：国家招生工作的各项制度、政策和规定；招生录取工作流程；招生录取软件的操作；学校的办学理念、学科和专业、师资队伍、图书网络、实验条件、往年招生录取情况、毕业生就业率及就业去向等。总之就是要用"三个代表"的重要思想教育广大招生人员，要求他们思想正、工作实、作风良、业务精、形象好，在工作中树立责任意识、奉献意识、全局意识和创新意识，努力维护招生工作良好秩序和学校声誉。

由于招生工作业务性强，涉及部门多，需要在招生领域长期实践和探索才能掌握其规律性，创造性地开展工作。因此，必须做到机构专门化、人员专业化，保持招生队伍的相对稳定

和工作的连续性，通过严格要求，加强训练，努力造就一支政治坚定、业务精通、作风正派、工作踏实、责任心强、稳定的招生工作队伍。

（三）加强过程监督和管理，增强招生工作的透明度

一是要坚持依法治招。严明招生纪律，加强管理监督，严格执行"三不准，一禁止"的规定，把招生工作纳入法制化的轨道，以保障招生工作健康、有序、高效、公正地进行。

二是增强招生工作透明度，公开一切可公开的信息。招生政策、规定、招生计划、招生章程、报考条件、录取时间安排、录取工作程序与办法、录取进展情况、录取结果等都要公开，一方面为满足广大考生和家长的知情权，另一方面是接受社会各界的监督。

三是加强招生计划的管理。招生计划是源头，源头不把严，就容易造成招生秩序的混乱。因此计划下达后，一般不得擅自追加和调整。因生源情况必须调整的，一定要层层报批、规范操作，尤其是要严格控制追加计划和降分录取等敏感的操作程序。

四是实行对录取场所的封闭管理。现在各地都实行远程录取，大大减少了人为因素的干扰。因此，独立学院也要对录取现场实行封闭管理，招生人员必须持证方可进入现场。录取现场中的各个工作小组之间也要相对封闭，各项工作必须严格按照规定的原则、条件和程序操作，且每项操作都有详细记录，有记录可查。

这些措施不仅可以进一步规范招生人员的工作，还可以增强招生工作的透明度，强化监督职能，有效抵制不正之风对招生工作的干扰，维护招生工作的公平和公正。

第三章 教学管理工作

提高高等教育质量多年来已成为世界高等教育的共同主题。许多学者认为，20世纪80年代以后，世界高等教育进入了以提高质量为中心的时代。

我国高等教育已由精英化教育进入大众化教育。在精英化教育阶段，人们所重视的是学术型人才；而在大众化阶段，人才市场需求量较大的是职业型人才、应用型人才。高等教育的目标有了更深的内涵：培养具有高度的社会责任感、具有过硬的社会竞争力及创造力，个性和人格健全发展的高质量、高素质、创新型人才。教学质量显得更为重要，甚至成为一所高校竞争力高低的决定性因素。

对采用市场化机制建立的独立学院，教学质量的好坏直接影响到其生存和发展。因此，要在激烈的竞争中立于不败之地，提高教学质量是唯一的出路。

第一节 独立学院学生学习动机和学习行为调查

一、调查背景

独立学院的学生普遍入学成绩不高、行为习惯较差。学校为提高教育教学质量，也为学生和家长负责，实行严格的考勤制度。但靠学校制度及老师的督促只能管住学生的行为，却管不住学生的心，要改善大学生的学习习惯还需攻心为上。为了了解独立学院大学生的学习动机，为学校的管理和教师的教学提供依据，笔者以云南师范大学商学院的学生为研究对象，分别对国贸、财管、工管、中文、英语等专业的学生进行问卷调查。

问卷设计为封闭式和开放式相结合。封闭问卷采用级距计分法，每项满分为3分，根据符合程度递减依次为3、2、1、0分。调查内容包括：学习态度、影响学习的因素、学习动机、大学所应该的收获及其对学校管理教学的意见建议等五大方面。问卷由任课教师随堂发放，每班问卷发放均不少于30份，这样既保证了问卷的回收率，同时也有足够的样本空间。

二、调查结果分析

此次调查共发放问卷263份，回收263份，全部为有效问卷。调查结果分析如下：

（一）学生的学习态度

95%的学生选择"上课从来都不缺课"，这表明学院严格的考勤制度基本达到了预期的效果。可是只有76%的学生"上课都会认真听讲"，也就是说19%的学生是因为考勤才去上课的。如果没有教师督促、奖励考试、布置作业等方式给学生施加压力、设置目标，学生学习的主动性是不够的，自主学习程度只保持在一个中等水平（见表3-1）。这说明我们的教学内容和教学方式都需要改进，老师要提高课堂的吸引力，使学生能够学以致用。

表3-1　　　　　　　　学生的学习态度

项　　目	平均得分	百分数
1. 就上课而言，我从来都不缺课	2.84	95%
2. 我每次上课都会认真听讲	2.27	76%
3. 如果没人督促，我也会主动学习	1.75	58%
4. 没有奖励或考试，我也会努力学习	1.76	59%
5. 老师不布置作业，我也会主动去看书学习	1.71	57%

（二）影响学生学习的因素

影响学生学习的因素从大到小依次是：自己的个性、教师的教学方式、环境因素（班风校风）、教学管理方式、教材内容，而且这些因素都呈中等水平、相差不大（见表3-2）。这说明对学习的影响是各种因素综合作用的结果，我们需要对所有的因素都加以重视，消除它们的负面影响。其中，教师改进教学方式、提高课堂教学效率和教学质量是每一位教师需要思考的问题，教学过程中要注重培养学生良好的个性，在课堂中渗透思想和情感教育。

表3-2　　　　　　　影响学生学习的因素

项　　目	平均得分	百分数
6. 主要是教材陈旧，知识不适用	1.18	39%
7. 主要是老师课堂教学方式太呆板，课堂效率不高	1.46	49%
8. 主要是教学管理问题（如课程设置及安排等不合理）	1.24	41%
9. 主要是自己的个性使然，如懒惰、缺乏自制力等	1.62	54%
10. 主要是环境问题，如班风、校风、社会风气等	1.37	46%

(三) 学生学习的动机

如表 3-3 显示，实现价值、证明实力和找份好的工作是学生主要的学习动机。这说明一方面大学生作为一个知识分子群体，认可学习好了就能证明自己的价值，提升自己在别人心目中的地位，获得别人的尊重和羡慕。另一方面，在这个竞争日趋激烈的社会，学生最关心的是学到一技之长并学以致用，将来找到一份好工作。当然，通过大学学习拿到大学文凭，获得相应社会地位，这只是一个大学生基本的期望。从表中也可看到学生对专业的热爱、理想信念、教师期望、社会贡献等处在一个相对较低的动机水平，说明现在学生个人和实用的价值取向较强，理想和社会价值取向相对较弱。

表 3-3 学生学习的动机

项 目	平均得分	百分数
11. 主要是为了能拿到大学文凭，取得到相应的社会地位	1.82	61%
12. 主要是因为就业的压力，将来能找到好的工作	2.00	67%
13. 主要是对专业的热爱，将来能实现自己的理想	1.66	55%
14. 主要是为了家长和老师的期望，为社会作出贡献	1.53	51%
15. 主要是想证明自己的价值和能力，获得别人的尊重	2.08	69%

(四) 大学四年学习应该收获什么

学生对这个问题的认同度依次为：能力的提高、知识的增加、思想观念和态度的改变、交朋识友和大学文凭（见表 3-4）。其中，知识、能力、观念和态度的认同几乎在同一水平，且处在较重要的程度。也就是说，学生认为在大学学习知识、培养能力、改变观念和态度中同等重要。因此在教学过程中，学校除了担负着传授知识的任务之外，同时还担负着培养学生的能力，改变学生的思想观念及态度的任务，并且从某种程度上讲，培养能力和改变学生的思想观念及态度比传授知识更重要、更难。大学文凭的取得只是大学学习的一个最低要求。

表 3-4　　　　　　大学生活应收获什么

项　目	平均得分	百分数
16. 通过大学四年的学习，最大的收获的是取得大学文凭	1.19	40%
17. 通过大学四年的学习，最大的收获的是知识和技能	2.27	76%
18. 通过大学四年的学习，最大的收获的是锻炼自己各方面的能力	2.31	77%
19. 通过大学四年的学习，最大的收获的是认识很多的朋友	1.86	62%
20. 通过大学四年的学习，最大的收获的是思想观念和态度的改变	2.12	71%

（五）学生对学校管理及教学的认同程度

对学校实施的《课外综合素质培养方案》，认同度高达 72%（见表 3-5），说明学校开辟第二课堂，对学生学习知识、全面提高素质是有正面的促进作用。实际上，磨刀不误砍柴功，课外综合素质课可以解决学生思想、目标、心理、求职择业等方面的问题。这些问题解决了，学习就更有动力了。

对于"学校执行严格的考勤制度，对加强学风、班风、校风的作用"，学生的认同度处在一个中等水平（见表 3-5）。独立学院的考勤制度，从过程上对学生的学习行为起到约束作用，出勤率提高了，但许多同学并不认同这种方式。从与部分同学进行访谈了解的情况看，学生认为提高课堂的吸引力才是最重要的。比如有同学说，"有的老师讲得很好，老师即使每节课都不点名，学生也会到得很整齐"。

课堂教学方式的作用从大到小依次是：小组讨论和情景教学，互动教学、讲授式（见表3-5）。看来同学们对传统的讲授式教学方法的认同感已逐渐下降，甚至排在了最后。由此看来，高等教育的教学方法应该大力倡导改革，才能适应当今社会的发展和学生的要求。

表3-5　学生对学校管理及教学的认同程度

项目	平均得分	百分数
21. 实施课外综合素质培养，对促进学生全面发展有很大的帮助	2.17	72%
22. 上课严格考勤制度对加强学风、班风和校风建设起到很大作用	1.78	59%
23. 传统课堂讲授方式，对学生学习知识培养能力有很大的帮助	1.26	42%
24. 采用提问等互动教学方式，对提高教学质量有很大的帮助	1.67	56%
25. 采用分组讨论、情景教学等方式，对提高教学质量有很大帮助	1.96	65%

（六）学生对现行课堂教学和今后教学改革的看法和建议

调查发现同学们对传统的课堂教学方式普遍不满，认为现行的教学模式方法单一、形式呆板、内容无趣、气氛沉闷、不能调动学生的积极性。有时候"课堂太静了"，有少部分教师甚至还照本宣科，不考虑学生感受；有时候是"用大部分的时间学习小部分的知识"；有的老师也与学生互动，但仅停留在简单的提问上，问题设计质量不高，效果不明显。

对"如何改进教学方法，学生最满意的老师怎么教学"，学生有很多的看法和感受。

（1）开放式教学，课堂讲求民主、自由、平等、尊重。课堂要给学生思考的空间，能让学生充分发表自己的见解和看法，注重培养学生的思维能力。老师不一定总是在讲台上，学生也不一定总在座位上，有时可以角色互换，给学生锻炼的机会。

（2）参与式教学。让学生积极参与到课堂教学中，而不是老师一言堂，如小组讨论法，对一个问题让学生尝试从多个角度思考问题，得出不同的答案，拓展学生的思维。

（3）互动式教学。教师授课不应该只顾自己讲，应该多与学生交流，加强与学生的互动甚至是引导学生之间的互动，这样不仅活跃了课堂气氛，在课堂中形成竞争，学生也能在交流的潜移默化中学到知识，培养能力。

（4）案例式教学。学习的最直接动因是能够学以致用，老师教学应该理论联系实际，根据一些社会生活中或者我们身边的例子，用通俗的案例把抽象的知识形象化、简单化。加强实践，尽量让学生在实践中学习，"从做中学"，培养动手能力、语言表达能力、人际交往能力。

（5）启发探究式教学。教师不应该只是担任知识的传授者，更应该是学生学习的引导者或者是领路人，给学生带来思想上的解放。教学中，教师应该是起到一个调节员的作用，创设一种场景，让学生争论，教师适时出来"圆场"，并且经常语出惊人，通过学生之间的讨论，教师启发引导，从而有新的发现。

（6）情景游戏式教学。将教学内容编成情景剧，让同学参与其中扮演不同的角色，从中学习知识；也可通过游戏比赛，学生抢答，既调动学生的积极性，在游戏中感受得更加深刻。

（7）学生还提出来很多新名词：争论式、半学半玩式、聊天式、放牛吃草式、牵连式、动漫式、游戏式、模拟式等等。

除了对课堂教学改革提出很多建议外，学生还对教师提出新的要求。他们认为大学教师应该是知识渊博、为人热情大方、关注学生、有亲和力、幽默风趣、富有激情、权威、自信、温和、细致,关注时事及社会动态、积极学习和接受新的观念、每节课都能给学生带来惊喜。

从调查中可以发现,学生对教师教学改革有很多好的意见和建议,也提出了很多具体的方法,值得我们学习和借鉴,教学改革势在必行。不过,不同的学生有不同的看法,这是因为学生的认知水平、学习能力是不同的,而且不同的教学内容适合的教学方法也是不同的,教学中应该组合使用,中西结合,而不能盲目使用。同时,教师应该不断提高知识水平、改变观念意识、增强人格魅力,才能适应高等教育改革的发展。

三、调查结论与建议

从访谈和问卷的统计分析结果看出,独立学院的学风总体是好的,这与学校严格的管理分不开。但学生学习的主动性、自觉性还不够理想的,客观地讲仅处在一个中等水平。影响学生学习的原因是多方面的,其中学生本人的个性和教师的教学方式影响较大。学生的学习动机呈现多元化,趋向一种个人和实用的价值取向,追求自我展现和学以致用。学生在大学四年学习中,除了取得大学文凭外,更重要的是收获知识、提高能力、转变思想观念,结交知心朋友、学会与人相处,而不仅仅只是学知识。对于课堂教学,学生对于老师采用单一的讲授法的认同感已逐渐下降甚至反感,新的教学方式逐渐被学生认同并接受。基于以上的调查结果,无论是从社会对人才的需求,还是学生自身的内在需求,都迫切需要进行教学改革。

1. 学校在严格管理的同时,应加强对学生学习目标制定的指导

如果说基于行为强化论的严格管理、奖惩制度对学生起到的是"推"的作用的话,基于目标论而为学生设置适当的学习

目标则起到"拉"的作用。目标设置既要有一定的挑战水平，又要掌握在学生的技能水平之内。这样，在实现目标过程中，学生就会自发地产生一种心理张力，进而形成行动张力，使其为达到学习目标而产生的学业成功感。

2. 加强辅导，促进学生的个性发展，培养学生健全的人格

很多人认为，大学阶段学生的个性已经定型，不可能再改变。实际上，大学生的个性仍然具有一定的可塑性，他们在主观上还是想改掉个性中的不足，培养良好的人格，这就需要相关的知识作指导。针对此，学校开展的课外综合素质培养方案起到了很大的作用，同时在课堂教学中还应注重培养学生健全的人格和质朴的情感。

3. 调整人才培养方案和教学计划，课程设置与社会实际需求接轨

对大部分的同学来说，顺利就业并找到一份好工作是最直接的学习动机。如果能做到学以致用，让其感到今后会有用处的课程，他们就会认真学习。

4. 教师应认真进行教学设计，改进教学方法

（1）传统的教学设计只注重知识的传授，而实际上课程开设并非只是实现知识的目标，还应包括能力提升、思想观念和态度的转变。如果学生喜欢某一门课程，他积极的学习态度就会贯穿其中，进而扩展到喜欢其他的课程，因此，每一门课程还应有情感的目标。知识的改变可以在短期内实现，而一个人态度和行为的改变则需要更长时间，难度也更大。

（2）精心选择教学内容。教学中教师没有必要对教材内容从头讲到尾，应该有所侧重，选择具有价值的内容，并与学生已有的学习经验相联系，教会学生学习方法。这就要求教师在教学中不但要教会学生学会读书，更要教会学生喜欢读书。

（3）改进教学方法，注重教学策略，增强教学活动的丰富

性，提供给学生参与课堂、表现自我的机会和同学之间相互合作的机会，并给学生适当的反馈指导。

（4）采用更加合理而有效的教学评价方式，设定明晰的评价标准，采用多元评价方式，注重过程性评价与终结性评价相结合。从某种程度上讲，为学生提供机会改进思维质量的形成性评价，比评定成绩的结果性评价更为重要。

总之，通过调查，我们对独立学院学生的学习动机和学习行为有了新的认识，学生对教学改革也提出了很多好的想法和建议，这些都为我们的教学改革提供了依据，给教师的教学设计以积极的启示。高等教育的目的并非只是让学生学到知识，更重要的是让学生学会学习、喜欢学习、改变观念、发掘知识。作为教育工作者，我们应该积极研究学生的学习动机和教学方法，改进教学工作，努力为学生的成长成才服务，为探索高等教育教学改革做出自己应有的贡献。

第二节 独立学院教学工作中存在的问题及对策

一、独立学院教学工作存在的主要问题及困难

（一）教学计划受母体高校控制和影响

虽然按照国家有关文件规定，独立学院的运作是相对独立的，母体高校既不能对其统揽包办，也不能放任自流。但在实际运作过程中，要处理好独立学院与母体高校之间的关系是非常困难的。有的独立学院不顾学生状况及自身优劣势，将母体高校的教学计划、课程设置等照搬照抄；也有的母体高校对独立学院多方干涉，忽视其特殊性和管理自主性，在专业设置、

课程设置乃至教材的选用也要限制,影响了独立学院的办学积极性。

(二)兼职师资的不易控制和专职师资的年轻化

独立学院的师资多依赖于母体高校,这种解决师资的方法有一定的弊端。

(1)任课老师首先是普通高校的教师,他们在普通高校还承担着一定的教学、科研任务,到独立学院任教属于额外的教学任务,也就相应地减少了他们的休息时间,以致使这些教师的教学时间、精力难以保证,教学质量自然也就难以保证。

(2)由于各省、区、市学生因录取批次、录取分数线的不同,学生学习成绩也存在一定的差异,这无疑会给授课教师的教学带来难度,因而部分兼职教师可能会采取应付或敷衍的态度。

(3)由于兼职师资基本是上课来、下课走,学生有问题很难得到及时解答,因此独立学院已明显感到对于兼职教师的控制不是简单的事情。例如,一些有教学经验的教师架子大、课酬高、很难请,而教学效果不太理想的教师若更换频繁,学生又难以适应。

与此同时,独立学院自有的师资力量较为薄弱,许多新进的教师较年轻,虽然有热情和积极性,但却缺乏相应的教学经验,要挑起教学重任还需较长时日。

(三)生源素质普遍偏低

独立学院的学生除了少数是因高考发挥失常没能进一本、二本外,大多数都是高中时期学习成绩稍逊一筹的。与一本、二本的学生在综合素质、基础知识上都存在一定的差距。另外,这部分学生大多家境较好,从小在家娇生惯养,学习不够刻苦,缺乏明确的人生奋斗目标,学习的主动性、积极性、自觉性都较缺失,学习态度也不够端正。

二、改善和提高独立学院教学质量的对策

独立学院创办伊始就较注重以就业为导向，积极推出市场化课程体系，培养市场化人才，努力改造模式化、规格化、定型化的"文凭工厂"或人才生产"流水线"的趋向。

（一）扩大和优化教育资源，提高办学综合实力

具体而言，就是要调整投资结构，将更多的经费投入到教学仪器设备配置、实验、实习基地及图书文献数据库建设上，确保必要的办学条件。

政府有关部门要制定相关政策和法规，加大对独立学院的扶持力度，例如开拓融资渠道、由银行提供中长期低息或无息贷款，还有土地征用、税收优惠等问题。

（二）找准定位、形成办学特色，打造品牌专业

1. 人才培养目标定位

生源结构的特点决定独立学院必须制定符合学生实际的培养目标：在教学过程中既要培养学生的专业知识应用能力，又要培养学生解决实际问题的能力，使其成为符合市场需求的实用型人才。

独立学院之所以定位于本科是因为：本科毕业生具有更好的知识结构和更强的学习能力，有更强的适应能力和发展后劲；从教育服务的角度来看，家长们也更愿意购买本科层次的教育服务而非大专层次的教育服务。

独立学院之所以定位于应用型人才是因为：应用型人才符合高等教育大众化时代的社会人才需求，有量大面广的工作岗位，能更多地就业；在高等教育大众化时代，大部分学生的素质和价值取向都更适应于培养成为应用型人才而不是只局限于研究型人才。

2. 专业设置与学科定位

专业建设是学科建设的基础，学科建设是专业发展的龙头。独立学院作为一个独立的办学实体，不能拷贝母体高校的人才培养目标和专业教学计划，其学科定位最好以母体高校的优势学科为基础，以市场需求为导向，以更好地培养本科应用创新人才为目的，面向地方和区域社会、经济发展的需要，开设社会和人力资源市场急需的中、短线专业，循序渐进地构筑优势学科和学科群；而且随着社会、经济和科技的发展，要及时进行更新和调整，保证领先性和实用性。在这个过程中，要避免大量开设一些低成本的"热门"和"短线"专业；否则容易留下隐患，造成今后毕业生的结构性失业，同时还将使学院缺乏可持续发展的动力。

在专业设置、学科定位、教学计划修订方面，云南师范大学商学院的一些做法值得借鉴。该学院在教学计划论证和修订时，充分考虑专业和学科的特点，由学院学术委员会成员、各系专业课教师代表及企业专业顾问和人力资源部经理参与教学计划的修订和论证，广泛听取意见。一方面确保所修订教学计划的客观性、权威性、专业性；另一方面，突出专业的科学性和创新性，同时也能听到用人单位对人才的要求和期望。云南师范大学商学院每年都要组织教学计划专家论证会，通过几年的运作，其毕业生通过市场和用人单位的检验，已初见成效，得到了用人单位的广泛好评。

3. 课程设置上的定位

在课程设置上，独立学院要体现应用性、创新性、交叉性、开放性和前瞻性的特点，在加强公共课程和专业基础的同时，拓宽专业视野，增强适应性，建立重点培养学生的实际适应能力、综合分析能力和创新能力的课程体系。

(三) 充分发挥教师在办学过程中的主导作用

在教育过程中，教师是教育活动的主导因素，教师与课程内容及教学手段的选择，与学生学习方法的指导，都有着密切关系。

1. 引入市场机制，合理配置教师资源

由于在人事制度方面具有极大地自主性，独立学院可以整合当地乃至全国较优的教师资源，选聘学术水平高、教学经验丰富、教学效果好的教师，为培养具有就业竞争力的毕业生提供有力保障。例如，云南师范大学商学院成立了"学术委员会"和"教师联谊会"，并以学术委员会为核心，以教师联谊会为纽带，利用云南高校教师资源，建立商学院教师资源库。学院建立的"教师联谊会"作为学院师资队伍建设的重要举措和有效载体，在此基础上各系组建了分支机构，推出了外聘教师底薪制和专、特聘教师制，为专、特聘教师在教学和科研方面提供了优惠政策，部分福利待遇（教师评优、出国旅游等）与独立学院专职教师同等对待，由此吸引了一批高水平的外聘教师。在对外聘教师管理方面，学院与每位外聘教师都签订了聘任协议，明确聘期、受聘课程、双方的权利和义务等，每位外聘教师除完成正常教学任务外，还要利用课余时间完成15名学生的专业成长辅导，并接受学术委员会、督导组和学生的评价，对评价不合格的教师及时解聘。这样就初步建成了一支相对稳定、责任心强、具有较高水平的优秀师资队伍。

但同时也应看到，目前让独立学院"引以为傲"的师资也并不完全尽如人意，良莠不齐、受制于人的状况将成为独立学院长远发展的隐忧。因此，独立学院要注重自身师资队伍的培养，一方面既要充分依托母体高校优质的师资资源，又要拥有相对独立、固定、精干的专任教师队伍；既需要引进一批熟悉前沿学科的教授、学者，又要配备一批具有扎实学术功底和较强实践能力的"双师"型教师，从而突显独立学院培养特色。依托母体引进师资，浙江大学城市学院可视为成功典范。该学院充分依靠浙江大学充足的师资优势，利用浙江大学教学改革、师资竞争和分流的机会，把浙江大学调整出来的教师接收到浙江大学城市学院任教。这样一来，该学院的师资就有了充分的保证，与同期的独立学院相比，其在师资队伍建设上，至少处于较高的水平。而对于浙江大学来说，也减少了教师分流所带来的压力，实现了双赢。另一方面，我们也不能忽视在人才竞争激烈的今天，引进人才、建设师资队伍是需要大量投入的，因此必须创新人才引进机制，建立使用外部智力机制。引进人才必须要有规划，要符合独立学院的专业和学科布局及发展战略。同时，对于有用的人才也要有所取舍，从成本办学角度出发，树立"但为我用，不求所有"的观念，建立创新人才引进的机制。对于不是专业核心的课程，不是基础性的课程，应以聘任兼职教师为主。为加强学生应用实践能力，在进行专职师资队伍建设同时，还应面向社会企事业单位聘请一批具有丰富实践经验的行业精英担任兼职教授，让他们定期或不定期来学院授课、开讲座、做培训，也可取得较好的效果。

2. 加强教学研究

新时期的教师不应仅是"辛苦型"、"经验型"，而还应是"研究型"、"创新型"，要勤于思考，积极进行教学研究，走教学与教研一体化的道路，以教学过程中面对的各种问题为对象，分析学生状况，研究教学的新理念、新内容、新方法、新途径。这样才能不断提高教学能力，取得满意的教学效果。

3. 培养青年教师、建立学术梯队

独立学院必须拥有一定数量的名师，一方面是为了满足广大学生对名师、名校的追求和选择的需要；另一方面是独立学院处于高校激烈竞争的态势下"强身"需要。有实力的名师既可以影响、带动更多教师向高层次发展，又可赢得学生、家长及用人单位的信赖，提高学校的知名度，赢得较好的社会效益和经济效益。与此同时，独立学院也不能忽视青年教师、学术梯队的培养，既需要老教师发扬"传、帮、带"的优良传统，又要注重年轻教师的职后教育与培训。

（四）重视学生作为学习活动主体的地位

在教育过程中，要重视学生的主体地位，改变过去单纯"教师讲、学生听"的教学模式，引导学生进行"参与式、研究式"的学习，给予学生提供足够的自我学习、自主发展的空间，让他们在学习知识的同时学会学习，在学会接受的同时学会思考，在学会做学问的同时学会做人。当然，学校还需要积极创造条件，包括小组讨论、开设实践活动课程、模拟创业等，让学生在实践中锻炼成长，主动"成才"而不是被动"成器"。

（五）培养人文气息、育人氛围

"千亩校园"、"万人大学"，这些传统高校需为之奋斗数十年才能达到的规模，独立学院可以在短短几年中轻松取得，但传统高校数十年来积累沉淀的人文气息、育人氛围却是独立学院"速度奇迹"无法达到的。独立学院应以教风带学风，以学风促校风，加强校园文化建设力度，注重文化底蕴的积淀，加强师生员工的观念整合，构建具有鲜明特色的校园文化体系，提升学院的学术品位和办学形象，形成浓厚的学术氛围和文化氛围。

总之，独立学院的产生，是我国高等教育办学形式的全新尝试，社会对其毕业生的认可度和接纳度，是检验其办学质量、办学水平的高低的标准；而办学质量的高低，对以市场机制运作的独立学院来说，是生和死的考验。因此，提高办学质量，是独立学院办学的永恒主题，也是社会发展的客观要求。

第三节　学分制与独立学院教学管理体制改革

一、学分制概述

（一）学分制的概念

《教育大辞典》将学分制定义为"高等学校的一种教育管理制度，以学生的学分为衡量其学习完成情况的基本依据，并据此进行有关管理工作"。其基本原则为："学生修习任何课程合格，即被认为已取得该课程规定的学分数，不同课程的学分其价值相等，即所取得不同课程的学分数可简单相加，得出总学分数；学生取得规定的总学分数，并已完成不计学分但规定必须进行的其他学习（如生产劳动课）者，准予毕业，原则上不作修业年限的规定。"[①]

学分制可以分成完全学分制和学年学分制两种。完全学分制是绝对以学分作为计算学生学习量的单位，以学分衡量其学业完成情况，并以学生取得最低必要学分作为毕业标准的教学管理制度。学年学分制是以学分和学年相结合的衡量标准进行管理的教学管理制度。作为一种教学管理制度，学分制主要运用于高等学校。

（二）学分制的主要内容

学分制的主要内容包括自由选课制、弹性学制、绩点制、导师制等，这些内容充分体现了学分制是以人为本、以学生为本的教学管理模式。

---

① 顾明远. 教育大辞典 [M]. 上海：上海教育出版社，1991：379.

1. 自由选课制

自由选课制是学分制的核心，是推行学分制的前提和基础。学分制建立在广泛的选课基础上，承认学生的个体差异和需求，尊重学生的个性发展，强调学生的独立性和自主性，因而能有效地调动学生学习的主动性和积极性，使学生自身的主体作用得到充分的发挥。它主要包括学生的"四自"：

（1）自主选择专业方向

学生入学后可以在不跨录取科类的前提下重新选择专业，还可以辅修第二专业、第二学位。这样既可以完善学生的知识和能力结构，又充分尊重学生个人意愿，从而能调动学生学习的积极性。

（2）自主选修课程

学生根据专业教学计划和本人学习能力，在导师的指导下，自主选定每学期修读的课程。这样既能体现学分制的灵活性和学生选课的自主性，充分贯彻因材施教的原则，又能适应学生差异和不同的需要。当然，选课过程中有严格先后关联关系的课程，应先选先修课再选后续课。

（3）自主选择教师

同一课程同一学期有两位以上教师同时开课的，允许学生自主选择任课教师。学期开学后第一周和第二周，学生通过试听选择自己满意的任课教师，第三周确定教学班和任课教师。选课学生达不到开班人数的教师暂停本学期课程。通过引进这样的竞争机制，可以有效促使教师不断地更新教学内容，改进教学方法，研究学生，提高教学质量。

（4）自主选择学习进程

学分制的实施使学生处于主体地位，学生在导师的指导下，遵循选课的基本原则，按照指导性教学计划，制订符合自己实际情况的个人学习计划，自主选择课程和上课时间，在规定修读的学分范围内多修、少修或免修某些课程。

2. 弹性学制

学分制以"最低学分"作为学生能否毕业的标准，而不是传统的4年本科、3年专科的毕业年限，只要学生按要求完成规定学分就可以毕业。

弹性学制下，学生可以根据自身实际情况，如个人的、社会的、经济的、家庭的现实情况决定学习时间和学习量的多少，自主调整学习进度，优秀的学生可以提前毕业，由于学习能力或经济等因素停学、休学的学生可以延长毕业时间。

3. 绩点制

绩点制是学校采用统一的方法按相应的课程成绩换算成"绩点"，用于计算学生学习质量的一种制度。绩点是反映学生学习效果的标准，它和学分一起构成了学分制下考核学生学习质和量的两种手段，体现了学分制的监控原则。各学校一般把绩点制作为评定优秀学生、优秀毕业生、奖学金和推荐免试硕士研究生工作中的主要依据，还有助于在毕业生就业工作中做到优才优用，择优推荐。

国内大部分高校采用国际通行的平均学分绩点制（即GPA），即：以60分的学分绩点为1.0，100分的学分绩点为5.0，从60分到100分每增加1分，递增0.1学分绩点（详见表3-6）。将课程考试成绩转化为绩点数，然后乘以该课程的学分，其积则为该课程的学分绩点；将一学期（或一学年）所修全部课程的学分绩点之和除以该学期（或该学年）所修全部课程的学分数之和，则可得到平均学分绩点。其计算公式为：

$$课程学分绩点 = 课程学分数 \times 绩点数$$

$$平均学分绩点 = \sum 课程学分绩点 / \sum 课程学分数$$

表 3-6　　考核成绩与学分绩点的互换关系表

制式	互换关系				
五级制	优（95）	良（85）	中（75）	及格（65）	不及格
百分制	100~90	89~80	79~70	69~60	59以下
绩点制	5.0~4.0	3.9~3.0	2.9~2.0	1.9~1	0

例如：甲生期末的成绩为：英语（4学分）85分，高数（5学分）90分，根据表3-6，可知其英语和高数的绩点数分别为3.5和4.0，代入公式可得：

英语课程学分绩点：$3.5 \times 4 = 14$

高数课程学分绩点：$4.0 \times 5 = 20$

平均学分绩点：$(14+20)/(4+5) = 3.78$

4. 导师制

由于受知识、能力的限制，学生对课程的性质、目的、内容、学习方式和先修后续的开课顺序不甚了解，使之在选课时往往带有很大的随意性和盲目性。因此，由学校聘请一些学术水平高、教学经验丰富、具有较强责任心的教师担任导师，可以对学生进行学业上的指导，帮助学生了解专业结构，制订个人学习计划，合理安排学习时间，选修专业课程，向学生提供必要的学习咨询、指导和帮助。实行导师制是学分制的重要保证，是自由选课制的配套制度，是保证自由选课制有效实施的重要措施。

（三）学分制与教学管理体制改革的关系

我国当前的教学管理体制还未能完全赋予学生选择课程、构建自己知识的权利和自由，这将导致学分制核心要素的缺失，阻碍学分制的良性运行。因此，学分制的良性运行对当前教学管理体制提出了改革的要求。同时，通过对学分制的深入认识，可以了解到学分制的最基本的功能就是使课程成为教学过程中权利划分和资源配置的基础,为当前教学管理体制改革提供具体的途径与思路。那么,学分制与教学管理体制之间的关系怎样呢?可以从两个方面去理解。

1. 学分制是深化当前教学管理体制改革的突破口

我国高校教学管理体制经过多年的改革后,改革虽然取得了一定的成就,但以行政人员为主导、校级集权管理为特征的高校教学管理体制仍然没有从根本上得以改变。探寻深化教学管理体制改革的突破口,是我国高校发展的当务之急。而当今广泛实施的学分制正是顺应趋势,为高校教学管理体制改革提供的一个新的突破口。

首先,学分制的实施有利于改善高校作为组织个体、教学管理体制改革自身动力不足的问题。

湖南大学党委书记刘克利说:"认真检视近年来高校教学改革停滞不前的原因,我们不能不得出一个结论,那就是在教学改革上只有自上而下的压力而缺乏自下而上的驱动力。"[①] 从对我国高校教学管理体制的历史沿革中可以看出,无论是新中国成立后的苏联模式教学管理体制,还是20世纪90年代进行的学院制改革,都是在国家政策的推动下进行,与高校的教学管理体制改革措施具有非常明显的一致性。因此,高校教学管理体制改革主要是高校响应国家教育政策的"集体行动",也是集权管理下的"统一行动",而非高校的主动自觉行动。显然,在以往的教学管理体制改革的过程中,高校缺乏自身改革的内在动力。而学分制具有主体认定功能。这个主体既包括学生作为自我学习的主体,也包括高校作为自我发展的组织主体。也就是

---

① 刘克利. 高校必须成为高等教育创新的主体 [N]. 光明日报,2003-07-06.

说，学分制既从制度上承认了学生的个体意向、智能的差异性，尊重了学生的发展权和学习上的合理选择权，强调了学生个性的发展和能力素质的培养。这种"承认"、"尊重"、"强调"对于学生在教学过程中的主体地位是一种保证；同时，学分制自身的弹性特征决定了学分制无固定的模式。因此，对于高校而言，不存在一种统一的模式可供所有高校所采用，高校选择何种模式的学分制，纯粹是一种个体行为。这一方面要求政府切实落实放权给高校的政策，使高校有权选择自我发展的道路；另一方面，学分制模式的迥异，决定了支撑制度体系的不同，即：学分制模式的不同，要求高校根据自身的层次、办学条件、专业结构以及发展定位等具体的校情来建立与学分制相适应的教学管理体系，其中当然包括教学管理体制的构建。这样使得各个高校的教学管理体制改革成为探索自身发展的"个体行为"，从而从根本上改变了以往教学管理体制改革的"集体行动"与"抄袭行为"，有效地改善了高校作为教学管理体制改革主体的内在驱动力。

其次，学分制的实施为高校教学管理体制改革提供了具体的思路与途径。

由于以往的改革总是在高度统一、以计划为主导的教学管理体制前提下进行修修补补，体制改革的核心部分——权利关系的调整没有从根本上脱离"计划"的色彩，因此，我国当前的教学管理体制以计划机制为主导，以行政手段为主要方式来划分权利，以校级集权、按照计划配置教学资源为主的局面没有改变。而学分制的实施，学分的基本测量功能的发挥，即以对学生的学习量和学习进度以及教师"对完成学位要求所作贡献"的学分作为测度，来衡量学生的学生成绩以及教师的工作"业绩"，使得学分所依附的载体——课程便成为教学资源配置和权利划分的主要依据。实施学分制，高校教师有权开设新的有价值的课程，学生有权自主选择课程，并通过选择课程选择专业、选择教师、选择学习时限和选择学校。这种以市场机制、竞争为主调配高校教学资源的方式，为高校教学管理体制改革提供了具体的方法与途径，有利于高校教学资源的优化配置。

2. 深化高校教学管理体制改革是学分制良性运行的基本保证

一方面，学分制是深化当前我国高校教学管理体制改革的突破口；另一方面，学分制的实施，也需要高校教学管理体制改革，以保障学分制的良性运行。

我国引入学分制近百年来，高校在教学管理配套制度的操作层面上进行了多项改革，如实行绩点制、导师制、弹性学制等，积极地促进了学分制与我国传统教学管理体系的磨合。但从学分制在我国推行的实际效果以及几起几落的历程来看，学分制的功能仍不能得到有效发挥。深究其原因，当然既有宏观的社会环境，也有微观的高校内部管理制度等与之不相适应之处。具体到高校的教学管理体系，笔者认为深化当前的教学管理体制改革，落实教师教学自由与学生的学习自由的权利是学分制良性运行的基本保证。

学分制运行究竟需要怎样的教学管理体制条件？从学分制的核心和基础来看，其核心与基础是选课制，选课制的运行情况直接决定着学分制功能的发挥。完善选课制的关键在于使学生拥有选择课程、选择教师等选择学习的自由与权利，因此，必须通过改变资源分配方式和权利划分规则，赋予学生应有的选择学习的自由，建立起一套能使学分制良性运行的教学管理体制。具体说来，选课制的良性运行，必须具备两个前提条件：一是课程体系结构的多样化；二是赋予学生选择的自由和权利。这两个条件的实现，要求教学管理体制能赋予教师在一定的制度下开设新课、决定讲课内容的权利与自由；能给予学生在选择课程的基础上选择教师、选择学习时间等，以构建自己知识结构的权利与自由。虽然课程体系结构的多样化还受到教育投入、师资水平等硬件的制约，但是教学管理体制等制度软件的支撑是基本保证。因此，教学管理体制首先应该保障学生的学习自由和教师的教学自由，明晰高校、院系、教师、学生在教学过程中各自的责任、权利和义务，这样就必须对现存的教学管理体制进行改革。

另一方面，选择机制是学分制的核心运行机制。这种选择机制给高校教学管理体制提出新的要求。首先，应构建合理的教学管理组织结构。因为传统的教学管理组织结构是以管理为主要职能，而学分制条件下的学生的自主选择要求教学管理在服务性方面有所增强，要求设置一些如包括注册、选课、考试等在内的学生信息管理中心，为学生提供各种直接服务的机构。其次，规章制度的建设上，要建立有利于学生自主学习的一系列制度，如导师制。建立这一系列规章制度的目的是为了提高教育教学质量，如导师制的主要作用是导师指导学生自主选择课程，制订适合学生个体的学习计划，以形成合理的知识结构。最后，应调整教学管理过程中的权利规则和教学资源的分配。学分制要求学生在老师的指导下自主建构知识结构，有权选择课程、选择教师、选择学习时限等；教师有开设有价值的课程的权利。学分制要求教学资源的分配以课程为重点，主要以学生个体选择需要的满足衡量教学效益。

因此，高校教学管理体制改革应该以学生的学习计划的达成为核心目标，围绕课程进行教学资源的重新配置，重新划分各层级的权限，建立切合实际的选择机制，使学分制能够真正良性运行。

二、独立学院学分制实施现状

独立学院起步晚，在发展过程中有许多来自国内外高校的经验可以借鉴，因此在学分制的实施过程中较为顺利，但也存在一些问题。主要表现为：

1. 教学计划弹性不够，选修课比例不高

教学计划规定着专业课与基础课之间、选修课与必修课之间的比例，也规定着开课的学期及学时。目前，独立学院的教学计划仍然带有学年制下的刚性和指令性的特点。一方面开设的选修课比例偏低，数量的限制影响了学生选课的自主性；另一方面，总学分基本上是平均地分布到了各个学期，学生只能在这样一个基本框架内进行"必修"或"选修"，只能修规定的学分，学生即便十分优秀，也只能按部就班，要想提前毕业几乎是不可能的。

2. 师资队伍紧缺，选修课资源匮乏

学校选修课的开设受制于师资队伍。目前，独立学院的教师数量和质量普遍不佳，尤其是一些热门学科和应用型学科的教师更是紧缺。一方面，学校能开的选修课数量非常有限，总量上不能满足学生的需求，学生戏称"选课"为"抢课"。更有甚者，有的教学计划上列出的选修课程，因无法落实任课教师而成了摆设。另一方面，由于独立学院教师自身的水平不高，在教学内容的选取上不够精练和新颖，不能从教学内容的实际出发，充分体现对学生知识、能力、素质等方面的综合培养，选修课即使开出质量也不高。

3. 学生选课缺乏科学指导

选课制给了学生学习上的自主权，但是如果学生不能结合学科、专业及自身情况科学选课，就会影响教育质量的提高，违背学分制的初衷。

在一些实施学分制的独立学院中,由于师资数量有限,并没有建立起完善的导师制,学生对学科、专业、课程或教师不甚了解,对选修课的选择存在很大的盲目性和功利性。例如,专业性强、难度较大的课程无人选,一些容易考试、容易拿到学分的课程却呈现扎堆的现象;有的学生专门选择管理不严的课程,单纯把获取学分作为学习的主要目的;有的学生为了就业方便,忽视人文教育,出现过分职业化倾向;有的学生对课程的先修后继关系弄不清楚,从而导致上课听不懂,最终不可避免地导致知识割裂,破坏了知识结构的系统性和完整性等。

4. 教学管理秩序混乱、教学秩序较难控制

有的独立学院配套制度不健全,如教学指导文件、选课制度、考试考核制度、学籍管理制度、实习实验制度、导师指导制度等,或者由于教学管理队伍能力欠缺,结果使学分制不够完善,多方面受到制约。还有的独立学院教育经费投入不足,缺乏良好的服务设施、相应的师资配备、管理人员的培训,使得学分制改革后劲不足。

三、实施学分制的对策和建议

上述问题在大部分独立学院中普遍存在,这些问题的存在阻碍着学分制的进一步贯彻落实。通过仔细分析发现,这些问题大多数是管理和操作层面的问题,可以通过努力得到解决。

(一)制订科学的教学计划,构建合理的课程体系

学校教务部门要统一指导各教学院系制订科学的教学计划,规范课程名称、明确课程归属、统一课程编码。教学计划可以采用模块结构,将课程分别纳入公共课、必修课、限选课、任选课等模块,各模块占的学分比例要合理,同时要根据课程选修的先后顺序建立树型结构图。

在保证教学计划具有完整、合理的知识结构体系和专业教

学内容的前提下,尽可能地扩大选修课程的比例,使教学计划更富弹性和柔性,让学生享有更大的自主选课空间。在国外,高校选修课的学分约占总学分的40%~60%,而我国占总学分比例约为30%~40%。当然,在选修课程中还要处理好基础教育与专业教育的关系,既要有扎实的基础知识,又要有较宽的知识面。

(二)加强教师队伍的建设,开发课程资源

建立一支优秀的教师队伍是开好选修课的必备条件和前提。为此,独立学院应建立一支优秀的专职教师队伍,还要聘请一定比例的兼职教授、客座教授来校讲学;要加强教师的再学习和再培养,通过切实有效的措施,提高教师的学历层次,鼓励教师积极参加学术研究和教学研究活动,提高教师的理论水平和实践能力,改进教师的教学方法;要鼓励教师开新课,多开课,并建立相应的教学评估、奖励制度,充分调动教师的积极性、创造性,对开设新课和自编教材的教师给予必要的奖励。

(三)完善导师制,加强学生选课指导

学校应从教学经验丰富、年富力强的教师中选拔一批导师,并建立培养、聘任、考核等一系列较为完善的运行机制。导师应了解专业的发展方向及前景,掌握人才培养方案和教学计划,明确课程框架和学分分布,熟悉开设课程的顺序和学期,了解选课流程和相关规定;同时还应了解学生的特点,针对性地指导学生制订学习计划,并根据成绩变动与个人情况变化进行调整。

(四)开发教务管理系统,改革教学管理手段和方法

学分制的实施,将出现大批学生转专业和学有余力的学生修读辅修专业的情况,同时将产生大量课程、学分、成绩、学籍等教学信息和相关数据,信息数据处理的难度大大增加。因此,独立学院应开发和完善教务管理系统,才能保证教学管理

工作的准确性和高效性。该管理系统应包括教学资源管理、学籍管理、成绩管理、教学管理、选课管理、排课管理、考试管理、教学质量评价等功能模块。

(五) 提高教学管理队伍专业素质和管理水平

教学管理队伍主要是指学校教务处、各院（系）教学秘书等工作人员，也就是学校教学管理工作的组织者和实施者。这支队伍的结构是否合理、素质是否优良、数量是否充足决定着学校教学秩序是否稳定，也决定着学校学分制改革能否顺利进行。然而，独立学院教学管理队伍在管理理念、学历结构、人员素质、编制数量等诸多方面都表现出与学分制的不相匹配。

独立学院要加强这支队伍的建设，提高教学管理人员专业素质和管理水平。首先要加强对教学管理工作重要性的认识；其次要优化教学管理队伍的基本结构，保证从业人员具有本科以上的学历，以及计算机操作能力和一定的写作水平，具备教育学、管理学、心理学等知识和缜密思考、超前预测、科学归档等能力；再次要采取培训、深造学习等措施，提高教学管理队伍的业务水平和综合素质；最后要建立激励机制，对于管理工作中的成绩及时认可和肯定，对于事业心强、精通业务、管理工作出色的工作人员应给予奖励，对于不安心或不能胜任工作的工作人员要进行教育和培训，实在不行的应予以转岗或解聘。

四、人本管理与独立学院现代教学管理模式构建

教学管理是高等学校教育管理的一项核心内容，是维持教学秩序正常运行、实现既定的人才培养目标的根本保证。传统模式主要表现为管制、监控、指示、命令，在一定程度上束缚了学生个性和创造才能的发挥。而以人为本的现代教学管理模式则强调"管理为教学服务，为学生服务"，以"一切为了学

生，为了学生一切"为服务理念，逐步达到人性化管理。

（一）转变观念，树立人本管理理念

在提倡教学主导、学生主体的今天，教育的最终成效不应仅仅以教师教了什么来衡量，还要以学生学了什么来衡量。这是教育思想的重大转变，也是人本管理思想在教学管理中的重要体现。

教学管理应当贯彻以人为本的思想，以面向教学第一线、面向服务对象为原则。教学管理的对象是教师和学生，教学管理的目的是调动教师和学生的积极性、主动性，形成生动、严谨、活泼而宽松的人才培养环境，有利于学生创造性思维的发挥和个性的发展。任何一项教学管理的政策、制度、措施的出台都应符合这一要求。

（二）完善课程管理，实现跨学科课程体系

传统模式的课程设置是严格按照学科专业分设的，各专业的课程体系是相对封闭的，学科之间很难交叉，致使学生的知识结构单一、思维狭隘，完全忽视了专业方向和专业特色是由课程来体现的，因此，课程将直接影响专业的生存和学科的发展。

在人本管理的理念下，课程设置应当体现综合化、多元化。联合国教科文组织高等教育与社会特别工作组的报告《发展中国家的高等教育：危机与出路》指出，通识教育适合发展中国家，高质量的通识教育为进一步学习和专业化提供了坚实的基础，从而加强了专业训练，也为不同专业的人们提供了一个相互交流、共同学习的通道。

新的课程要体现出把现代科学、技术、文化成果完整、及时地反映到课程体系中去的特点，并坚持把人文教育融合到科学教育中，把科学教育融合到人文艺术教育中。

课程综合化并不是简单的相加，而是要通过综合引出新的跨学科课程。这就要求我们的教学计划要扩充和调整选修课，使选修课在数量和质量上都适应创新教育的要求。

（三）改革学籍管理，实行学分制和弹性学制管理制度

人本管理理念要求教学管理模式为人才的多样化培养提供制度上的保证，因此必须建立灵活的学籍管理制度。例如：允许学生在规定的时间内根据自己的兴趣、爱好、特长转换专业；允许学生自主选择学习方式；允许学生自主选择学习进程和学习年限；允许学生中途停学一段时间去创业或工作，把创业或工作也看成是一种教育，待学生感到需要继续学习时或条件允许时再回学校继续接受教育。学生只需修满教学计划规定的学分，完成学业，均可提前毕业或推迟毕业。此外，根据学生的学习需求，鼓励学生学习相关的专业或不同的专业，加大辅修专业、第二专业的培养力度，从而扩大学生的知识面，满足人才培养多样化的需求。

（四）重视课堂教学环节

北师大教授肖川先生说过："课堂是生命相遇、心灵相约的场域，是质疑的场所，是通过对话探索真理的地方。"[1] 人本管理理念要求打破以往僵化的课堂教学管理制度，把课堂还给学生，让学生参与课堂教学的全过程。教师要在平等、民主、快乐、相互尊重的基础之上采用对话、讨论等启发式教学方法，形成一种师生之间、生生之间合作的气氛，通过"设疑、讨论、交流"等形式，让学生学会学习、学会思考、学会解决问题，使学生的主观能动性得到充分的发挥，培养学生发现问题、分析问题和解决问题的能力。

此外，还要积极发展计算机辅助教学、多媒体教学、网络课程等现代教育技术，扩大课堂信息量，为学生学习提供更多

---

[1] 肖川. 教育的理想与信念 [M]. 长沙：岳麓书社，2002.

的空间，提高教学效果。

（五）建立科学的评价体系

科学有效的教育质量监控、考核评价体系是教学管理模式的重要有机组成部分，是保证多样化人才培养质量的关键。

首先，要建立科学的学生学习评价体系。

传统模式对学生的学习评价是只重视终结性的评价，不重视诊断性评价和过程评价；评价方法单一，一般都是"一考定终身"。美国高校在这方面的一些做法值得我们借鉴。他们允许学生有一定限度的失败，有机会进行尝试学习，即使某一门课程学得不好，或不感兴趣，也允许学生有改选的机会。学习前进行诊断性的评价，师生双方可以准确把握各自学习、教学的深浅度、进度，明确哪些是缺陷，哪些已经掌握，哪些应作为学习或教学的重点。

因此，任课教师应采用过程评价的方法并改革考试方式与考试内容。在考试内容结构和试题设计上，既要充分体现课程的要求，又要多方面考查学生的发展；在考试方法和成绩评定上，应考虑学生的平时学习与表现加以综合评定，重平时表现，重学习过程。

当然，评价内容也应该是多维度的，不应该从学生单方面的发展作为评价的依据，而应考察学生的全面发展。

其次，要建立发展性教师教学评价制度。

传统的教学评价制度是以知识传授为衡量尺度的教学评价观，只关注教师课堂传授知识的多少和深浅，以此作为衡量教师有效教学的基本尺度，忽视了教师的个性发展。基于人本管理思想的发展性教师评价，以促进教师个人发展和改进为根本目标，着重评价教师在指导学生独立思考，启发学生的创造性思维，培养学生创新能力，提升学生综合素质和人文素养方面的成效。这样的评价制度有助于尊重教师的教学权，鼓励教师在教学实践中创新。

评价方法主要采用学生评教、同行评价、教学督导组评价相结合。评价内容主要包括教学态度、教学内容的新颖性、教学方法的独特性、对学生创造性思维的启迪、学生学习能力的提高等方面。

根据评价结果，帮助教师明确个人的发展目标，在进修、考研、科研等方面创造机会，从而以提高教师的思想修养、专业素质和教学水平。

总之，在教学管理中引入人本管理理念，就是需要多一些管理的弹性，改变传统的教学管理制度，使之既严格又不"一刀切"，既规范又有一定的柔性与弹性；既明确体现对学生的基本要求，又能为学生的个性发展创造条件。当然，高校人性化管理也不能走极端，人本管理不等于放任自流，尊重学生权利也不能成为拒绝任何约束和规范的挡箭牌。我们要正确处理好严格与灵活的辩证关系，改革精英教育体制下形成的教学管理思路、模式与方法，逐步形成一套为培养个性化、创新人才服务的教学管理制度与方法。

第四节　独立学院多元化教学质量评价体系研究

一、独立学院多元化教学质量评价概述

（一）多元化教学质量评价的含义

教学质量评价是对教学质量进行过程控制的重要手段，是对教学运行过程中的各项教学活动进行诊断，并将发现的问题

及时反馈，以保障学校教学质量的稳步提高。①

教学质量是一个与人才培养全过程有关的概念，所以，一个良好的教学质量评价体系应建立在广泛的支持和参与之上，利用多元化的评价主体对教学进行全方位多角度的考察和评估。教学质量评价不仅要强调教学过程中的各个环节及其效果，还应强调社会和学生对高等学校教育的要求和需求。

因此，来自学校内部的教师、学生、院系领导、学校职能部门以及来自学校外部的毕业生、用人单位、家长、行政管理部门等，都应该作为评价主体参与到教学质量的评价和反馈活动中来，形成对教学质量的多角度的审视，以保证教学质量评价的客观合理性。也就是说，高校教学质量评价应将教师自评、学生评教、领导评价、同行评价结合起来，校内评价与校外评价结合起来，在校生评价与毕业生评价结合起来，教师个体教学质量评价与学校集体教学质量评价结合起来，使教学质量评价体系成为全员参与、良性互动的网络系统。

（二）教学质量评价的功能

一般而言，教学质量评价具有导向、诊断、改进和激励等功能。

1. 导向功能

评价的导向功能就是评价者按照一定社会教育、质量、人才的观念，来引导约束被评的发展方向。

导向功能是由评价指标体系所决定的。一般说来，社会认可的教育观、质量观和人才观直接影响着教育目标的确定，而教育目标又是制定评价标准的主要依据。评价标准一旦确定，被评价者就必须照着去做。评价指标体系体现了教学目标和管

---

① 刘莉. 教学质量评价体系的构建 [J]. 湖北成人教育学院学报, 2008 (1): 4-5.

理目标的要求，即评什么、怎么评、什么是评价的重点，这些指标将明确引导教师在教育教学中朝什么方向发展、做什么、怎么做。可以说，教学质量评价就像一根"指挥棒"、一盏"指路灯"，对教学工作起着"定标导航"作用。

当然，评价指标也要与时俱进，要注意科技文化进展的新动向，了解教育革新的理论与信息，及时调整评价内容和重点，使之既适合教学实际，又体现出发展性和先进性。

2. 诊断功能

在教学质量评价活动中，通过各种方式对收集到的信息资料进行整理分析，可以发现教师、学院，乃至学校教学管理各方面的实际状况，对于做得不好的地方应采取措施加以改进，对于做得好的地方要继续发扬光大，这样才能不断地提高教学质量。因此，教学质量评价具有对教学进行诊断的作用，也就是为教师、学院、学校采取有效措施进一步提高教学质量提供依据。

3. 改进功能

正如斯塔弗比尔姆所强调的："评价最重要的意图不是为了证明（prove），而是为了改进（improve）"。通过教学质量评价所获得的信息必须迅速、准确地反馈给被评价者，及时强化正确的教育行为，及时调整、纠正不当的教育行为，从而实现对教学工作有效的控制和监督，并且能够及时纠正实际教学活动中出现的有悖于教育思想、课程体系、教学计划要求，影响人才培养质量的行为或现象，确保学校的人才培养目标得以实现。

4. 激励功能

激励功能指的是教学质量评价具有激发被评对象行为动机、调动被评对象积极性的作用。首先是对被评对象的优点和成绩的肯定性评价，使其产生成功感、自信感，促进教学工作"更上一层楼"。其次是对其工作中的不足和失误进行否定性评价，只要评价指标体系设置科学、评价方法公平合理，具有改进、指导等作用，否定性的评价结果能在一定程度上刺激并激发被评者的竞争意识[①]。

二、独立学院教学质量评价体系存在的问题及其原因

由于我国独立学院创办历史较短，教学质量评价工作尚处于起步阶段，因此，存在不少问题。其主要表现为：

1. 教学质量评价指标不科学

目前独立学院在进行教学质量评价时，一般都把评价指标分为教学态度、教学内容、教学方法、教学效果等方面。这样的指标设计是不够全面、不够合理的。

（1）对不同学科专业的课程所采用的评价指标体系应加以区别。例如，有的教学质量评价项目中有"是否采用先进的教学手段（如多媒体手段）"一项，这对于某些专业或课程的教学并不合适。如西方经济学和高等数学这一类课程，更多的是要带着学生进行推导和计算，如果千篇一律都要求使用多媒体手段，反而会弄巧成拙。

（2）授课对象高低年级不同，判定目标的模式就不能太统一、太标准。例如，高年级学生更多是培养他们的运用能力和创新能力，评价指标中应注重对学生的启发与引导，而低年级学生则是关注专业基础和专业理论讲解是否透彻。

（3）现行教学质量评价标准往往是那些表面的、形式的、易于操作的表征，忽视了师生内在的主体价值取向、成就动机、个性、创造性等价值目标。

（4）有的评价指标显得有些空泛，难以准确评定打分。例如，"调动学生积极性"这一指标，针对不同的课程，标准就很

---

① 张玉田，等. 学校教育评价 [M]. 北京：中央民族大学出版社，1998：230－250.

难把握，比方说教成本会计的老师可能没有办法像教商务谈判的老师那样很好地活跃课堂气氛。

（5）目前所使用的教学质量评价指标中还有一些细节考虑不周。例如，对于开新课与重复开课的区别就没有得到体现，对于班级人数也未作考虑。

2. 教学质量评价主体单一，实效性差

一个良好的教学质量评价体系必须建立在广泛的支持和参与基础之上。但一些独立学院的教学质量评估活动只考虑从两方面开展，一方面是采取以学生为主体的课堂教学评价，即学生按照规定的项目和程序给任课教师打分或分等级；另一方面是通过学校的职能部门（通常是教务处）来做，没有积极发动全体教师及其他相关职能部门参与，致使不少被评教师产生了被监督、受监控的心理。这样一来，评价不仅没有起到激励教师的作用，反而打击了一些工作责任心强的教师的工作热情。另外，这些评价主体在发挥实效的过程中也存在着一些问题。

（1）关于学生评价

学生作为教学对象，对教学质量评价具有最直接的感受，于是很多院校都用学生打分的办法对教师的教学质量进行评定。这种方式虽有其公平的一面，但也不能不看到学生评价具有的片面性等弊端。

首先，仅仅从一两门课程看，学生对教师的授课水平评价未必客观、全面。学生对老师的教学水平往往需要有较长时间的认知才能进行评判，甚至要毕业走向社会之后才会有更深刻的体会。其次，由于学生的学识水平有限，对教师的评价往往是以自己的喜好为标准来进行，一般对善于活跃课堂气氛、常与学生交流的教师，评分比较高，而教授课程较为枯燥或不善人际关系的教师得分就不太理想。再次，有些学生对评价工作不甚了解，觉得不过是在走过场、太麻烦，难免出现应付了事、随意打分、找人代评等现象，这些都会影响评价结果的真实性。最后，由于一些高校将学生评教和教师课时标准或津贴挂钩，导致部分教师不敢管、不愿管而一味迎合学生，以期学生给自己好的评价。这不但影响提高教学质量，而且还会造成教师教学质量考核成绩失真。

（2）关于领导评价

领导评价能从学校整体的教学目标出发对教学工作进行监督，受人为因素和主观因素的影响较轻，相对客观公正。但是领导听课是非常有限的，仅仅通过一两节课的表现给出评价，难免出现信息接收不完全的情况。更何况领导也不是"全才"或"通才"，毕竟"隔行如隔山"，尤其对不是很了解的专业课，要做出专业的评价也很困难。

3. 只重视量的评价，忽视质的评价

独立学院目前的教学质量评价主要是量化评价。不可否认，量化考核有客观、精确、易于操作等显著的特点。但教学工作是一项非常复杂的活动，有些活动仅仅用量化的指标是很难准确界定的。如果硬要对教学过程中一些不易量化的内容进行数字化评价，忽视学校工作的多样性和学科的多样性，必然会削弱评价的科学性。例如，教师在教学过程中，以自己的言行影响学生，教学水平本身包含着教师对学生的言传身教，还有教学效果、学习氛围、社会评价等都是无法进行量化考核的。因此，对教学质量评价必须要采用相应的标准，将定量考核与定性考核结合起来。

4. 评价过程强调终结性评价

现代教育评价理论认为，教学评价从功能上可分为诊断性评价、形成性评价和终结性评价[①]。

---

① 李朝辉. 教学论 [M]. 北京：清华大学出版社，2010.

诊断性评价指对教学过程中出现的问题或困难进行诊断，在这一过程中评价方法主要是由教师在授课过程中自我反思，结合学生的学习情况，调整授课进度和教学方法。

形成性评价指在活动过程或活动过程后进行的，为获得改进和改善教学工作的反馈信息，以改善教学工作的评价。可以由院、系、教研室领导在听课过程中对教师授课情况作相应的记录，并对其进行分析，提出指导意见。

终结性评价指在一个阶段或学期结束后进行的，对教学的整体效益或有效性做出鉴定或证明的评价。通常以年度考核的形式进行，由教务处组织，对教师实施一种定期的全面考核，这是教师考核的主要形式。

目前大多数独立学院实施的教学质量评价活动大都属于终结性评价，对形成性评价重视不够，更忽略了诊断性评价。

5. 评价结果的运用不到位

教学质量评价信息反馈方式的不当、反馈时间的滞后，都会阻碍评价的沟通、导向和激励作用，但影响更大的却是独立学院对评价结果的运用往往不能真正做到位。对于评价结果如何运用，是有诸多因素需要进行统筹考虑的。例如，评价结果不好的教师如果是母体学院派来的，就可能会涉及人际关系的处理问题；如果决定不再聘用评价结果差的教师，是否又有足够的优秀师资给予补充……这些外部因素往往会导致独立学院教学管理部门拿到评价结果后不了了之，无法完全兑现评价的奖惩措施。

三、独立学院多元化教学质量评价体系的构建

（一）教学质量评价原则

教学质量评价的目的是为了反映学校的教学现状、促进学校的教学改革、提高学校教学质量，为学生、教师、学校三者

之间提供一条有效的交流渠道。因此，这就要求评价工作尽可能地遵循以下原则：

1. 全方位和多样化相结合的原则

教学质量评价指标既要反映教学过程中的共同规律，又要反映教学的个性特色；既要有统一的标准，又要针对不同的评价对象做到灵活机动，为师生个性化、创造性的教学提供发展的空间。所以，在进行教学质量评价时，可以针对不同专业、不同课程、不同师生群体、不同教学环节分别制定相应的多样化的评价指标体系，而不是只有一种质量要求、一个评价标准、一种教学模式。

教学质量的高低也不是由学校单方面决定的，而应将教师评价、学生评价、领导评价、同行评价结合起来，校内评价与校外评价结合起来，在校生评价与毕业生评价结合起来，教师个体教学质量评价与学校集体教学质量评价结合起来，利用多元化的评价主体对教学进行全方位多角度的考察和评估，以保证评价结果的客观性与真实性。

2. 适应性和动态性相结合的原则

在市场经济日趋成熟的今天，学校的社会声誉是学校生存与发展的生命线。因此，教学质量评价必须高度重视学校培养的专业人才与社会需求的适应程度和用人单位的满意程度是否合拍。学校应建立可信的毕业生跟踪调查制度，并根据社会反馈，动态调整学校的专业设置和人才培养方案，以高质量的教学效果和鲜明的人才培养特色，建立起良性的办学机制，促进学校综合办学实力的提高。

3. 系统性与可行性相结合的原则

教学是一个由教师、学生、课程、教学资源、教学环境等多因素组成的系统，教学质量取决于系统中各因素的质量及其相互作用的质量。因此，教学质量的评价应建立在对教学过程各环节的评价上，不仅要从单纯的课堂教学延伸到教学的其他环节，还要从教学的主要要素延伸到教学的相关因素；不仅要对各年级进行纵向的教学质量评价，还要抓住各环节进行横向的质量评价。在评价方式上则表现为：把在教学过程中的形成性评价与教学过程结束时的终结性评价结合起来，使教学质量评价贯穿整个教学过程，使教学质量在教学过程的每个阶段、每个环节都得到及时的监控和保障。当然，在构建教学质量评价体系时既要着眼于系统性，也要考虑其可行性，力求抓住主要的指标，避免体系繁杂，操作耗时费力。

4. 定性评价与定量评价相结合的原则

所谓定性评价是指运用经验对教育过程和结果的性质进行分析判断，是一种模糊的判断。所谓定量评价是采取量化的方法对评价对象进行评价，是一种精确的判断。定量评价通过统计分析，从量的方面集中对教学质量做出科学分析，简便易行，更为确切和细致。但要切实提高教学质量，还需要质的评价，将其对局部的认识转化为对整体的认识。因此，要灵活使用各种教学质量评价方法，定量评价教学静态因素，定性评价教学动态因素，两者相互结合，取长补短，以提高评价的效度与信度，从而保证教学质量评价体系更加科学合理。

5. 随机评价与定期评价相结合的原则

我们都知道一堂课的水平并不能完全代表一个教师的真实水平，一届毕业生的水平也不能完全反映一个学校的教学质量。为了使评价结果具有客观性，应将随机评价与定期评价相结合，采用经常性检查、平时检查、期末考核等多渠道、多层面的形式进行评价；同时改变终结性评价"一局定胜负"的局面，注重诊断性评价和形成性评价在教学质量评价中的地位和作用，使评价结果与实际更加相符。

(二) 多元化教学质量评价体系的构建

根据系统论的相关原理,系统行为的整个活动可以分为输入、运行、输出、反馈四部分。通过系统的运行,输入的信息转换为输出的信息,然后再把输出的信息反馈到输入端,指导教学工作和评价工作的调整和改进,这样反复运转。整个过程如图 3-1 所示:

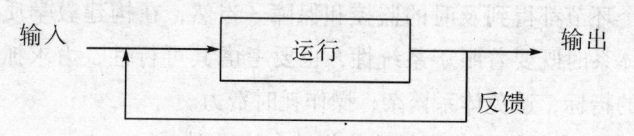

图 3-1　系统行为模型

在构建多元化教学质量评价体系时,我们也可以把评价对象当成一个系统。根据上述系统行为的模型,多元化教学质量评价体系的模型则如图 3-2 所示:

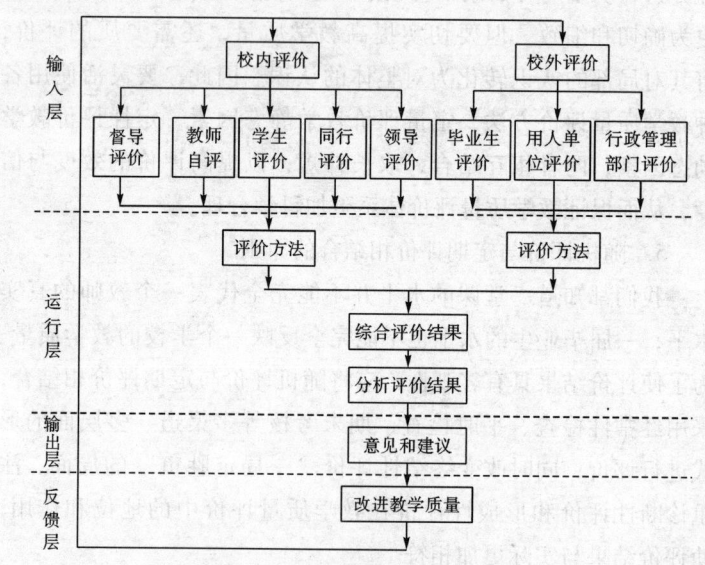

图 3-2　多元化教学质量评价模型

（四）教学质量评价过程

根据多元化教学质量评价模型，评价活动可分为如图3-3所示的三个主要过程：评价准备、评价实施和评价反馈。

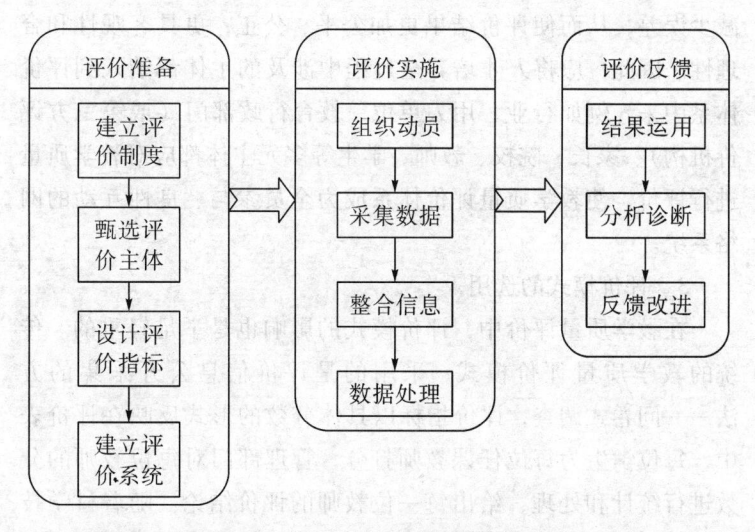

图3-3　多元化教学质量评价的过程

1. 建立评价制度

为保证教学质量评价工作能有序、高效、顺利地进行，高校应建立由分管教学的校领导为组长、有关职能部门和各教学单位负责人为成员的校级教学质量评价领导小组，各院系建立以院长（系主任）为组长、教研室主任为成员的院（系）级教学质量评价小组，在教务处设置教学质量科或教学质量监控岗，安排专人负责日常监控工作。同时，学校需要建立一系列配套的制度，例如课堂教学评价制度、领导干部听课制度、督导听课制度、教学信息员制度、学生网上评课制度、毕业生回访制度等，形成全员全过程的参与机制，以保证人才培养全过程中的每一个环节都得到有效的监控和客观的评价。

2. 甄选评价主体

一个良好的教学质量评价体系必须建立在广泛的支持和参与基础之上。评价主体的多元化可以保证评价结果相互验证、减少误差，从而使评价结果更加公平、公正，更具客观性和合理性。因此，应将人才培养全过程中涉及的主体都纳入到评价体系中来，例如行业、用人单位、教育行政部门（或第三方评价机构）、家长、院校、教师、学生等多元主体都应对教学质量进行评价，使教学质量评价体系成为全员参与、良性互动的网络系统。

3. 评价模式的选用

在教学质量评价中，评价模式的影响也是举足轻重的。传统的教学质量评价模式，采用的是评价信息公开采集的方法——问卷式调查，评价指标以具体分数的形式反映在评价表中，每位学生为每位任课教师打分，管理部门对每位教师的分数进行统计和处理，给出每一位教师的评价结论。随着科学技术的迅猛发展，教学质量网络评价模式应运而生。这种模式是利用网络技术对传统评价方法的信息化改造，是传统评价方法的升级和演化。

传统的教学质量评价模式是匿名评价，学生没有思想包袱，可以真实地反映自己的感受，但也不排除趁机发泄不满情绪和随意评价的现象。另外也存在问卷统计效率低下、容易出错的问题。网络评价模式是以学生实名方式通过密码登录评价系统的，具有透明性，在一定程度上限制了部分学生不负责任的评价，但又不可避免地出现了部分学生不敢讲真话的弊端。当然，网络评价模式最明显的优势还是数据处理时的方便、快捷、准确性较高。总之，这两种模式各有利弊，可以根据具体情况选择使用，也可结合使用。

4. 评价指标设计

教学质量评价的重要环节就是建立科学可行的指标体系。过去设计的指标过于繁杂，往往看似大而全的信息在实际操作过程中却起不到应有的作用，反而造成在实际操作过程中人、财、物的巨大消耗，评价的信度和效度也较低。因此，建立多维度、个性化和多样性的教学质量评价指标体系势在必行。

（1）教学质量本身就是一个多维度的评价指标，不仅包括对教师授课的评价，还应包括对教学计划、课程设置、教学实践环节、教学设施等的评价。因此，设计评价指标时应多层面、多角度地将影响教学质量的主要因素都纳入评价范围。

（2）教学质量评价指标体系既要反映静态的、易于操作的、便于描述的教学因素，又要看到各因素互动而生成的动态的、不易操作的、难以量化的指标（如师生关系、师生的创造性、教学艺术等）。基于高校教学的特殊性，评价指标更应注重后者，注重对教学过程中的科学探索、学术品格、实践能力、创新意识等综合素质进行综合性的等级评价。

（3）教学质量评价标准既要反映教学过程中的共同规律，又要反映教学的个性特色，可以针对不同专业、不同课程、不同年级、不同教学环节分别制订相应的多样化的评价指标体系。

（4）评价指标体系不应只包括客观题，还应适当设置一些叙述性的主观题，给评价者充分表达意见的空间。

5. 建立评价管理信息系统

教学质量评价工作涉及面广、信息量大，应该建立一个功能强大的管理信息系统（MIS）作为支撑。该系统的功能可包括网络信息采集与输入功能、信息存储功能、信息传输功能、信息加工处理功能、信息输出功能等。系统应根据独立学院的教育目标和教师的教学任务制订相应的指标和标准，运用科学的方法收集信息，对教学质量进行全方位评价，使教师不断改进教学工作,为学校提供更科学的管理手段。先进的评价管理信息系统在极大地方便师生开展教学质量评价的同时,也使评价工作的过程控制、管理科学成为可能。

6. 整合评价信息

教学质量评价工作信息量很大,来源于多个层面和多个角度。对教学质量的评价不可能仅从某项指标或某个单一的视角就轻易得出结果,应该发挥综合评价的优势综合考虑,统筹规划,对评价过程中得到的各类信息进行科学、合理的整合。对评价信息的整合分为两个方面:一是整合可量化信息,将收集到的评价信息转化为数据形态,按指标权重进行处理,使其获得新的结构与新的形态;二是整合不可量化信息,对收集到的信息进行完全分类和不完全分类,形成定性的分析材料。最后再整合形成一份详尽的评价信息报告。

评价信息报告应以表格、图形、图标等,尽可能准确、详细、直观地反映评价信息,还应具备多方面情况比较、各种信息类比分析、教学工作趋势分析以及鼓励、预警等功能,并且对评价信息做长期的跟踪、分析,运用统计学方法对信息进行信度和效度等的检验,帮助了解问卷本身是否优良,以作为修正的依据,避免做出错误的判断。

7. 评价结果反馈

建立及时顺畅的信息反馈机制,从各个层面、各个角度努力提高教学质量。一方面要将教学质量评价结果及时反馈到学校、院系和教研室,以便进行教学计划的完善、课程设置的调整;另一方面也要及时反馈给教师本人,用于激励或鞭策教师。反馈的形式除了书面反馈以外,也可采取常规教学检查、评教评学活动和座谈会等形式。同时,还应建立专任教师个人业务档案,记载教师在教学过程中反映教学质量的各类信息。

当然在信息反馈的时候要注意技巧,以保护被评价者的自尊心，形成内心激励机制。同时，要将处理结果反馈给信息收集者，以提高他们进一步收集教学质量信息的积极性。

四、独立学院多元化教学质量评价体系的组织与实施

（一）内部评价的组织与实施

莱威认为："学校自评是一个学校自发进行的，由学校内部职员参与的活动。"也就是说，内部评价主要是由学校来开展，目的是为了独立学院的进一步发展，其评价权利在学校。内部评价的主体包括领导干部、督导专家、同行、学生和教师本人等。评价的主要对象是教师的课堂教学质量。

在信息技术飞速发展的今天，各高校都已建成了先进的校园网。校园网强大的交互性、传播的广泛性、时空的开放性、数据收集管理的方便性以及数据统计的快捷性和准确性，为教师课堂教学质量评价提供了技术保障。

1. 建立评价组织机构

（1）成立评价领导小组

评价领导小组负责组织和领导教师课堂教学质量评价的具体实施。该领导小组的职责和任务主要有：设计评价方案，制订评价工作计划；组织评价人员的培训；对评价结果进行决策性分析，提出最后评价结论；向评价对象反馈评价结果，并做出必要解释，提出建设性改进意见；对评价活动进行工作总结，写出评价报告，为教育决策提供可靠信息和依据。

（2）成立教学专家督导组

校级教学专家督导组由专人组成，专职开展专家评价工作。成员由各单位推选的学术水平高、教学效果好、责任心强、身体状况良好的退休教师组成。教学专家督导组在负责专家评价工作的同时，还要根据学校教学工作的需要，承担部分教学检查、教学评比工作。

（3）成立教学信息员队伍

为了组织好教师课堂教学质量评价工作，教务处还应从各个专业年级中挑选学习成绩优良、责任心强、有较强组织管理能力的学生担任教学信息员，教务处负责对他们进行必要的培训，并定期开展经验交流。教学信息员负责组织本班学生对教师的评价。

由学生担任教学信息员可以分担大部分具体工作，不但能大大减轻机关的工作量，而且能充分调动学生参与教师评价的积极性、主动性。

2. 建立评价运行机制

建立规范、高效的评价运行机制，是保证教师课堂教学质量评价顺利进行的关键。在构建评价体系的过程中，学校应制定学生评价制度、同行评价制度、督导评价制度、教师自我评价制度、领导评价制度等作为制度保证，使教师课堂教学质量内部评价工作制度化、规范化，从而逐渐走向良性发展。

（1）学生评价

学生评教指通过学生参与教学活动后对教师进行有效的价值评价。由于学生是教师课堂教学的最直接的见证者和教育效果的体现者，在师生双方利益关系中学生是最直接的利益关系人，对教学有最为广泛深刻和最直观的感受。因此，学生评教是开展教师课堂教学质量内部评价工作的重要组成部分。教学目标的达标度、教学内容的需求度、学生在教学过程中的参与度、学生学习的适应度以及教学对学生发展的导向性等各方面都能从学生评价模块中体现出来。

科学的评价内容和指标体系是学生评教的基础。教师课堂教学质量内部评价的内容应该既要有对教师思想品德、职业道德方面的要求，又要有考察教师专业技能、教师素质以及所用的教学方法和教学手段的内容。一般涉及课堂教学的五个方面包括：教学态度、教学能力、教学方法和手段、教学内容和教学效果。这几个方面都是学生在参加课堂教学中能切身感受的。不过，由于在教学过程中，教师、学生的相互配合非常重要，而学生的背景如原来的学科基础、对课程的兴趣、对教学的期望以及参与课堂教学的程度等会影响教师的教学效果，同时，学生的这些因素也会在一定程度上左右他们对教师的教学所给出的评价结论[1]。因此，以上五个方面内容的评价结果往往会因学生个体需求差异而使结果并不代表教师的真实水平。为此，在学生评教的操作过程中要解决好以下几个问题：

一是要消除学生心理压力。对于学生来讲，评价的最大心理压力莫过于担心对教师的评分过低会影响教师对本班级的看法，进而影响全班学生的考试成绩。要解决这个问题，最有效的办法就是实行教考分离。

二是要选择最佳的评价时机。若评价过早，学生对教师的教学过程所体现的质量特征尚未形成一个全面的认识，对有些评价内容难于理解和把握，从而也就不能做出准确的评判；若评价过晚，则因学生迫于期末考试等方面的压力，管理人员不仅难于进行有效的组织，即使勉强组织起来，也必然降低对此项工作的重视程度，从而影响评价结果。因此，最佳的终结性评价时机应是课程进度的中期或中后期。

三是处理好过程性评价与终结性评价之间的关系。过程性评价可以在教学过程中利用教学信息员随时进行。终结性评价是在学期结束前，由教务处统一组织。不过，过程性评价主要是帮助教师及时发现问题、及时进行调整，而终结性评价结果要和奖惩适当挂钩。这就促使教师在教学过程中更加重视过程

---

[1] 中央教育科学研究所比较教育研究室. 简明国际教育百科全书. 教学（上册）[M]. 北京：教育科学出版社，1990：185-192.

性评价，以便及时改进教学工作，为了能在学期末的终结性评价中获得好的结果。这也是以奖惩促发展的重要手段。

（2）同行评价

同行评价是指教师与教师之间的互评。因为同行对课堂教学活动、教材与学生学习情况都比较熟悉，可以结合自身的知识背景和教学经验对被评价教师的教学水平与能力做出准确的判断。

同行评价的重点一般放在教案的科学性和规范性、教学内容的学术性和思想性、教学方法的艺术性和技术性、掌握本学科的最新知识的情况等方面。教师在参与教学后根据教学过程中体现出来的信息，"找一个亮点、指一个缺点、提一个建议"，并及时反馈给被评教师，以利于其及时改进教学工作。

（3）督导评价

督导评价是指学校里的教学督导或外请专家组成教学专家督导组，定期听课并对被评教师进行评价。

督导们一般具有较高的学术水平和教学水平，知识面广，能从全面发展学生素质的角度对教师的课堂教学进行合理的评价，而且外请的专家既能够克服囿于一校的局限，也能更加客观公正地对教师做出判断。

（4）教师自评

教师自评是指教师通过自我认识进行自我分析，从而达到自我提高的过程。教师自评是教学评价的基础，通过反思，教师能够发现自身在教学环节中的优缺点、总结经验，更加积极主动地对待教学工作，有利于提高教师后续的教学质量。同时，教师自评还意味着对教师的尊重和信任，有助于增强教师的主人翁意识，使教师评价的过程成为一个连续不断的自我诊断、自我改进、自我激励的过程，真正达到多元化教师评价的目的。

(5) 领导评价

领导评价是指学校各级管理者，特别是教学管理部门对教师课堂教学质量的评价。这种评价主要侧重于良好课堂秩序、教学内容的组织与教学方法的优劣，通过了解教学第一线的真实情况，有利于发现优秀教师从而树立先进榜样、发现问题教师从而纠正教学过程的不足。

总之，学生评价、同行评价、督导评价和领导评价是促进教师素质提高的外部机制，而教师自评则是一种教师自主发展的内在机制。现代心理学研究表明，内部动机比外部刺激具有更持续的作用。任何事物发展变化起决定性作用的是内因，是自身的内部动力。内因是依据，外因只有通过内因才能起作用。所以，自我评价作为一种自我发展的动力机制，是教师专业提高的根本动力。应该清楚地认识到，无论是领导评价，还是同行评价，它们要对教师的行为产生作用，最后都需要经过教师自我评价的机制，通过教师的认同、内化，最终才能起到促进教师素质提高的作用。

3. 收集信息

本书主要运用基于校园网的评价系统收集各种评价主体的评价信息。收集信息的顺序是：教师自评——→督导评价、领导评价——→学生评价、同行评价，即首先进行教师自评，写出自评报告，然后督导、领导在查阅教师自评报告的基础上安排听课，之后再进行评价。学生评价和同行评价的顺序可以灵活安排，也可以同时进行。

当然，收集信息的渠道、方式和类型应是多种多样的，因此在使用评价系统的同时，还可以辅以访谈、问卷、座谈等其他的渠道和方式。例如定期召开教学信息员会议收集同学中间的各种意见、发放专题调查问卷了解某一方面的信息等，以此作为评价系统所得信息的补充，从而保证信息的全面性和客观性。

4. 数据整理，得出评价结果

各评价主体采用百分制计分法对被评教师进行打分，加权计算后便可得到每位测评对象的教学质量测评实际得分。其可确定为五个等级：优（≥90分）、良（85～80分）、中等（80～70分）、合格（70～60分）、不合格（<60分）。计算时须先设定各评价主体的权重，一般推荐计算公式为：

对教师的评价结果 = 学生评价×0.4 + 专家评价×0.3 + 同行评价×0.2 + 领导评价×0.1

在数据处理的过程中特别要注意以下三个方面：

第一，为了在一定程度上克服感情分、印象分的影响，比较科学、客观地评估教师的教学水平，在加权计算学生评价得分时，可以按照10%的比例分别去掉头尾两个段位的得分，在加权计算同行评价得分时，可以去掉一个最高分和一个最低分，然后再将各剩余分数进行平均。

第二，由于不同班级对"优秀教师"或"一般教师"评价尺度的把握存在着差异，若要在全校范围内对教师的评价分数进行横向比较，还必须对学生评价得分进行二次处理，即运用统计学上的"标准差理论"来设法消除班级打分差异对老师分数的影响。

第三，对学生打分较高和较低的两种极端情况应进行复查，可采取"专家复查或抽查"的办法，调查学生给老师打高分或低分的真实原因，以最大限度地防范"道德风险"问题。

5. 总结反馈

在此环节，评价领导小组要根据收集到的各类信息进行系统分析，既要对被评教师做出事实判断，又要做出价值判断；要让被评价教师明确发展目标，制订个人发展和教学质量提高计划。

对于评价结果比较差的教师要安排复查，从不同的渠道进行多方查证，确保没有出错。若情况属实则要安排面谈，目的是帮助被评教师分析问题、查找原因，制定整改措施。

6. 结果运用

对评价结果的合理运用可以进一步加强对教师的管理，充分调动全校教师重视教学、热爱教学的积极性。结果运用时一定要与教师的切身利益挂钩。

首先，可以将评价结果和课时费挂钩。也就是根据评价结果对原课时标准进行上下浮动，例如评价结果可分优秀、良好、中等、合格与不合格五个等级，课时标准也对应地乘以一定的系数。笔者建议：

评为"优秀"的教师课时费＝原课时标准×1.3；

评为"良好"的教师课时费＝原课时标准×1.1；

评为"中等"的教师课时费维持不变；

评为"合格"的教师课时费＝原课时标准×0.9；

评为"不合格"的教师课时费＝原课时标准×0.7。

这样一来，学校在课时费总量基本不变的前提下，实现对教师的奖惩，可以有效地调动广大教师上课的积极性，显著提升课堂教学质量。当然，各校还是要根据实际情况来制定这个系数。

其次，将评价结果与教学奖励挂钩。为了鼓励教师重视教学工作，培养教学骨干及教学名师，学校可以将各学期的教师课堂教学内部评价结果列为各级教学奖励、教学成果奖申报的必备条件之一，还可以制定连续三年获得"优秀"的教师在晋升职称时优先考虑等奖励措施。

另外，对于不合格的教师应立即要求其停课反省。所属教研室和院系应帮助其查找问题、分析原因，尽快提高教学水平。对于普遍存在的问题，学校相关部门要安排相关培训，或组织外出调研、访学。评价为不合格的教师在经过一定时间的反思、提高以后，经督导组考核合格后方可继续上课。

（二）外部评价的组织与实施

教学质量的评价除了教学过程的评价外，还应包括教学效果的评价，这主要是采用外部评价的方式进行。评价主体包括毕业生及其家长、用人单位、行政管理部门。

外部评价对于独立学院了解毕业生就业市场的需求动态，掌握用人单位对毕业生的需求变化，改革教学内容和人才培养模式，优化学科专业结构，以及对于学生更好地适应社会需求，提高自身知识水平和综合素质，提升实践能力、就业能力、创新能力和创业能力，对于学院的健康、和谐、可持续发展，都具有重要的意义。

实施外部评价时，可以由评价主体在校外登录校园网，进入教学质量评价系统进行相关内容的评价，操作方式与内部评价的方式相同。这种实施方式省时省力、传递及时、成本较低。但校方也要考虑到一些客观条件的限制，例如有的家长不会使用电脑、部分用人单位不便上网等情况，还可以采用座谈会、电话回访、发放调查问卷、走访、校友会等方式收集评价结果。

1. 用人单位评价

独立学院培养应用型、复合型人才，与市场紧密联系，毕业生是否能够得到用人单位的认可，是检验教学质量的重要标准之一。

用人单位的评价信息可以包括毕业生的综合知识储备情况，毕业生在知识应用和能力等各方面的表现，毕业生的岗位适应能力、综合素质等各方面的评价；还可以包括对学校专业设置的建议，人才培养模式和教学方面的改革，对学校就业工作的满意度，学校在就业指导方面应给予学生的指导等。

通过用人单位对教学效果的反馈，可以促使独立学院在人才培养上与市场紧密联系，在提高学生的理论学习能力的同时，更加侧重于培养学生的职业技能和职业素质。

2. 毕业生及其家长评价

独立学院应当建立毕业生就业质量调查和信息反馈制度，了解毕业生在走向工作岗位后的思想品德状况、专业技能情况、专业知识运用和各方面能力培养的情况、适应工作程度、毕业生对学校就业指导和就业推荐工作的意见等内容，从而掌握独立学院的教学效果，及时调整专业设置和开设课程，有针对性地改进教学工作。其宗旨是从实际出发，实事求是地了解情况，反映情况，为教育教学的改革提供真实、可靠的反馈信息。

3. 行政管理部门评价

这里的行政管理部门主要指教育主管部门。各省教育厅都设置了高教处、大中专毕业生就业指导中心等部门，负责所辖范围内的各级各类高校的教学工作和就业工作。他们每年都会要求各类高校进行有关数据的整理和上报，由行政管理部门汇总和分析。各高校据此可进行同类院校的水平对比，从而找到差距、学习经验、弥补不足。

（1）质量工程

教育部实施的"高等学校本科教学质量与教学改革工程"（以下简称质量工程）是国家关于高等教育发展的重大战略工程，包括了特色专业、精品课程、实验教学示范中心、人才培养模式创新实验区、教学团队、双语教学示范课程、优秀教材和小语种教研室等项目。

质量工程以提高高等学校本科教学质量为目标，以推进改革和实现优质资源共享为手段，按照"分类指导、鼓励特色、重在改革"的原则，加强内涵建设，提升我国高等教育的质量和整体实力。质量工程的实施，对于扩大优质教育资源受益面，形成重视教学、重视质量的良好环境和管理机制，实现高等教育规模、结构、质量和效益协调发展，具有十分重要的意义。该工程自2007年启动以来，产生了重要影响，已经成为衡量高校办学水平和办学实力的标杆工程。

各高校都非常重视这一工程，把它作为教学改革的重要内容和举措，作为抓教学质量的着力点。通过质量工程的申报和建设工作，高校的管理制度更加健全，教学质量得到稳步提高，人才培养模式改革取得突破，学生的实践能力和创新精神明显增强，教师队伍整体素质进一步提高，科技创新和人才培养的结合更加紧密。

（2）教学成果奖励

教育部组织的高等教育国家级教学成果奖励工作已开办了六届。这一措施极大地鼓励了教育工作者从事教育教学研究，提高教学水平和教育质量。通过教学成果奖励工作的实施，一大批反映教育教学规律、具有独创性、新颖性、实用性的教育教学方案提了出来并被推广运用，对提高教学水平和教育质量、实现培养目标产生了明显效果。

（3）就业工作的考核评估验收

高等学校的根本任务是培养国家经济建设和社会发展需要的各类人才，学生就业问题对高等学校的生存发展具有突出重要的意义，从一定意义上来说也是对高等学校教育教学质量的检验。

当前和今后一个时期，我国宏观就业形势严峻，高校毕业生规模逐年增加，就业工作任务十分艰巨。国务院办公厅多次下文要求各省级人民政府高度重视高校毕业生就业问题，要将其提上重要议事日程，认真分析研究存在的困难和问题，准确掌握供求状况，制定并细化相关的政策，采取有针对性的措施，切实加大工作力度，扎扎实实做好这项关系全局的重要工作。

教育部也从2007年开始，在全国范围内开展普通高等学校就业工作总结宣传工作和考核评估验收工作。考核评估的主要内容包括组织领导、政策措施、工作条件、工作内容、工作实绩和工作特色等。其中，明确要求高校的办学定位科学，培养目标明确，学科专业设置及人才培养模式符合市场和社会以及用人单位需求；紧跟市场经济和社会发展以及科学技术更新步伐，不断深化教学内容和教学方式改革。

通过考核评估验收工作的开展，可以促进高校找准办学定位，明确培养目标，主动及时调整学科专业结构，进一步改革教学内容和人才培养模式，加强学生的实习实训，大力提高毕业生的实践能力、创造能力、就业能力和创业能力，逐步形成政府积极引导、高校按社会发展和市场需求培养人才的长效就业工作机制。

第五节　关于独立学院系级教学管理工作的思考

独立学院的教学管理基本上是按校、系、教研室三级运行，它们担负着不同层次的教学管理职责。系作为高校按学科或专业大类设置的教学基层组织，其教学管理的主要职能是落实学校教学计划和教学任务、组织实施教学和教学研究、开展教学具体管理工作，实现学校培养人才的教学目标。系级教学管理水平直接反映出整个学校的教学管理水准。因此，在教学管理工作中，如何充分发挥系级教学管理的作用，是独立学院教学管理工作中面临的重要课题。

一、系级教学管理工作的地位和作用

系级教学管理是独立学院教学管理的第一线，它在学校教

学管理中具有重要的地位和作用。

1. 系级教学管理是学校教学管理系统中的枢纽

高校教学管理系统一般分为三个层次（见图3-4），系级教学管理工作在系统中起着承上启下的作用。对上而言，它是执行层，业务上受教务处的指导；对下而言，它又是指挥层，领导着教研室的工作。因此，它已成为高校教学管理系统的枢纽。

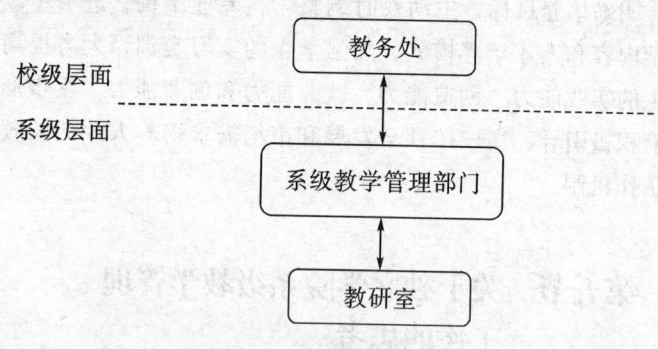

```
                    ┌─────────┐
校级层面             │ 教务处  │
─────────────────   └────┬────┘   ─────────
系级层面                  ↕
                    ┌─────────────┐
                    │系级教学管理部门│
                    └──────┬──────┘
                           ↕
                    ┌─────────┐
                    │ 教研室  │
                    └─────────┘
```

图3-4 高校教学管理系统

2. 系级教学管理是完成学校教学管理工作的关键和保证

系作为相对独立的教学单位，其承担的主要任务是教学工作。系级教学管理机构也就是教学管理体系中的一线指挥机关。系级教学管理人员是与教师和学生直接的接触者和密切联系者，其管理思想和管理水平如何，直接影响到学校教学质量，而且学校教学过程中的任何一个环节都与系级教学管理工作密切相关，离开系级教学管理，教学过程将无法进行。因此，系级教学管理是完成学校教学管理的关键和保证。

二、系级教学管理的基本内容

系级教学管理的范围只涉及本系的教师和学生，管理的内容包括教学工作计划管理、教学过程管理、教学质量管理等方面,是直接对教师的教学管理和对学生的学习管理。系级教学管理是学校教学管理的一个缩影和实施教学管理的主体,只有加强系级教学管理,才能保证学校教学管理的各项内容真正落到实处。

1. 教学计划管理

教学计划是学校保证教学质量和人才培养规格的重要文件,是组织教学过程、安排教学任务、确定教学编制的基本文件。

因此,在教学计划管理工作中首先要确定专业培养目标,这是制定教学计划的前提条件。培养目标的确定必须遵循国家教育方针和社会对人才的要求为指导思想,结合专业实际,体现出对学生全面发展的要求,体现出不同专业的培养特色,以此来指导教学工作。接着就是将培养目标具体化的过程,要根据本系的专业设置、培养目标、教师数量和水平、实验条件等不同情况,科学地制订每个专业的教学计划,建立科学的课程体系。

2. 教学过程管理

教学过程管理是系级教学管理工作中最核心、最重要的部分,目的是充分调动系内的教学资源,按教学计划实施教学活动。教学过程管理包括教学任务的落实、制订课程教学大纲、课堂教学环节的组织管理、日常教学管理、考试管理、教学资源管理、实践性教学环节的组织管理、教师工作管理等。

3. 教学质量管理

教学质量是学校发展的生命线。系级教学管理的内容包括教学质量管理与评价,通过实施教学检查、听课、教师教学质量评估、教学督导等来保证教育教学质量。

4. 教学档案管理

教学档案是高校师生在教学管理和教学实践活动中直接形

成的，具有保存价值的文字、图表、声像、计算机软件等不同载体的文件材料的总和。它能反映系教学工作全貌、教学效果及教师与学生的各种情况。有效开发和利用好教学档案，不仅对开展教学研究、总结教学规律、深化教学改革、进行学术交流起着积极的作用，对于提高教学质量和教学管理水平，也具有重要的意义。

5．学籍管理

学籍管理是对学生的入学资格、学习情况和毕业资格的考核与管理。其内容包括入学、注册、保留和取消入学资格、升留级、转学、休学、退学、毕业证书发放、学位证书发放、学习成绩登记、考勤、奖惩等方面的管理工作。各系学籍管理的水准，很大程度上体现了系级的管理水平与教学水平。

三、系级教学管理工作的特点

1．时间性

每学期系级教学管理都可分为开学、期中和期末三个时段。不同时段的工作内容和工作重心完全不同，但也相互衔接，不可割裂，必须根据工作计划有条不紊地进行，时间性较强。

2．复杂性

系级教学管理工作繁琐而细腻、全面而重要。从组织的构架到工作的计划，从工作的开展到成绩的评价，从日常教学内容到教学改革和创新，从学校到系、到教研室、到老师和学生，层层都要涉及、都要联系，工作的复杂程度较大。

3．循环性

教学管理工作的最大特点之一，就是循环性。有些工作是学期循环，有些工作是学年循环，而有些工作是不定期循环。总之，年复一年是一条不断循环反复的链条，不可将其割裂。

4. 双重性

系级教学管理工作既是管理又是服务。教学管理人员在对教学活动进行具体组织、协调、管理的过程中，与教师和学生保持着最密切的联系。管理人员正是通过这些联系来实施管理，同时也通过这些联系来为广大教师、学生服务。

四、独立学院系级教学管理工作存在的问题

1. 对系级教学管理重视不够

独立学院由于受各方面条件的限制，对系级教学管理重视不够，主要表现为教学经费和管理精力投入不足。人们往往认为系级教学管理就是传达和落实学校的各种工作安排，做好日常的排课、调课、听课、学籍、档案、考试、检查课堂教学等工作，没有意识到系级教学管理工作对全校教学工作的完成有着重要作用。

2. 经验管理模式

大多数独立学院在管理模式上都照搬母体院校，在系级教学管理方面也不例外。其实，独立学院在办学定位、运行机制、办学经费、机构设置、人员配备方面都与母体院校有着许多差异，直接套用母体院校的经验用于独立学院，肯定会出现一些"水土不服"的现象。另外，独立学院的系级教学管理领导都是各院系的教学、科研骨干和业务尖子，比较缺乏管理尤其是教育教学管理方面的理论知识和实践经验。由于教学、科研和管理任务重，他们既缺少接受培训的机会，也缺乏主动学习的意识，因而在日常管理工作中，难免会凭着感觉走，停留在经验管理的层次上。

3. 管理人员素质不高

大多数独立学院系级教学管理人员学历层次不高，既不是管理专业出身，也不是教育专业毕业，很大一部分是留校的学生或是引进人才时受照顾的家属。他们的工作状态几乎就是领导让做什么就做什么，让怎样做就怎样做，消极被动地陷入重复、重复、再重复的机械工作状态。

4. 管理技术手段落后

独立学院由于经费不宽裕，虽然各教学院系都配备了计算机等现代化技术设备，但在教学管理软件方面投入不足，教学管理仍然沿用传统管理手段和方式，计算机几乎成了打字机，现代管理技术手段落后。

5. 人员少、工作头绪多、工作量大

独立学院系级教学管理的人员主要是系主任、主管教学的副主任、教学秘书，人手较为紧张，而系级教学管理内容却非常繁杂、工作头绪多、工作量大。因此，许多工作都仅仅停留在表面，满足于过程的完成而忽略了工作质量。尤其是开学和期末这两个时间段，工作非常集中且强度较大，管理人员加班加点已成常事，时间一长，难免出现懈怠和抱怨情绪，影响着工作的正常开展和完成。

五、加强系级教学管理工作的建议和措施

1. 系领导要重视系级教学管理工作

系领导是系级教学管理活动的指挥者，直接领导着教学秘书完成各项教学管理事务，从而决定着该系教学管理的质量，乃至影响到整个系的教学水平与质量。

2. 完善教学管理规章制度

教学管理规章制度是保证教学管理质量的条件，是教师、学生和教学管理人员工作、学习所必须遵守的共同行为准则。没有严格、完整、合理和科学的规章制度，就没有严格的科学管理，就难以保证教学过程的正常进行，也就失去了教学管理对教学工作的保障作用。因此，除了认真贯彻学校教学管理的有关规定外，还必须根据本系的实际情况，制定系级教学管理规章制度，使教学管理工作进一步规范化、科学化。

3. 加强教学管理队伍的建设

系级教学管理人员是系级教学管理工作的基本依靠力量和真正主体，他们的管理知识、能力和素质状况直接关系到教学管理质量的提高和教学管理目标的实现。因此，要挑选素质好的人员担任教学管理工作。其次，领导应当为他们提供机会，创造条件，鼓励和支持他们积极参加各种业务培训，学习教育科学理论，掌握管理专业知识和现代技术手段，特别是计算机、复印机、传真机等知识和技能并能熟练运用于教学管理过程，提高教学管理效率。另外还要加强教学管理人员的思想政治教育，组织他们开展教学管理的研究。

4. 加强教学管理现代化管理手段建设

随着科学技术飞跃发展，现代化办公设备的应用已越来越广。为适应迅速发展的高教事业，就必须努力使教学管理工作实现现代化，尽快改革那种落后的、纯手工劳动式的教学管理方式，使教学管理工作趋向科学化、信息化。高校计算机教学管理系统包括：计算机排课系统、计算机教学质量管理系统、计算机教学状况监控网络系统、计算机学生成绩统计分析系统、计算机考试管理系统、计算机教学管理信息系统等，并通过互联网、教育科研网和校园网等，逐步实现教学管理网络化。

第六节 独立学院教学秘书队伍建设研究

教学秘书是教学院系主任、业务副主任教学管理工作的助手，行政上由院系主任、分管副主任领导，并接受教务处的业务指导。教学秘书是各教学院系的基层教学管理人员，是教务处与各教学院系的联系纽带，是基层教学单位中不可或缺的教学管理人员和教学服务人员，其工作状况直接影响着独立学院的教学管理水平和教学质量。

一、独立学院教学秘书工作内容

教学秘书工作是一项既平凡又复杂的工作，只要有一件事做不好，就会影响到学院教学工作的正常开展。

（一）按照教学时间划分

1. 学期开始阶段

组织学生报到注册和领取教材，做好有关教学的准备工作；组织上学期期末考试不及格学生补考（印制试卷、安排考场和监考教师）；受理学生专业选修课的补选、退选工作；办理学生重修、辅修课程；落实学生的学籍异动情况；整理上学期期末考试试卷、学生成绩报告单及学生成绩考核记载册，分别将其装订成册并归入档案等。

2. 期中阶段

接受期中教学检查；在各项教学工作按部就班进行的同时，将上学期学生各科考试成绩登录入学生学籍卡并进行归档；试卷入库；组织论文答辩；清理毕业生各学期的考试成绩，审定毕业生资格和学士学位获得资格等。

3. 期末阶段

期末工作教学秘书的工作较多，一方面是本学期的结束工作，另一方面是下学期的准备工作。具体说来包括以下工作：编排考试日程表，下发各教研室和学生各班级；按规定时间向教师收取试卷，组织试卷的印刷、装订、分发；考试结束后，向教师收取学生试卷、成绩单和平时成绩记载表；协助各类实习的安排；根据教学计划落实下学期开课计划；审查下学期拟聘任课教师的学历、职称等资格；预订教材；完成排课等。

4. 贯穿整个学期

此类工作较为琐碎，例如：收发有关教学文件、按教务处要求上报各类报表、办理调停课、统计教学工作量、召开学生座谈会、收集教师意见及建议、教学档案归档等。

（二）按照服务对象划分

1. 教师方面

专业教学计划；教学、实验大纲；专业教学计划调整；教学任务安排；教师课表；教学日历；调、停课；考试、考查安排；教师各学期考试试卷收集；教师工作量统计；教师课堂教学质量评估；教师教学奖申报与审批；教师获取奖励与处分的材料等。

2. 学生方面

专业方向分流；新生名单；注册；选课组织；教材征订；学生课程表；学生各学期考试试卷整理、归档；补考、重修考试；英语四、六级考试；计算机等其他考试；学生期末成绩；学籍异动材料；学籍处理统计；学籍档案；学生获奖材料；学生处分材料；毕业生资格审查；毕业生电子学籍；毕业论文整理、归档；毕业重修统计；毕业重修试卷；毕业生质量调查；毕业生证书发放；实习教育；学生座谈会记录等。

3. 其他方面

特色专业建设；精品课程建设；教学、实验改革项目；教学成果奖申报与审批；自编教材申报与审批；申报新专业；教学评估；教改、教学会议记录；期中教学检查；教学文件下达及归档；教学通知下达及归档；教学情况通报；教务系统；各类表格等。

以上是教学秘书承担的教学管理和教学服务工作的主要内容。但在实际工作中，由于独立学院岗位少、编制紧张，因此教学秘书还承担了行政秘书的一些工作，例如办公室日常事务、印章管理、经费管理、物资管理、收发公文等，大大增加了教学秘书的工作量和工作复杂性。

二、独立学院教学秘书工作特点

教学秘书的工作范围几乎涉及院系教学管理的各个方面，工作量大、头绪多，许多工作都要求在规定的时限内完成，因此教学秘书的工作具有复杂性、时效性、灵活性等特点。

1. 复杂性

教学秘书的工作涉及本院的全部教学工作，既要协助领导管理教学，又要处理教学方面的具体事务；既要服务和监控好任课教师，又要管理和服务好学生，协调方方面面的关系，还要完成教务处和领导临时交办的各类工作。因此，教学秘书的工作是一项综合性的复杂工作。

2. 时效性

教学秘书工作的时效性主要表现在所有的教学准备工作必须在教学活动实施前准备就绪，必须讲求效率和准确度；否则会影响正常的教学活动，甚至造成教学事故。

3. 灵活性

教学秘书主要协助院系领导管理全院教学工作，院系领导是决策人，而教学秘书是决策执行者。在执行过程中，难免会遇到一些突发性、偶发性的事件，教学秘书必须根据当时的情况，在不违背原则的情况下灵活处理，如临时调课、停课等。另外，教学秘书还要善于协调各种关系，缓和校方与教师、教师与学生间的矛盾，营造和谐、友善的工作氛围和学习氛围。

除了上述三个主要特点外，由于独立学院没有财政拨款，机制灵活、自负盈亏，因此教学秘书工作还具有以下特点：

其一，教务管理人员少，工作量大

由于独立学院需要自负盈亏，各部门都呈现出"人少事多"

的状况，每个院系的教学秘书都严格按照学生比例进行配备，有的甚至还不达标；同时，有的热门专业学生人数很多，但院系缺少行政人员的编制，行政工作往往都由教学秘书兼任，因此教学秘书的工作量较大。

其二，教师资源有限，外聘教师比例大，管理难度大

由于独立学院的师资中有很大一部分来自于校外，主要是母体学校的教师和其他高校的教师，师资队伍结构呈现出复杂性和特殊性。在教学管理中，教学秘书需要采取多样化的沟通方式和个性化的服务，这就在一定程度上增加了他们的工作量和工作难度。

其三，学生文化基础偏弱，但个性强，较难管理

由于独立学院的录取分数线低于公办院校，学生的文化素质偏低、学习习惯不佳，但个性十分张扬，因此在教务管理过程中出现的问题更多，处理起来更困难。

其四，课程设置灵活多变，实践环节多

独立学院大多定位于应用型的本科人才培养，开设的大多为热门专业，在教学过程中需要随时关注相关行业的变化，并在课程设置、教学内容、教学方法等方面要及时进行调整，以满足用人单位对毕业生需求的变化。因此，各独立学院几乎每学年都会对教学计划、教学大纲进行微调或变动，教学秘书的工作量也会随之增加。另外，为了提高就业竞争力，独立学院非常重视实践教学环节，通常要求实践课时不低于总课时的30%，由此提升毕业生的专业技能和综合素质。实践教学的组织和管理工作比理论教学复杂很多，教学过程中出现问题的几率也要大许多。因此，与公办大学相比，独立学院教学秘书的工作量和工作复杂程度都要更大一些。

三、独立学院教学秘书能力要求

在整个学校教学管理系统中,教学秘书扮演着重要的角色,因此对教学秘书的素质及能力有较高的要求。

(一)协调沟通能力

教学秘书主要负责院系对外交流与关系协调。在实际工作中,领导者不可能凡事都面面俱到、事无巨细,这就要求教学秘书做好院系领导与教师、学生以及院系领导与学院各职能部门之间联系和协调,成为承上启下的纽带和桥梁,与方方面面都建立起稳定、和谐的关系,以保证顺利地开展工作。

(二)信息处理能力

教学秘书每天要处理各种文件、资料、数据等信息,因此要能够熟练运用计算机等现代化技术设备,客观、全面、及时地对这些信息材料进行整理、分类、加工、利用和归档,才能保证教学工作的顺利进行。

(三)文字写作能力

写作能力是教学秘书的基本功。这就要求他们能够在校内信息沟通或是对外交流中,及时、准确、简洁地使用书面语言完整地表达思想。而且,这些将直接影响到教学秘书工作的质量。

(四)科研能力

教学秘书作为系领导的助手和参谋,应具有一定的科研能力。在日常工作中,教学秘书要经常关注并收集校内外及国外高校相关专业的信息,还有行业的发展、社会对人才需求的变化以及教学和管理的新措施等,并加以综合分析,形成自己的思想和见解,为教学改革献计献策,从而提高教学质量和管理水平。

四、独立学院教学秘书队伍现状

（一）构成复杂，学非所用

由于控制办学成本和招聘工作的实际困难，教学秘书队伍的构成极为复杂：有直接留校的毕业生，有从其他岗位转过来的，还有的是因为照顾夫妻或子女关系从外单位调来的。他们的学历普遍不高，而且技术职称也不高，以致在广大师生的心目中形成一种错觉，那就是教学秘书这个岗位什么人都可以干。这样一支队伍，既缺乏教育管理知识背景，又不了解专业教学规律，要在基层教学工作中履行好管理和服务职能，无疑困难重重。

（二）待遇低，稳定性差

我国高校普遍存在着重教学、轻管理的现象，独立学院由于经费紧张，这种情况就更甚。在相当长的时间里，人们认为教学管理是事务性工作，任何人都可以干，他们的工资待遇相对较低，培训少，职称评定、职务晋升较为困难，从而严重地影响了工作积极性，人员流动性大，最终造成教学管理队伍严重不稳定，给教学管理工作的连续性和严谨性带来较大的影响。

（三）业务素质不高，科研能力不强

由于独立学院对教学管理工作重视不够，教学管理队伍的素质不够高、能力不够强，而且由于经费投入有限，对教学秘书的使用多、培养少，因此有相当一部分教学秘书仍停留在"事务性"、"经验型"的工作层次，习惯于被动接受任务，能够主动、深入开展教学调查研究的教学秘书非常少，极大地阻碍了教学改革的深入，也不利于教学管理工作整体水平的提升和教学质量的提高。

五、加强独立学院教学秘书队伍建设的对策及建议

(一) 领导重视,把好进人关,加强管理

教学秘书的工作虽然处于学校教务管理工作的最基层,但他们从事具体的教学事务,工作量大,事务繁琐,时间要求严格,稍一疏忽就会直接影响到本教学单位甚至学校的教学活动,因此各级领导必须重视这支队伍的建设和管理。一方面应公开招聘秘书或教育专业的毕业生充实到教学秘书队伍,这样既可以有效解决现有教学秘书专业不对口问题,又可以给现有的教学秘书以竞争压力,促使其不断学习和提升;另一方面,要加强现有教学秘书队伍的管理与考核,制定科学合理的管理制度和考核措施。由学校教学管理部门、人事部门和院系领导三方面组成考核小组,考核内容不仅包括工作完成的优劣、工作量的多少,还要将对工作的态度、工作水平也纳入考评内容。对责任心强、工作效率高、教师和学生评价好的要给予表扬和物质奖励;对不能胜任工作甚至出现教学事故的,要批评教育、限期整改;对长期未能改正的应及时调离教学秘书岗位。只有奖罚分明才能调动教学秘书的工作热情,发挥他们的主观能动性,开拓进取,大胆创新,建立起一支高水平的教学秘书队伍。

(二) 创造机会提高教学秘书的学历以及技术职称层次

独立学院的领导要看到教学秘书和任课教师一样是高校管理中一个不可或缺的组成部分,鼓励现有教学秘书通过自学深造等渠道以提高自身的学历层次。同时,学校也要提供培训和学习的机会,例如定期开展业务培训或研讨会,更新知识,学习先进的理念和技能;也可选派人员参加有关教学管理方面的研讨会;还可组织教学秘书到其他院校参观访问,进行业务考察和研讨,交流经验。在技术职称评定工作中,充分考虑其教学管理岗位的特殊性和诸多方面综合情况,这样不仅可以鼓励

教学秘书爱岗敬业，而且有利于稳定这支队伍。

(三) 合理计算工作量，适当提高工资待遇

独立学院在教学秘书的工资和岗位津贴方面大多是以其自身的职称来计算的，没有把工作量的多少作为岗位津贴的参考因素，这就形成了"工作没少干，报酬不多拿，工作要求高，受到认可难"的尴尬局面。因此，独立学院工资分配制度应包括合理的分配方案和标准，使教学秘书队伍获得的报酬与岗位贡献呈正比。

总之，要提高独立学院的教学管理水平，各级领导及有关部门都应正确认识教学秘书工作的性质、地位、职能、任务，结合学校实际建设好这支队伍，要制定激励人心的长效管理机制作保证，发挥其在稳定教学秩序、深化教学改革、提高教学质量、服务师生方面的作用以及在推进独立学院健康发展中的积极作用。

第七节 独立学院教学档案管理工作

教学是高校的中心工作。随着教育事业的改革和发展，各类教学文件材料日益增多，形成了大量的教学档案。加强教学档案的管理工作，有利于高校总结教学经验、探索教学规律、进行教学改革、深化教学研究和提高教学质量。

独立学院的发展已逐渐进入规范化办学和提升教育质量的阶段，教学档案的建设、管理和利用直接反映了独立学院的教学管理水平和教育质量，对于独立学院的规范管理和健康成长有着重要的作用。

一、教学档案概述

（一）教学档案定义

高等学校档案（以下简称教学档案），是指高等学校从事招生、教学、科研、管理等活动直接形成的对学生、学校和社会有保存价值的各种文字、图表、声像等不同形式、载体的历史记录。教学档案是高校档案的主体和核心，是衡量高校教学理论水平和教育质量的重要依据之一。

（二）教学档案的主要内容

根据教育部和国家档案局颁布的《高等学校档案管理办法》、《高等学校档案实体分类法》及《关于加强高等学校档案工作几点意见》，教学档案的主要内容包括学校在学科、专业与实验室建设、招生、学籍管理、课堂教学与实践、毕业生工作、教材建设与管理等教学活动或教学管理过程中形成的有保存价值的文字、图表、声像载体等材料。鉴于此，结合教育部《普通高等学校本科教学工作水平评估方案》和《普通高等学校独立学院教育工作合格评估指标体系（讨论稿）》，独立学院教学档案的归档内容主要应包括：

1. 办学指导思想

主要指学校定位与办学思路的相关文件资料。学校定位主要包括定位的依据和定位的方向，例如学校类型定位、层次定位、学科定位、人才培养目标定位、服务面向定位、发展目标定位等。办学思路主要包括能体现教育思想观念和教学工作中心地位的资料，例如关于加强本科教学工作、提高教学质量的实施意见、党委和行政办公会研究教学工作的会议记录、各级领导干部听课制度及听课记录等。

2. 师资队伍

主要包括师资队伍规划、教师整体结构状态、主讲教师、师资培养等相关文件资料。具体有：师资的数量、学科专业、年龄、学历、职称、学缘等结构；主讲教师资格考核的有关制度；近三学年讲授课程教师名册（注明主讲课程，哪些人具有主讲教师资格）、课表等；师德师风建设的有关文件；教师风范的典型事迹或事例；教师教学档案资料，如平时课堂教学质量和其他教学评估的结果等。

3. 教学条件与利用

主要包括教学基本设施和教学经费的相关文件资料。教学基本设施具体包括校舍状况、教学科研仪器设备、图书馆状况、运动场及体育设施、校园网建设情况；教学经费具体包括学校独立进行财务核算、保障各项教育教学业务费投入的制度及其执行情况的记录、统计，四项经费（本专科业务费、教学差旅费、体育维持费、教学仪器设备修理费）的支出凭证等。

4. 教学建设与改革

主要包括专业建设、课程建设及实践教学的相关文件资料。专业建设具体包括学科专业建设规划、专业设置的论证和依据、教学条件（师资队伍、教学资料、实验室、设备、实习见习等）、制定培养方案的指导思想和基本原则、保证培养方案执行的制度，执行情况良好的记录、毕业生对培养方案满意度的调查等；课程建设具体包括课程建设情况（含特色课程、优质课程、重点建设课程、精品课程）、学校的课程建设规划及经费投入情况、课程体系的调整、必修课与选修课的比例、教材建设规划、学校自编出版的教材、学校关于教学方法与手段改革的措施、教学方法与手段改革的成效等；实践教学具体包括教学计划中的实验、实习、实训方案（大纲、计划、任务、考核）和保证措施（管理规章制度）、各专业综合性、设计性实验开课的情况（统计、实验报告）、实践教学的成效、学生参加科技活动及获奖情况等。

5. 教育教学管理

主要包括管理队伍和教学质量控制的相关文件资料。管理队伍具体包括教学管理组织机构图及管理人员基本情况、岗位职责和为教学服务的水平与成效、针对独立学院自身特点进行的教学管理、调研以及咨询报告、改革成果、论文、专著等。教学质量控制具体包括学校转发的教育部或教育厅的教学文件、学校自行制定的教学文件（含人才培养方案、课程教学大纲、学期教学进度计划、课程表、学期教学工作计划和工作总结等）、教学管理规章制度执行情况、理论教学和实践教学（实验、实习、实训、社会实践、军训、课程设计、学年论文、毕业论文、毕业设计等）的质量标准执行情况的检查记录和总结、教学质量监控与保障体系的法规性文件、各主要教学环节的教学检查和评估材料、学期或学年的教学质量分析报告等。

6. 教学效果

主要包括能体现学生学习效果、毕业论文（设计）、社会声誉以及就业的相关材料。学生学习效果主要指学生掌握专业基本理论、基础知识与基本技能的情况，具体包括学生学习成绩统计分析、考试试卷质量、学校之间横向可比较的考试、竞赛、比赛的成绩，地区统考、地区竞赛、全国统考、全国竞赛成绩、学生在实践和创新方面获得的奖励和成果等；毕业论文（设计）选题和质量、指导教师资格及指导日志、毕业论文（设计）质量监控总结分析报告等；社会声誉包括社会评价和招生情况，具体有实习单位、用人单位对学生综合素质和业务能力的评价（单位反馈、问卷调查）、社会舆论和媒体对学院的评价、招生工作制度与办法、招生计划完成情况统计分析等；就业的相关材料具体为学校开展就业指导工作的文件和措施、毕业生就业率的统计、实证材料等。

（三）教学档案的特点

教学档案同其他档案一样，除了具有"自然形成"、"原始记录"、"使用价值"的共同属性外，在内容、时间、载体等方面又具有自己的特点。主要有以下几点：

1. 内容的专业性

高校的专业设置与开设课程都不尽相同，不同学科专业人才的培养采用不同的人才培养方案，实施不同的教学计划，设置不同的课程，安排不同的教学环节和教学活动，提出不同的培养要求，实现不同的培养目标。因此，不同学科专业院系的教学档案也是不尽相同的，具有很强的学科专业特性。

2. 时间的特殊性

在我国，档案的管理强调时间特性，往往以年代来区分、排列、管理档案，教学档案也不例外，但在实际工作中却显得较为复杂。一部分教学档案是按自然年度形成归档的，例如学校的教学工作规划、工作计划等；另一部分则是按教学年度或学制形成的，例如学生学籍表、学生成绩登记表等。这就要求档案管理人员针对不同的教学文件材料形成时间，及时分别立卷。

3. 载体的多样性

教学档案的载体除纸张外，还有照片、录音带、录像带、磁盘、光盘、幻灯片等非纸质的载体，在保管过程中对温度、湿度都有着不同的要求。

4. 分类的灵活性

教学档案在分类时有很大的灵活性，例如教学计划、教学大纲等材料既可以按专业分类，也可以按材料种类分类，还可以按年级分类。

（四）教学档案的作用

教学档案形成于教学活动，反过来又服务于教学活动。其主要作用有以下几个方面：

1. 有利于教学管理水平的提高

教学管理水平在很大程度上影响教学质量，影响学校在社会上的信誉度。教学档案分类清楚、每一个分类都装在各自的分类档案盒中，档案盒内附有该盒档案资料的登记表，需要查阅档案时只需打开所需的档案分类盒，查看登记表就可以找到所需资料，方便了教学管理人员的查阅。而且通过对教学档案中相关材料的分析和总结，可以调整教学计划、安排师资、分配资源、进行教学改革，有利于教学管理水平的提高。

2. 可为教学研究提供信息

教学档案中包括专业建设、课程建设、实践教学及教学改革的相关文件资料，也包括学生掌握专业基本理论、基础知识与基本技能的情况，还包括毕业生就业情况、用人单位的反馈和评价等材料。通过对这些材料的深入分析，可以引发教学管理人员及教师对教与学过程中的各类问题的思考，进而展开有针对性的教学研究，从而有效提高教学质量。

3. 可为"质量工程"提供依据

2007年1月，经国务院批准，教育部和财政部正式启动了"高等学校本科生教学质量与教学改革工程（以下简称'质量工程'）"。"质量工程"包括了特色专业、精品课程、实验教学示范中心、教学团队、教学名师、人才培养模式、教改项目、特色教材等十多个方面的建设内容，其目的是为了进一步推进在人才培养模式、课程教材体系、专业结构设置等方面的改革，培养创新型人才。

这些项目的申报需要以过去完备的教学档案为支撑。而项目的建设过程中又将产生大量的有用资料，例如省级、校级特色专业和精品课程的阶段性成果论证、评估、申报、任务书及审批、建设中形成的计划、总结、请示、批复、审批表、报告、统计报表等，都是非常有价值的，要及时做好教学质量工程建设与教学档案管理接轨工作。

4. 可为历史记载提供凭证

教学档案能记载教学活动的全过程和状况，它往往不经加工而保持原貌，不受政治变化的影响，真实地保存教学过程的证据，客观地反映历史，可为教育研究和历史研究提供系统真实的素材。这种史实的记载作用是其他东西不可替代的。同时，它可以成为事后处理问题、查证、研究和处理教学日常工作的凭证，比如可提供学历、成绩及教师考核记录等。

总之，建立教学档案，其目的不仅是为了保存教学过程中形成的有价值的文件材料，更主要的是教学决策、教学管理及教学科研服务。

二、教学档案工作的基本原则

教学档案是反映学院教学水平和教育质量的重要标志之一，是学院档案的主体和重点。在教学档案工作中须遵守以下基本原则：

（1）实行集中统一管理，确保完整、准确、系统和安全，便于开发利用。

（2）实行"三纳入"、"四同步"，即纳入教学计划、规划，纳入教学管理制度，纳入各级管理人员岗位责任，作为考核教学质量和管理水平的标准之一；下达教学任务与提出教学文件材料的归档要求同步，检查教学工作与检查教学文件材料形成积累情况同步，评审、鉴定教学质量、教材、毕业论文、优秀教学成果与审查、验收档案材料同步，授予学位，上报评审材料与档案部门出具归档证明同步。

（3）努力实现教学档案工作从经验管理向科学管理转变，分散管理向集中统一管理转变，手工管理向现代化管理转变，逐步参与教学管理，使档案馆成为教学管理和教学改革的参谋与信息咨询部门之一。

（4）逐步建立教学档案数据库，不断完善教学档案"双轨制"归档模式，并纳入全校信息系统统一管理和开发利用。

（5）教学档案建设材料必须真实、准确、富有逻辑性。

三、独立学院教学档案管理现状

近年来，随着国家《档案法》、《普通高校档案管理工作办法》等一系列法规的出台，各高校的档案建设也取得了长足的进步，但独立学院在此项工作方面还存在着一些有待改进的地方。

1. 档案管理意识不强

独立学院办学经费紧张，因此普遍存在部门设置不健全、人手少等实际困难，不少教职工甚至领导干部在档案管理意识方面比较薄弱，尚未从根本上认识独立学院档案工作的重要性，没有把独立学院档案管理工作提上议事日程，未能给予足够的重视，从而出现了"说起来重要，做起来次要，忙起来不要"的窘况。

2. 收集资料困难

独立学院的师资来源较广，其中部分教师对教学管理工作认识不足，甚至对教学档案的归档持抵触态度。有的教师担心材料交出立卷、归档后，若想再次使用还需办理各种借出手续，实在太麻烦，还不如自己保管，平时用起来比较方便。有的老师，尤其是外聘教师认为教学大纲、教案、课件、题库等都是自己在教学过程中辛苦积累而成，凝聚着自己的心血，具有个人专利，因此不愿交学校存档。

3. 教学档案管理工作队伍专业素质不高

要做好教学档案管理工作，需要有一支相对稳定且业务能力较强的档案工作队伍。独立学院的档案管理人员基本是由各系部的教务管理人员兼任，而且人员流动也较大。由于他们身兼多职，往往会忽视档案管理工作，导致教学档案收集不系统、不完整。而且他们很少有机会接受档案专业培训，不懂档案管理的业务和要求，致使教学档案管理工作虽然有标准，却不能很好地贯彻执行，严重地影响了教学档案管理工作的规范化、标准化。

四、加强独立学院教学档案管理的对策及建议

1. 大力加强独立学院档案意识

独立学院的领导要转变思想观念，重视和加强档案建设和管理工作，要把独立学院档案工作当成衡量教学质量和管理水平的一个重要尺度。首先要将独立学院档案工作摆上议事日程，列入学院整体发展规划，并在管理制度、工作程序等方面采取有利措施，切实解决档案工作中存在的问题和困难；其次要强化整个独立学院全体教师的档案意识，通过会议、专题讨论、宣传栏、培训班等多种形式宣传，使全体教师充分认识档案工作的重要性。

2. 建立健全独立学院立卷归档制度

根据国家有关档案法规和独立学院实际情况，建立健全独立学院教学档案管理工作的各项规章制度，如档案工作规范、档案实体分类办法、部门归档立卷制度、电子档案的归档管理办法等，逐渐夯实档案管理的基础，确保独立学院教学档案管理规范化的实现，建立科学、规范的教学管理运行机制和教学秩序。

建立完善立卷归档制度：第一，要建立完善的档案资料收集制度，加大档案资料收集的力度，对收集范围、收集程序、收集途径和奖惩等作出明确规定，以确保收集畅通；第二，要理顺内部管理关系,建立档案管理人员的岗位责任制,明确分工,使专、兼职档案员各自负责相应的文件材料收集、整理和立卷归档工作。

3. 大力提升档案管理人员素质

档案管理工作水平的高低、质量的优劣,取决于档案工作人员的素质。因此,要积极创造条件,加强岗位培训,建立健全形式多样的检查、评比、考核制度。此外,独立学院领导要关心、理解档案管理人员的工作,在评优、职务晋升等方面给予倾斜,激发独立学院专职、兼职档案管理员工作积极性和上进心。

4. 大力提升独立学院档案管理信息化水平

现代高校档案管理已逐渐进入了信息化时代,独立学院也要与时俱进,实现独立学院档案管理工作现代化。例如充分运用现代信息技术,积极推行教学档案的网络化管理,在校园网建立教学档案信息平台,利用网络对教学档案进行收集、整理,既可以提高工作效率,又能以全新的工作方式及时、准确、全面地为广大师生提供全方位、高层次、多角度的服务。

第八节　关于独立学院毕业论文工作的几点思考

毕业论文的撰写是学生综合运用所学的基本理论和知识,运用分析和解决实际问题的能力,进行科学研究的实践过程,是学生完成四年教学计划的最后一个环节。这一环节既是对学生四年学习成果、创新能力和综合素质的检验,也是对高校四年教学质量所进行的全面、综合的检查。由此可见,本科毕业论文撰写是高校整个教学工作中极其重要的环节。

独立学院作为近年来兴办的、采用市场化机制建立的新体制大学，教学质量的好坏直接影响到学院在社会上的声誉。而毕业论文的水平则是教学质量的具体体现，有关独立学院的生存和发展。因此，独立学院必须加强对毕业论文的管理、指导，切实提高毕业论文的质量。

一、目前独立学院毕业论文工作中存在的问题

独立学院的毕业论文工作较母体学院有一定差距，究其原因，与学生的能力、素质水平等有很大的关系。

（一）学生论文写作过程中存在的主要问题

1. 对毕业论文重视不够

许多学生对毕业论文的写作目的并不清楚，因而经常借毕业实习、找工作等为由，把毕业论文的撰写放在一个不太重要的地位。有时间就做，没时间就往后拖；会做就做，不会做就抄。有的学生甚至还认为自己交了高额的学费进了校门，学院就有义务给他发毕业证和学位证，论文只是形式而已，独立学院没有必要像母体学院那样要求太严……以上种种，无不给毕业论文的管理工作带来很大的阻力。

2. 选题不恰当

俗话说，万事开头难。许多学生写不出高水平的论文，还有的学生写到一半就无法继续完成，大都是由于没有开好头。笔者翻看了所在系最近两年的毕业论文，在选题方面有以下几种常见问题：选题过大，大到一个本科生去研究国家宏观调控问题；选题太小，小到去研究××企业的薪酬制度，以至于写成一篇调查报告。还有许多学生热衷于"炒冷饭"，选的都是已经非常成熟的论题，因为这方面的文献好找；甚至一些学生的选题与本专业一点关系都没有，例如学财务管理的学生分析"广告明星"的现象，根本没有将四年所学专业知识运用到毕业论文写作中,当然也就谈不上体现自身的专业能力和专业素质了。

3. 资料收集途径单一,缺乏科学的研究方法

独立学院的硬件设施大多较好,图书馆藏书较新、较前沿,校园信息化程度较高,这些都为毕业论文的写作提供了外部保障。但是由于独立学院学生的学习行为及学习习惯并不尽如人意,他们既没有养成写读书笔记、做文摘卡等资料积累的习惯,也不能较好地运用先进的检索工具和检索方法去查找资料,而通常是直接在网络上搜索与自己选题相关的论文,通过剪贴、拼凑成为所谓的毕业论文,就更谈不上综合运用实证法、文献综述法、调查法、访谈法、ABC分析法等研究方法了。

4. 写作功底差

翻开学生的毕业论文初稿,语法、序号、标点、错别字、字体、字号等问题让人触目惊心,缺少摘要、参考文献和关键词等问题比比皆是。就算是已经修改到第四稿、第五稿的论文,仍不乏常识错误。这些都只是表象上的东西,细读部分学生的毕业论文,还会发现许多问题:

(1) 有的毕业论文没有一个突出的中心,什么都想说,什么都想解决,就像蜻蜓点水,处处涉及,却又处处不深入,结果一个问题也没说清楚;

(2) 有的论文罗列了众多学派的观点,洋洋洒洒几千字,到最后自己的观点是什么,却没有提出来;

(3) 有的论文只是论点加例子,堆砌一些材料,没有分析和推理,达不到说服人的目的,根本没有理"论"可谈;

(4) 有的论文选了自己不熟悉题目,离开了自己的专业,虽然完成了一篇几千字的文章,但理论根基不扎实,情况不熟悉,结果不符合客观事理和逻辑,有的甚至说了外行话,得出荒谬的结论;

(5) 有的论文条理不清,逻辑混乱,冗长啰嗦;

（6）出现最多的情况是没有通过思考研究，而是通过东拼西凑，抄袭组织成文，文中重复、矛盾之处众多。

(二) 院系论文管理工作中存在的问题

独立学院论文质量不高，除了学生本身能力、素质和方法等方面的原因，也不乏院系管理工作方面的问题。

1. 时间安排滞后

对大多数独立学院而言，学生完成毕业论文的时间都安排在第四学年，这个时间也正是学生毕业实习和找工作的时间，他们都把精力放在了频繁举行的"就业洽谈会"、"人才市场供求见面会"以及单位的面试上。很多学生坦言：找工作是最重要的，毕业论文只要过关就可以了，从而导致一些大学生"就业心切，无心做事"；还有一些学生，通过努力找到了工作单位，但因要熟悉单位情况、参加上岗培训、应付试用期考核等，根本没有精力再来做毕业论文。

2. 缺乏高水平的指导教师

由于独立学院的师资力量薄弱，无论从人数、职称、科研能力等方面都不能完全承担毕业论文指导工作，只能依赖于母体高校，或从其他高校聘请。一方面，这些教师在普通高校还承担着一定的教学、科研和论文指导任务，到独立学院任教属于额外的工作，因而在毕业论文指导上投入的时间和精力难以保证；另一方面，由于部分指导教师对所指导的毕业论文选题并没有什么研究，甚至自己本身就不会做科研，写不出好论文，当然就无法指导学生写出高质量的毕业论文。

3. 答辩环节控制不严

由于独立学院的生源质量较母体高校有一定差距，若用同一标准进行答辩和评分，就会影响毕业率，加之经费有限，因此，有的独立学院答辩时请的专家组人数不够、水平一般，而且成绩评定也不够合理。一般情况下，学生论文答辩的成绩按优、良、中、及格和不及格进行评定，但在实际操作中，不及格者寥寥无几，学生论文成绩大多数集中在前三个等级。另外，有些学校对得"优"的学生比例还专门进行限定，要求答辩专家组要按比例确定优秀毕业论文。这些做法都很难客观地反映学生毕业论文的真正水平。

二、改进毕业论文工作的建议

学生在完成毕业论文过程中存在的以上问题，并非偶然，有其复杂的原因。其中有来自社会的、有来自家庭的，也有来自学校管理和教师方面的原因。因此，必须从产生问题的根源入手，采取相应的措施加以改进。

（一）提高认识

院系要从提高对毕业论文管理水平的认识入手，把这项工作提高到与组织课堂教学并重的位置，将毕业论文质量作为评估教学质量的重要检测指标之一。同时，还要加强对学生的教育，使其充分认识到毕业论文是对其四年所学及素质、能力的一次综合测评。

（二）完善指导和管理办法

1. 制定相关的管理细则

院系要建立健全相关的规章制度，拟订实施细则，成立论文指导委员会（小组），专门负责此项工作的落实。

2. 切实发挥教师的指导作用

指导教师在毕业论文的撰写过程中起着至关重要的作用。院系要对指导教师的职责加以界定，明确其职责是指导学生选题、收集资料、拟订提纲、合理地安排写作进度；解答写作过程中出现的问题；审核论文是否达到本科毕业的水平，并对答辩事宜进行辅导。教师既不能大包大揽，代替学生，也不能不管不问，任其发展。而是要有高度的责任心，耐心细致地启发学生、引导学生，培养学生思考问题、解决问题的能力。

3. 严把答辩关

一是要设计科学规范的答辩程序，包括评阅老师评分、现场答辩、答辩小组评议、答辩委员会复核等环节；二是选聘认真负责、水平高、年龄职称结构合理的五人答辩专家组；三是制定合理公平的评分标准，实事求是地评分；四是保证整个答辩过程的严肃和认真，切忌不可走过场。

（三）制订合理的计划

虽然毕业论文是大学学习的最后一个环节，但要想写出优秀的毕业论文，就必须早做计划、早做准备，将毕业论文的准备工作提前到学生进校时、贯穿于四年的过程中，方可在最后的环节见到成效。

1. 加强学生平时写作论文的指导和训练

院系要在平时注意加强学生论文写作方面的训练，可以在每学年结束时，要求学生利用暑期完成一篇学年论文，写得好的论文还可以拿出来点评。只有完成了三篇学年论文后方有资格申请参加毕业论文的写作；也可以提前在大三下学期就安排论文指导教师，由教师指导学生阅读本专业和与本专业论文相关的高质量的学术论文，并要求写出心得体会，合格者方可开题。这些形式，既可以锻炼学生写作论文的技巧，又能够督促学生多看一些相关的文章，积累论文写作的经验，帮助学生提高毕业论文的质量。

2. 培养学生搜集资料的日常习惯

从学生一进校就要求养成写读书笔记、摘抄"文摘卡"等习惯，日积月累，为毕业论文所需资料的做准备。进入专业课的学习后，由专业课教师指定参考书目，养成阅读和自学的习惯，扩大专业视野，为今后的选题打下基础。

3. 选题时间适当提前

一篇好的毕业论文要经过很长时间的打磨才能完成，可以考虑将论文的选题时间适当提前，比如在大三下学期期末时就着手进行。这样学生就可以有足够的时间对所选论文进行思考和研究，指导教师也会有足够的时间对学生进行论文指导，有利于毕业论文整体水平的提高。

4. 写作周期适当延长

选题时间适当提前后，就给学生和指导教师留出了充足的写作周期。这样一来，学生就有更充分的时间去修改和完善论文，指导教师的工作也显得更加从容和到位。学生只有在答辩前做了充分的准备，才有可能取得较好的成绩。

5. 加大过程管理的力度，适时举办辅导讲座

由于论文撰写周期较长，因此院系要加大过程管理的力度，分初期、中期和末期进行专项检查，发现问题及时加以解决。同时，还须记录各阶段学生完成和教师指导的状况，作为考核的依据。

另外，针对开题、写作、答辩等一系列的环节，院系可以请资深的专家有针对性地开展讲座，解决不同阶段的不同问题。当然也可以采用其他方式进行辅导，例如网上答疑、专家解析等。

综上所述，毕业论文作为一次全面检阅毕业生学业成绩和进行科研训练的大型综合性作业，可为毕业生今后走入社会、进行科学研究和学术交流奠定基础。独立学院的管理人员以及教师、学生，都应重视这一环节的工作，认真对待，扎实工作，以期取得更好的成绩。

第九节　独立学院师资队伍建设问题研究

老子说："善人者，不善人之师也；不善人者，善人之资也。"后人便以"师资"指教师。唐杨士勋疏《谷梁传》曰："师者教人以不及，故谓师资也。"

高等学校肩负着培养高素质专业人才的重要使命。高校教师是高等教育教学质量的决定性因素，加强高校师资队伍建设，努力建设一支优秀的教师团队对提高人才培养质量有着十分重要的现实意义。

一、独立学院师资队伍的现状和问题

目前独立学院的师资队伍主要由三部分构成：母体学院选派、聘请其他高校优秀教师、自主引进。这一支教师队伍基本能够完成教学任务，保证教学计划的执行与实施。但综观各独立学院情况，在师资队伍建设方面普遍存在一些问题，应该引起重视。

1. 专职教师所占比例过少

在独立学院中，聘请一些在其他单位工作的人员来校兼课是必要的，是《民办教育促进法》所允许的。但是，在许多独立学院中，兼职教师是教师队伍的主体，有的学院甚至几乎都是兼职教师，没有做到全职教师为主，兼职教师为辅。兼职教师中相当一部分人是多处兼课，每周教授若干节课，授完课就离开了学校，离开了学生；部分兼职教师从未走上过高校讲台，甚至连初级职称也没有，只是在读研究生，因此难以达到授课质量要求，难免出现各种各样的教学事故，严重地影响着独立学院教学活动的正常开展。

2. 各类人员的结构不合理

在独立学院中，行政、后勤管理人员同教学人员相比较，前者所占比重太大，不少学校这类人员占总人数的绝大部分。就教师来看，基本上呈哑铃式的结构：年轻的教师和年纪大的教师居多，年富力强的中年教师偏少；没有职称或仅有初级职称的教师多，刚刚大学毕业的新教师多，具有教授或副教授职称的从高校退休的教师多。此外，不少学校仅有数量极少的实验人员和图书管理员，基本上没有专职科研人员。与合格的高等院校的标准相差甚远，严重制约着独立学院自身的发展。

3. 专职教师队伍流动性过大

在市场经济中，师资不可能不流动。公办高校的师资也是流动的。但是，与公办高校相比，由于体制原因，独立学院师资流动性更大。独立学院与教师个人之间，一般来讲，除了聘用合同关系外，没有别的联系。现行的聘用合同关系也很难对教师随意辞职或不辞而别的违约行为进行有效制约。没有相对稳定的师资队伍，教学质量难以得到保障，学科建设的稳定发展更提不上议事日程。

4. 高层次中年教师引进难

具有较高学术水平和教学能力的教师，特别是具有博士学位的中年教师，是包括独立学院在内的所有高校的中坚力量。其数量多少，在相当程度上体现出高校近期和将来的办学实力及水平。这种高层次中年教师目前在独立学院中奇缺，即使是有些独立学院提供极为优厚的条件，也很难将他们引进来。

5. 发展前景不明

虽然，近年来在国家"积极鼓励、大力支持、正确引导、加强管理"的方针指导和各级政府的推动下，我国民办高等教育得到了较快发展，但是独立学院的发展面临着来自各个方面的挑战。

首先是来自公办高校。公办高校历史悠久，拥有人才、资金和政策等方面的优势；同时经过数年的发展，已经形成自己的品牌，在争取优质生源中，处于优势。生源的质量直接影响毕业生的质量，没有优秀的毕业生，独立学院就不可能形成自己的品牌，进而影响到学校的发展。

其次是观念的问题。一些地方政府在对独立学院的认识上存在一定的偏差，担心独立学院的发展会冲击公办教育；还有一些独立学院在自身办学的过程中存在一些不规范的行为，给独立学院的社会声誉带来了负面影响。

独立学院在发展过程中面临的各种困难和挑战，都会动摇求职者对学校未来的信心，进而影响他们的职业选择。因此，如果独立学院想引进人才，必须支付更高的成本以弥补他们对学校发展前景的不确定性。

6. 人才使用方面存在的问题

独立学院目前尚处于发展的初期阶段，也是一个资本的原始积累阶段，这也决定了它目前的办学特征：强调规模效应和低成本运作。因此，独立学院普遍存在只注重人才的使用，不注重培训、师资培训投入严重不足的问题。

毋庸讳言，师资培训对学校的发展意义重大。一方面，培训可以帮助教师充分开发潜能，更大程度地实现自身价值，提高工作满意度，培养他们的归属感，增强学校的凝聚力；另一方面，通过培训提高教师的综合素质，是独立学院增强竞争能力的重要手段。

二、独立学院"三师型"教师队伍建设

独立学院的人才培养目标是要培养专业基础理论知识扎实、实践能力强、综合素质高的本科应用型人才。因此，这就要求独立学院在教学过程中既要培养学生的专业知识应用能力，又

要培养学生的关键能力①，使其成为符合市场需求的实用型人才。经过实践证明，只有"三师型"教师才能胜任这样的培养要求。他们不但熟悉相关行业的操作过程，而且精通其理论原理、能组织学生学习并掌握基本专业技能，还能帮助和引导毕业生正确认识和了解自我，根据自身的特点和社会的需要，选择最能发挥个人才能的职业，为事业的成功和人生价值的实现提供良好的开端。

（一）"三师型"教师的含义

"三师型"教师是指具备良好的师德修养、教育教学能力，具备良好的行业职业态度、知识、技能和实操能力的，能进行职业指导和职业素质培训的，持有"三证"（即：教师证＋职业资格证＋就业指导师证书）的专业教师。他们既能从事教育教学活动，又能从事行业职业实践活动，并且能将行业职业知识、能力等融入教育教学过程中，并对学生给予职业指导。

（二）"三师型"教师应具备的基本素质

除了教师必须具备的基本能力和素质外，"三师型"教师还必须具备下列职业能力和素养：

1. 行业、职业素养

"三师型"教师必须具备宽厚的行业、职业基本理论和实践能力；能根据市场分析、行业分析、职业及职业岗位分析，调整和改进教学内容、教学方法、教学手段，注重学生行业、职业知识的传授和实践技能、综合职业能力的培养；对学生进行职业观教育、职业选择分析、职业心理分析，帮助其进行职业

---

① 关键能力是20世纪80年代初首先由德国企业界提出的，对那些与具体职业和专业课程无关的，而对现代生产和社会的顺利运转起着关键作用的能力总称。它包括创新意识和创新能力、组织和执行任务能力、交往与合作能力、学习与思维能力、独立性与责任感、承受能力、反省（总结）能力等。

生涯设计，提供职业信息和进行职业素质培训。

2. 创新能力、开发能力

社会经济的飞速发展带来产业结构和职业结构的调整与变化，各类职业和岗位对人的素质要求也愈来愈高、愈来愈全面，这必然要求"三师型"教师善于接受新信息，分析新情况，解决新问题，不断更新自身的知识体系和能力结构；具备创新精神，组织、引导学生开展创造性的活动；具备搜集整理资料、设计试验、开发应用性科研项目的能力。

3. 创业能力

独立学院面临着招生和就业两个联动的市场，只有把劳动力资源的开发和劳动力安置结合起来，学院才会永葆生命力。因此，独立学院除了做好就业指导工作外，要大力开展创业教育。这就要求"三师型"教师要有强烈的创业意识、健康的创业心理、较强的创业能力，能够培养出创业型的人才。

4. 较高的综合素质

独立学院的教师集"知识的传播者"、"团体的领导者"、"家长的代理人"、"心理辅导员"、"职业生涯设计指导者"等角色于一身，因此"三师型"教师应该具有较高的综合素质，掌握好专业学科理论、专业技能以及社会学、教育学、心理学、人才学、信息学等综合性知识。

(三) 构建"三师型"教师队伍存在的主要困难

独立学院构建"三师型"教师队伍存在的主要困难如下：

1. 独立学院的师资队伍构成

独立学院现有的师资结构虽然可以整合当地乃至全国较优的教师资源，选聘学术水平高、教学经验丰富、教学效果好的教师，但由于"名师"效应，学术研究型教师占了较大比例，而且这支队伍良莠不齐、受制于人，因而难以监控的状况将成为独立学院长远发展的隐忧。

2. 独立学院的工资体系

目前独立学院的工资体系仍以职务、职称和课时为主，拥有"三证"的教师与只有教师资格证的教师在工资待遇上毫无差异，并不因其比普通教师有更强的专业能力、能教授给学生更加实用的专业技能而得到较高的报酬。这无疑在一定程度上影响了"三师型"教师的积极性。

3. 独立学院的职称评定

独立学院的职称评定仍然以学历、资历和学术论文为主要条件，缺乏一套完善的"三师型"教师队伍的职称评审体系，拥有"三证"的教师并不因其技能专长而获得优势。例如，拥有高级技能资格证书的教师并不被认同为取得了高级职称，也不能在职称评审过程中得到额外加分。所以，教师们仍然将主要精力放在学历的提升和论文的撰写上，而不愿花费时间、精力和金钱去进行相关行业、专业技能的培训及取得资格证上。曾有媒体披露了一则令人感叹的报道，讲的是上海交大一位教学水平与师风师德都深受肯定的老教师，因为没有论文，在57岁去世时仍只有讲师头衔，而广西一位25岁的年轻教师仅因"学术成果丰硕"就被破格评为教授，而且教龄未满一年，这说明我国高校职称评定体系在指标的设定方面仍需继续完善。

（四）构建"三师型"教师队伍的途径

独立学院在创办伊始，就应注重"三师型"教师队伍的建设，努力打造核心竞争力。

1. 提高认识，制定好规划

独立学院要注重自身师资队伍的培养，既要充分依托母体学院优质的师资资源，又要拥有相对独立、稳定、精干的专任教师队伍；既需要引进一批具有浓厚的学术功底的教授、学者，又要配备一批具有较强实践能力的"三师型"教师，从而突显独立学院培养特色。要把建设"三师型"教师队伍作为一项战略性措施来抓，根据学院发展规划和市场需求，制定出"三师型"教师队伍建设规划，并列入师资队伍建设整体规划之中。在澳大利亚，所有 TAFE 院校的教师一般至少有 3~5 年专业对口的实践工作经历，全部从有实践经验的专业技术人员中招聘，没有直接从大学毕业生中招聘职业教育教师的现象。新招聘的教师在进行教学工作的同时，还需到大学教育学院进行为期 1~2 年的进修学习后才能取得教师资格证书。

2. 聘请兼职教师，加强校外培训基地建设

为加强学生应用实践能力，在进行专职"三师型"师资队伍建设同时，应面向社会企事业单位聘请一批具有丰富实践经验的行业精英担任兼职教授，让他们定期或不定期来学院授课、开讲座、做培训，也可取得较好的效果。同时，还应建立一些长期的校外培训基地，不仅可以用做学生见习、实习的场所，也可为"三师型"教师的培训和提高提供必要的条件。

3. 培养一批专业带头人

学校可以从"三师型"教师中挑选出优秀者作为专业带头人，主要从事专业建设（包括专业课设计、实验实习室和生产实习基地建设等）和专业教学教研等。他们须熟练掌握本行业的专业技能，熟悉本行业的从业要求，对本行业的发展具有前瞻及预见，并在行业内掌握一定的人脉资源；同时还应负责本专业"三师型"教师的培养工作。

4. 建立岗位轮换制

学校要有计划地安排专业课教师到企业去跟班学习，或亲自去生产经营第一线，了解新信息、学习新技术；同时学校要鼓励教师自学成才，要为教师提供必要的资料和条件，对通过自学获得"三证"的教师给予奖励。

5. 注重职后教育与培训，完善教师在职培训制度

随着科学技术的迅猛发展和知识的急剧增长，终身学习显

得越来越重要。它要求人们具有"会继续学习"、"会继续生存"、"会继续工作"的本领。学校可以采取多种方式组织教师在职培训，如相互听课、评课，鼓励教师参加相关职业资格证书的考试，选送部分教师到其他学校、外省市或国外考察学习，邀请专家、知名人士和知名教师到学校做讲座或开观摩课等。以教师已有的知识和经验为基础，针对教师在实际工作中遇到的问题，结合学校所要实现的目标，通过这类小规模、短期的主动学习，增长教师的实践智慧，更新教师的知识体系和能力结构。

6. 建立合理的管理机制和激励机制

独立学院在建立师资队伍时，应考虑教师的第二职称（如营销师、电子商务师、人力资源管理师等）和第三职称（如职业指导员、职业指导师）的评聘，与第一职称如教授、副教授、讲师等挂钩，并在工资、奖金以及各类晋升中得到相应的体现，从而鼓励专业课教师积极考证，更好地服务于教学、服务于学生、服务于社会。马来西亚在对专业教师的激励方面做得较为突出，在那里，有专业技能的教师能获得平均高于文化课教师10%的报酬。

总之，独立学院要发展，就必须保证要有一批高质量，能适应时代发展要求的"三师型"教师队伍。南通职业大学的金崇华老师就提出过：建设一支"三师型"教师队伍是培养学生关键能力的基础，在课程设置中体现关键能力，在课堂教学中突出关键能力，在课程设计中强化关键能力，在实验中渗透关键能力，在就业指导中锻炼关键能力[1]。与此同时，我们也必须正视，独立学院"三师型"教师队伍建设是一项复杂的系统工

---

[1] 金崇华. 以就业为导向，推进高职人才培养模式订单式与学科式的统一[J]. 教育与职业，2004（12）.

程，必须进行全方位、多层次的探索和长期实践。

三、系统论对独立学院兼职教师队伍管理的启示

（一）系统论的涵义和基本思想

系统是由相互作用和相互联系的若干组成部分结合而成的整体。在宏观世界和微观世界，从基本粒子到宇宙，从细胞到人类社会，从动植物到社会组织，无一不是系统的存在方式。

20世纪20年代，美籍奥地利的贝塔朗菲（Ludwig von Bertalanffy）在研究理论生物学时，用机体论生物学批判并取代了当时的机械论和活力论生物学，建立了有机体系统的概念，提出了系统理论的思想。

系统论是研究一切综合系统或子系统的一般模式、原则和规律的理论体系。在现代管理理论发展史中，系统论归纳了管理整体和部分之间的相互关系、管理系统与环境之间的相互关系。管理系统的构成及其规律是系统规律的具体化，管理人员具有的系统观念是管理主体世界观的重要组成部分。所以，系统论的科学思维方法已成为现代管理思想具有的一种普遍的思维方法。

系统论的基本思想主要包括以下五项内容：整体性原理、动态性原理、开放性原理、环境适应性原理和综合性原理。

独立学院采用民办机制办学，但它又不等同于一般的纯民办高校，因此在师资队伍建设方面没有太多的经验可借鉴，相应的学校管理政策也有待在实践中逐步完善。这样就造成了独立学院教师队伍建设的质量与学校发展的速度和规模极不相称，兼职教师人数占到师资总量中很大的比例。如何对兼职教师实施有效的管理，从而逐步形成一支结构合理、教学水平高、学术造诣深、勇于创新、乐于奉献的师资队伍，已逐渐成为独立学院可持续发展的瓶颈。

(二) 系统论思想对独立学院兼职教师队伍管理的启示

结合系统论的基本思想及独立学院师资队伍的特点来思考，笔者认为独立学院在兼职教师队伍管理工作方面可以得到以下启示：

1. 整体性原理的启示

按照系统理论的整体性原理，高校是社会大系统中的一个子系统，而独立学院就是高校系统中的一个子子系统。经过几年的实践，独立学院已经发展成为我国高等教育事业不可或缺的部分。2009年，全国共有独立学院322所，在校生241.4万人，占全国民办高等教育在校生总数的54.1%。独立学院对实现高等教育大众化、深化高等教育改革发挥了重要作用。[①] 独立学院的举办在扩大高等教育规模、提高本科高等教育资源供给、开启高等教育制度创新等方面起到了积极作用，并将对中国高等教育体制和发展产生深远影响。近年来，教育部出台了许多相关政策，对独立学院的设置与管理办法做出了明确规定，目的就是要依法明确独立学院的法律地位，切实规范独立学院办学活动，提高独立学院办学质量，引导和促进独立学院健康发展，从而促进高等教育健康持续地发展，为社会培养更多的有用之才。办好独立学院，师资是核心，而管理好兼职教师队伍则是其中的难点。

2. 环境适应性原理的启示

基于系统理论的环境适应性原理揭示，高校要想在竞争激烈的现代社会立足就有必要与外部社会进行物质、信息、能量的交换，才能健康的发展。尤其是作为新体制的应用型本科院校，独立学院更要以市场需求为导向，以更好地培养本科应用创新人才为目的，面向地方和区域社会、经济发展的需要，开

[①] 中国独立学院协作会2010年锋会上公布数据。

设社会和人力资源市场急需的中、短线专业，循序渐进地构筑优势学科和学科群。而且在课程设置上，也要体现应用性、创新性、交叉性、开放性和前瞻性的特点，在加强公共课和专业基础的同时，拓宽专业视野，增强适应性，建立重点培养学生的实际适应能力、综合分析能力和创新能力的课程体系。

独立学院的兼职教师队伍是其与社会进行联系和交流的一个很好的渠道，他们来自社会的各行各业、各个单位部门，他们的参与让独立学院更为密切地关注本学科及相关学科的发展趋势，时刻洞悉社会生产需要或专业结构的发展变化，特别是社会人才需求的第一手资料，将相关信息反馈到学校的教学环节中，开阔师生的视野，提高教学质量，加强独立学院与外界的联系，促进产、学、研的结合，从而提高培养人才的针对性，增强独立学院毕业生的就业能力。

3. 动态性原理的启示

邓小平多次指出：人员不流动，思想就会僵化。根据系统论的动态性原理，我们知道任何一个系统都不能是静止固定的，而应该处于不断地变化运动之中，否则系统就不能良性运作。同理，独立学院作为一个系统，也不应是静止僵化的，而应处于不断变化更新之中，才能保证该系统的健康发展。兼职教师在整个独立学院的师资队伍中是一个相对流动频繁的群体，有利于独立学院整个师资队伍的知识结构、能力结构和学术理论组合具有立体性、全面性、动态性。所谓"流水不腐，户枢不蠹"，在独立学院自身教师队伍尚未成长起来以前，兼职教师对独立学院的帮助体现在以下几个方面：

（1）兼职教师队伍可以帮助独立学院正常的教学工作得以开展；

（2）兼职教师具有丰富和成熟的教学经验，在一定程度上担负了独立学院青年专职教师的培养和指导工作；

（3）兼职教师可以帮助独立学院建立以市场需求为导向的人才培养目标、进行课程建设从而达到学科建设的目的；

（4）兼职教师可以带来不同的思维方式和教学方法，有利于开展各类学术交流，取长补短；

（5）兼职教师能够带来不同高校和科研部门的教学动态和科研信息，这对独立学院教师队伍科研能力的提高、创造性思维的培养极有益处。

4. 开放性原理的启示

基于系统理论的开放性原理，如果独立学院聘用一定比例的兼职教师，可以使独立学院这个子子系统与外界社会大系统进行信息、能量的交换，使一批实践经验丰富的技术人才和专家学者加盟高等教育。从社会各行各业聘请实践经验丰富的企业家、专家到校任教，是满足教学的需要，也是弥补专职教师实践教学环节缺陷的有效途径。兼职教师大多数来自专业实践技术岗位第一线，都是实践型教师，对专业工作岗位的情况最熟悉，最了解，讲授内容切合实际，能把企业的生产、经营、管理及技术改进方面的最新情况与学生所学内容紧密、及时地结合起来，真正体现理论联系实际，让学生学以致用，具有较强的应用价值。同时，兼职教师的参与为安排专职教师到社会挂职锻炼创造了条件，所以兼职教师的使用也可增强独立学院专任师资队伍的实践能力。

独立学院发展的路还很漫长，在师资队伍建设方面还有大量工作需要完善和改进。在这个过程中，一定要摒弃急功近利的思想，不能不顾自己的实情，不惜以巨资争相引进"名师"、"大师"，结果只会劳民伤财，最终有损于学院的综合实力。独立学院应该引入系统论的思想，转变传统的人事观念，在建设一支年富力强、朝气蓬勃的专任教师队伍的同时，建立使用外部智力机制，科学、合理、有效地做好兼职教师队伍的管理工作。

四、融智观念在独立学院师资队伍建设中的应用

(一) 融智观念的涵义

"融智"是一个新理念,就好比在企业资本运营的过程中,我们可以采用"融资"的方法解决资金的困难一样,当企业出现人力资源的困难时,同样也可以利用外部的智力来为企业服务。也就是在人力资源管理的过程中,不仅要关注企业内部的员工,还要将企业外部有利于企业发展的所有人都作为待开发的人力资源去看待。这样一来,人力资源的数量将是一个无限的概念。

根据融智观念的启发,独立学院应该转变传统的人事观念,从过去的"用才必我养"转变为"用才非我养",从"封闭静止"的人事管理转向"开放动态"的人力资源开发,除来自母体院校的教师和自主引进的专任教师外,还应建立一支专业结构合理、教学经验或实践经验丰富、乐于奉献的兼职教师队伍,并加强管理,使之成为独立学院师资队伍中一个重要的组成部分,为独立学院人才培养做出贡献。

(二) 兼职教师的来源

兼职教师的来源很广,大体可分为以下三种类型:

1. 退休教师

各高校的退休老教师有着深厚的学术造诣和严谨的治学态度,有着丰富的专业实践经验和教学实践能力。他们虽已退休,却怀着一份对教育事业的热爱,在身体条件允许的情况下,可以成为独立学院的兼职教师。

2. 其他高校的在职教师

独立学院面向市场办学,所办专业都为热门专业,如计算机类、法律类、经济类和管理类,因此可以考虑从其他高校聘请相关专业教师。

3. 各领域的专家或专业技术人员

独立学院作为新体制的应用型本科院校，应该更加关注学生专业技能和实践能力的培养，因此可以从社会各行各业聘请实践经验丰富的企业家、专家到校担任兼职教师，定期或不定期来学院授课、开讲座、做培训。这些来自第一线的实践型教师，对专业工作岗位的情况最熟悉、最了解，讲授内容切合实际，能把企业的生产、经营、管理及技术改进方面的最新情况与学生所学内容紧密、及时地结合起来，真正体现理论联系实际，让学生学以致用，具有较强的应用价值。同时，他们的参与为安排专职教师到企业挂职锻炼创造了条件，有利于独立学院专任师资队伍实践能力的培养。

（三）独立学院兼职教师队伍建设中的几个操作性环节

1. 严把聘任关

选聘兼职教师时要关注其思想状况、业务水平、技术能力和工作业绩，要将是否热爱教育事业，能否为人师表、教书育人，是否熟悉业务作为衡量标准，严把聘任关，切不可因师资紧张而勉强凑数。

2. 健全管理措施

独立学院应建立健全兼职教师管理规定，如聘任前试讲制度、签订聘任合同以明确双方的权利和义务、建立业务工作档案、参加教研室活动、定期不定期的评估等。

有些独立学院对兼职教师的教学工作缺乏指导和考核，使得那些优秀的兼职教师得不到承认，同时又不能及时地解聘不称职的教师，于是便产生了"劣币驱逐良币"的现象。因此，独立学院要建立科学的教学监控体系，严格控制教学质量，对教学效果不佳的兼职教师应限期整改。

3. 进行在岗培训

来自科研机构或生产单位的兼职教师，几乎没有接受过系统的教育理论学习和培训，不能正确地把握高等教育和人才培养的规律，教学经验不足，教学方法不够灵活，传授知识和驾驭课堂的能力相对较弱，不能调动学生的学习积极性，教学效果不甚理想。独立学院应通过举办教育理论专题讲座、教育经验交流会、座谈会、学术报告会和开展教学研究等形式，对他们进行高等教育学、心理学和现代教育技术方面的培训，帮助他们掌握高等教育规律，树立正确的教育人才观、质量观、教学观，以便在教学过程中遵循心理、教育规律，运用现代化教学手段，开发学生的智力，培养学生的能力，教会学生自己去获取知识并创造性地运用知识。

4. 完善激励机制

兼职教师作为独立学院师资队伍的外延群体，受市场经济的影响，在思想意识方面多少有一定趋利性。因此独立学院应运用激励机制，遵循市场原则，对兼职教师实行多劳多得、优劳优酬的分配制度。对取得重要贡献或深受师生赞誉的兼职教师，应给予一定的物质奖励和精神表彰，增强兼职教师的积极性、主动性和创造性。

5. 体现人文关怀

独立学院要增加感情投入，多倾听兼职教师对学校工作的意见和建议并加以改进，在思想上给予引导，在生活上给予关心，帮助兼职教师协调处理兼职与专职的关系，帮助兼职教师解决交通困难，灵活地安排上课时间，为其提供图书等资料。对兼职教师要给予更多的人文关怀，让兼职教师抛弃"临时思想"，认真做好教书育人工作。

总之，独立学院的师资队伍建设是一件刻不容缓的大事，应合理利用外部智力、依靠学院声誉、学院政策、激励机制来吸引并稳定兼职教师队伍，有效缓解独立学院师资力量不足的困难。

第四章　学生管理工作

学生管理是高校管理工作的重要组成部分，是学校培养合格人才的必要条件。大部分独立学院学生管理工作主要采用院系两级管理模式，学生处代表学校行使管理职能，院系全面负责学生的基层管理工作。这种工作模式基本是在照搬母体高校的做法，并没有结合独立学院学生群体特点和独立学院发展的实际现状，创新学生管理的模式。因此，加强独立学院学生管理工作的研究，不断提升独立学院学生的管理工作水平，对于增强独立学院办学竞争力，维护独立学院的健康发展有着重要的意义。

第一节　独立学院学生的群体特点

独立学院学生是有别于重点批次、本科第二批和专科学生的"特殊"群体。独立学院的生源主要来自第二批本科录取线以下、专科录取线以上某一个分数段的学生，一般统称为第三批录取（简称"三本"）本科生。这部分学生群体的特点比较鲜明，主要有以下几点：

1. 学生文化基础比较薄弱，学习的主动性和自觉性不够

独立学院的录取工作介于普通本科与专科之间，属于第三批本科的批次，录取分数与一本、二本有一定差距，客观上反映出独立学院的学生在高中阶段学习并不是很理想。入学后，部分学生学习目的不够明确，学习态度不够端正，他们没有良好的学习习惯和饱满的学习热情，自主学习的能力和毅力不够。突出表现为：早读、晚自习和周末学习人数不多、出勤率不高，迟到、早退、旷课现象严重，有的学生甚至迷恋网络游戏。另外，由于学习方法和学习习惯不佳，往往学习效果不是很理想，学习成绩爬坡难、下坡易。

2. 思想活跃，活动能力强，综合素质较高

独立学院学生家庭条件一般都比较好，父母比较重视对学生综合素质的培养。许多学生从小受过特长教育，在文体、书画、口才、英语、社会交往等方面表现出较强的能力，能积极参与各类文化体育竞赛活动并获得好的成绩。进入大学后，他们思想活跃，组织协调能力、动手能力、创造能力较强，个性特征呈现出多元化。而且，独立学院学生普遍头脑灵活，重视社会实践，善于走出校园寻求和借助社会力量开展活动，许多学生利用课余时间参与各种校内外兼职，较好地提升了自身的综合素质。

3. 普遍存在心理落差，挫折承受力较差

独立学院的学生由于入校成绩比一般高校学生低，思想上存在着一定的自卑心理，高额学费也给他们造成了一定的心理压力。而且，部分独立学院的办学环境和办学条件与理想中的大学存在差距，部分学生便产生强烈的自卑感、失落感、遗憾和委屈等不良情绪，始终走不出高考的阴影。由于失落感，他们备感受挫，于是，不再努力去追求目标和理想。有的刻意放纵自己，有的产生松懈思想，还有的则是压抑自己。这些情况

如果不能及时得到纠正，将会产生更为不利的影响。

另外，独立学院学生大多家庭条件较好，从小受父母溺爱，养成了个性强、自我张扬的个性特征，普遍缺少吃苦的经历，畏难情绪浓，行动不够踏实，而高考成绩的不理想，使得他们的自信心大受打击，无法承受这样的挫折。

第二节 关于独立学院学生管理工作的思考

一、独立学院学生管理工作的主要内容

学生管理是对在校大学生的全方位管理，它的内容比较广泛，涉及学校的多个部门，主要包括学生政治思想工作、学生日常行为规范的管理、学生心理问题的调适、贫困生资助、学生社团等工作。可以说，学生管理是一门管理科学与教育科学相互交融的综合性学科。

独立学院学生工作在以上内容的基础上还有三大重点：一是要发扬民主精神，依法治校。独立学院学生没有国家财政补助，全额缴费上学，维权意识普遍较强，因而要更注重工作的方式和方法。二是要善于发现并宣传学生工作中的亮点和典型事迹。独立学院的社会认可程度与办学母体相比存在一定差异，因此要从根本上做好学生工作，必须在培养学生上下功夫。三是要树立良好的校风、学风。独立学院学生的学习习惯与办学母体的学生有一定差距，所以在培养良好校风、学风方面的任务更艰巨。

二、独立学院学生管理工作存在的主要问题

随着社会的发展，大学生的知识得到极大拓展，他们个性

张扬、思维活跃，越来越不拘泥于陈规，因此学生管理工作的难度也随之增大。独立学院在运行机制和管理模式方面的一些特殊之处，加上独立学院学生的群体特点，使得他们相对于一本、二本的学生管理起来更为困难。目前，独立学院学生管理工作存在以下共性的问题：

1. 教学管理与学生管理工作配合不够紧密

根据学校的管理体制和运行机制，大多数独立学院管理重心下移，实行校院（系）两级管理。在学校层面，教务处和学生处分别代表学校主管教学和学生工作；在院系层面，包含教学管理、学生管理和行政管理等，实行分工负责制，一般由院长（系主任）分管教学、科研和行政工作，总支书记负责学生管理工作。因此在实际工作中，教学管理和学生管理是两条不同的运行线路，相互独立运行。这种松散的管理运行模式纵向垂直关联较强，而横向联系却很薄弱，造成了教学与学生管理的松散关系，"两张皮"的现象还比较严重，对学生的全面发展具有不利影响。

2. 学风校风建设力度有待加大

高校的学风建设是衡量和评价一所学校的办学品位、育人环境和社会声誉的重要标志。高校是拉动社会进步的源头，高校学风问题，直接影响到社会的进步。独立学院学生学习目标不明确，学习主动性和积极性不高，学风建设迫在眉睫。但部分独立学院对学风建设的重要性认识不够，导致学风建设的措施不到位、效果不好，学生学习态度和学习方式没有得到明显的改善，没有形成良好的学习风气和精神面貌，直接影响了校风的建设和形成。

另外，高校的校园文化以其内容的丰富性和开放性、主题的广泛性和形式的多样性已成为当今大学教育的一个重要手段，能对全体师生员工的思想行为产生激励、诱导和规范的作用。

但独立学院举办的文体活动比较多,而与专业教育相关的一些学术性、科技性的活动举办却较少,未能密切结合独立学院的办学理念和办学定位,使得校园文化活动的功能没有完全发挥,没有起到促进良好学风形成的积极作用。

3. 心理健康教育重视不够

独立学院的学生心理问题比较突出,存在环境适应困难、人际交往方面有困惑、学习坚持与就业压力带来的焦虑以及情感方面的问题……可以说,学生心理问题已经成为独立学院学生管理工作的重点、难点,成为阻碍学生发展的重要因素。因此,加强学生心理健康教育工作显得十分紧迫。但部分独立学院对心理健康教育工作却不够重视,主要表现在心理健康教育方面投入不足,心理健康教育方面的规章制度不够健全,没有配备稳定的、专业的心理咨询工作队伍,心理咨询工作未能定期开展等。

4. 辅导员队伍建设有待加强

独立学院辅导员队伍整体素质偏低,专业素质结构、年龄性别结构和学历职称结构存在明显的不合理,岗位职责不明确、待遇不高,爱岗敬业精神缺乏,工作稳定性差。这些问题的存在,使独立学院学生管理的工作效率受到极大影响,从而影响到学生的全面发展和学校持续、健康、稳定的发展。

5. 学生干部的作用发挥不足

独立学院的院、系、班都建立了较为健全的团组织、学生组织和学生干部队伍,但学生自我管理的良好风气还是没有完全形成。一方面,基层学生干部队伍中仍有少数成员综合素质不高,影响了学生干部的整体形象;另一方面,由于学生干部比较注重各类文体活动的开展,在引导、带动学生起表率作用方面做得不够。

三、加强独立学院学生管理工作的对策和措施

教育部于 2005 年颁布执行的《普通高校学生管理规定》从源头上改变了过去那种学生管理以人治为主、管理秩序不规范的现象，体现了依法治校、以人为本的思想，将推动学生管理进入法治化和民主化的新阶段。为此，独立学院的学生管理工作也要适应新形势发展的需要，转变管理和教育观念，在管理制度、管理思想和管理程序等各个环节树立法治观念，确立"以人为本"、管理"服务"学生的理念，倡导和强化管理和教育的服务职能，提高学生管理者的素质。

1. 统一认识，创新管理模式

教学工作与学生工作在管理过程中虽然归属于学校不同的职能部门，但不能视为孤立的两部分。加强教学管理与学生管理的工作配合，更有利于这两项工作的开展和工作效率的提高。事实上，教育部等部门也高度重视这项工作，多次强调教育工作要坚持"两个为本"，即教育以育人为本，以学生为主体，一切为了学生的成长成才；办学以人才为本，以教师为主体。因此，传统的两条线管理模式已远不能适应高校发展的需要，构建多元化立体管理结构，更新管理模式，探索综合管理机制，克服管理工作"两张皮"现象势在必行。

2. 加强学风建设和校园文化建设

独立学院要切实加强学风建设，树立学习典型、展示学习成果、推广学习经验，努力营造热爱学习、学会学习、全面学习、终身学习、勤奋努力、刻苦钻研、开拓创新的良好学风。

基于此，应要求学生：

（1）树立正确的学习观、成才观，做到立志、修身、博学、爱国；

（2）自觉树立"营造优良学风从我做起"的意识，以主人

翁的姿态积极参与学校的校风、学风建设的各项活动；

（3）学会独立思考，端正学习态度，养成良好的学习和生活习惯，牢固树立终身学习的理念，积极参加早读和晚修，做到上课不迟到、不早退，认真听讲，勤做笔记；

（4）全面提高自身的综合素质与创新能力，积极参加科研活动、读书活动和社会实践活动，完善自我，努力成为适应现代社会建设需要的合格人才；

（5）严格遵守学校各项规章制度，不旷课、不晚归，讲卫生、爱护公物、健康上网、诚实守信，遵守校风校纪，努力建设和谐的学习氛围。

校园文明包括整洁、优雅、卫生、安全的校园环境、学习环境和生活环境以及健康高雅、积极向上、丰富多彩的校园文化活动等多方面。文明校园环境对学生汲取知识、人格发展产生潜移默化的影响，并为安定团结的校园秩序提供了有力的保障，而参与校园文明建设也是其提高自身综合素质的实践过程。校园文明程度最终体现在人的素质上，这就要求教师热爱学生，严谨治学，言传身教，做学生良师益友；要求学生以校为家，尊师守纪，发奋图强，成为德才兼备全面发展的人才。积极参与校园文明建设是学生成才和学校发展的需要，需要全体师生群策群力，从小事做起，从身边事做起，做一个道德高尚、举止文明、博学多才、于社会有用的人。

3. 加强心理健康教育工作

独立学院要高度重视心理健康教育工作，根据大学生的身心发展特点和教育规律，不断提升心理健康教育工作的针对性和实效性。

首先，要保证在心理健康教育工作方面的经费投入和组织保证；

其次，要建立健全心理健康教育体系以及危机干预体系；

再次，要加强心理健康教育工作队伍建设，认真组织开展心理健康教育活动，保证心理健康教育工作的制度化和规范化；

最后，要认真做好心理咨询门诊工作以及心理档案工作等。

通过以上举措，逐步提高学生的心理健康意识，帮助学生消除心理困惑，不断增强克服困难、承受挫折的能力，培养学生良好的心理品质和自尊、自爱、自律、自强的优良品格。

4. 努力培养和造就一支专业化、职业化、专家化的学生管理队伍

在独立学院的学生管理工作中，辅导员队伍起着核心的作用。但是，目前这支队伍无论在职责还是制度保证上都还不够健全。针对独立学院学生群体的特殊性，建设一支高素质的专职辅导员队伍是十分必要的。独立学院应当发挥人事制度的灵活性，建设好这支队伍，尽可能地调动他们的积极性，发挥他们的能动性，为独立学院的持续发展奠定坚实的基础。

具体的措施是"高起点选聘、高品位培养、严要求管理、多渠道输送"，即：在人才选聘时把好关，确保辅导员队伍高起点；加强辅导员的业务培训，不断探索学生管理的新思路、新措施；加强校际间交流，借鉴兄弟院校的先进经验；辅导员兼任一定量的教学任务，教学与管理相互促进，形成互补；完善绩效考核制度，提高和改善辅导员的待遇，确保辅导员队伍永葆生机，将学生管理工作做实、做细，充分发挥好作用。

5. 推行自主管理，发挥学生主体能动性

做学生管理工作，内因是决定因素，在工作中既要把学生看做教育的客体，又要注意发挥他们的教育主体的作用。

一是培养和增强学生的主体意识，帮助他们以积极的方式发挥特长、自我判断、自我协调，逐步消除对家长和老师的依赖思想，使学生自尊、自立、自信、自强。

二是要充分调动学生会的积极性，使各个部门发挥应有的

功能，这不仅是提高学生干部实践能力、自主判断能力的机会，也是提高凝聚力、增强团队精神的机会。

三是要进一步加强学生干部、学生骨干的培养和管理，加强学生社团组织的建设，充分发挥他们在学生管理工作中的作用，引导他们在学风、校风建设，学校教学改革，学生工作等方面提出有建设性的意见。

第三节 独立学院教学管理与学生管理一体化思考

高校的基本职能之一就是为社会的发展教育和培养合格人才，学生管理工作与教学管理工作是高校人才培养中最主要的两项工作，二者对于人才培养的质量来说，是两个既相互独立、相互作用又相辅相成的工作系统。

教学工作与学生工作的内容、形式均不相同。教学工作主要传授给学生专业知识、培养学生的专业技能，相对偏重于智育，就是一般所说的"教书"。而学生工作则注重学生思想素质的提高、纪律观念的培养和道德修养的熏陶，相对偏重于学生的德育，就是一般所说的"育人"。

一、独立学院教学管理与学生管理工作中存在的问题

独立学院一般都会在校级层面设置教务处和学生处这两个重要职能部门，代表学校主管教学和学生工作。在传统的管理模式下，院（系）的学生管理工作接受学生处的统筹与指导，由辅导员具体落实；教学管理工作在教务处的统筹与指导下由教学秘书和教研室具体落实。两项工作走的是互不相交的两条线，缺少必要的沟通与融合，呈现出"两张皮"现象。主要表

现如下：

1. "教书"与"育人"相分离

现代教育的目的是使学生既"成人"又"成才"，因此教学工作和学生工作要紧密配合。可在实际工作中，独立学院往往出现"教书"与"育人"相分离的现象。教学管理部门和教师侧重于教书，教师在课堂教学过程中，以教授专业理论知识、培训专业技能为主；教学管理部门把教师的课堂教学作为监控对象，着重对教师的上课情况进行检查、评估、考核等。学生管理部门和辅导员侧重于日常管理，辅导员关注的主要是学生的思想道德、心理健康、行为规范；学生管理部门把辅导员的工作过程作为监控对象，着重对辅导员的管理工作进行检查、评估、考核等。

此外，由于传统的管理模式是以本部门为主的工作方式，在安排工作时就会缺乏全局意识，只注重点上的管理，只是为了管理而机械地工作，仅考虑自己的管理职责，教学与学生管理协调性差。这种局部的、片面的、狭隘的、单一的管理方式和工作模式，容易造成学生在素质教育和专业学习上的不协调甚至起冲突。

2. 校园活动的开展与专业学习不协调

中共中央、国务院《关于进一步加强和改进大学生思想政治教育的意见》中强调"要大力建设校园文化，广泛深入开展理论学习、学术科技、文化体育等丰富多彩、积极向上的活动，把德育、智育、体育、美育有机结合起来，寓教于文化活动之中"。但是目前独立学院的校园文化活动距离这一要求相差还很大，存在一些不可忽视的问题：

（1）文体活动比较多，学术性、科技性的活动较少。例如球类比赛、歌舞晚会、时装走秀等在校园的活动丰富多彩，而科技创新比赛、专业技能比赛、创业大赛、职业生涯比赛等活动的参与者却不多。

(2) 不少教师对校园活动的认识不够,不能很好地指导学生参与活动。这说明,我们的教育正面临着"只见科研,少见学术;只见教学,少见学生"的窘境。谈到"教学"就是教师的事,而"育人"似乎就是学生工作者的任务,学生与教师的交流也只能在课间的有限时间里进行。

(3) 独立学院的学生兴趣广泛,各种各样的活动搞得红红火火,因此过多地耗费了学生的精力,耽误了复习和预习,甚至冲击了正常的教学活动。

3. 部分工作环节出现"缺位"

由于教学管理与学生管理部门缺少必要的沟通与融合,导致管理力量分散,管理效率低下,部分工作甚至出现"缺位"的现象。例如,教学管理部门抓教风,严查教师的备课、教案、上课、课后辅导、批改作业的情况;学生管理部门抓学风,严查出勤率、自习率、比取证率等。虽然教风、学风两手都在抓,却抓得都不彻底,而且忽视了二者之间的内在联系,致使管理工作上存在着片面性、盲目性,甚至出现盲区和真空地带。

二、实现教学管理与学生管理一体化的途径

(一) 树立"无界化"管理的意识和全局观

高校的根本任务是培养和造就"有理想、有道德、有文化、有纪律",德、智、体、美、劳全面发展的社会主义事业建设者和接班人。因此,在领导层面上首先就要树立"无界化"管理的意识和全局观,在教学管理和学生管理之间不能"分工"又"分家",要明白学校每一项工作都是为学生的成长、成才服务的。要消除彼此工作中的壁垒和障碍,互相支持和帮助,使两个工作系统能共同进步和发展。

(二) 确立"以教学工作为中心，学生工作为教学服务"的主线

高等院校的根本任务决定了教学工作在高校的中心地位。要想教学工作能顺利开展，培养德才兼备的合格人才，离开"依法治校、以德治校"是不行的。学生管理工作要服务教学，围绕教学这一中心工作来开展，才能收到实效。学生工作人员要树立"一切为了学生"的观念，培养对学生的关爱之情，组织力量深入了解学生，为他们排忧解难，使他们积极上进、健康成才；要抓好校园内外的精神文明建设，营造一个稳定的、健康的、和谐的学习和生活环境；要确保校园稳定，保证各项工作顺利开展；要抓好党风、政风、校风、班风、教风、学风建设，为教学这项中心工作和其他各项工作的开展提供强有力的保障。

(三) 推行"一体化"的管理模式与管理方法

1. 建立联动的管理模式

传统的管理模式令"教书"与"育人"相分离，需要进行改革，建立一种新型的结合方式，如图4-1所示：

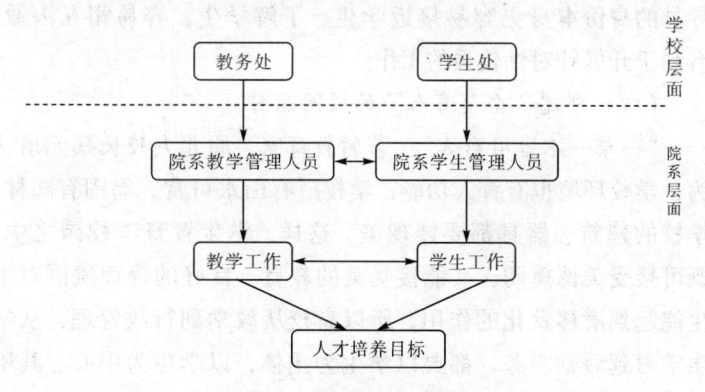

图4-1 联动的管理模式

2. 推行"一岗双责"制度

"一岗双责"是指任课教师兼任班主任和辅导员兼课的制度。具体讲就是在任课教师中选聘责任心强的教师担任兼职班主任,将辅导、引导学生学习作为除教学任务之外的一项任务。班主任具有高学历、高职称的特点,知识渊博,经验丰富,在学生中有很高的威信,讲话有说服力。其特有的身份有利于学校各项规章制度在班级工作中贯彻执行,使教书与育人密切相连并融为一体,使素质教育渗透于教学的各个环节之中;同时,让辅导员适量承担思想政治课或就业指导课的教学任务。这样一来可以提高辅导员的威望,改变其单纯说教的尴尬局面,也可以让辅导员全方位地了解学生。

3. 实行学生助理辅导员制度

从高年级学生中挑选出学习成绩优良、综合素质高、组织管理能力强的优秀学生担任低年级相应专业班级的助理辅导员,让学生管理学生,让学生引导学生,可达到良好的示范辐射作用,既培养了学生干部,又加强了学生班级管理,推动学生工作的顺利开展。学生助理辅导员制最大的优点是:学生助理辅导员的身份本身更容易接近学生、了解学生,容易相互沟通,有利于开展针对性较强的工作。

(四)创建"全员育人"的校园氛围

"一草一木皆可育人"。著名教育家、原北大校长蔡元培认为,学校环境也有育人功能,学校应有山水可赏,周围有园林,学校的建筑、器具都要体现美。这样,学生置身于校园之中,既可接受美德熏陶,又能接受美的教育。良好的管理氛围对学生能起到潜移默化的作用,所以高校从教学到行政管理,从学生学习到后勤服务,都要以学生为主体,以学生为中心。其所进行的一切工作都是为了学生的健康成长,努力创建民主、自由与和谐的育人环境,真正践行"一切为了学生,为了学生的一切，为了一切学生"的教育理念；努力创建平等、人性、和谐的校园文化，促进学生的全面发展为目标，开展一系列活动，内容上服务学生，形式上贴近学生，使每个学生都能参与并且受到良好的教育，真正实现合力育人的目的。

第四节 学分制下独立学院学生管理工作的思考

学分制是以学分为计量单位、以选课制为基础、以取得必要的最低学分数作为毕业标准的一种弹性教学管理制度。与传统的学年制相比具有教学计划的灵活性、学习过程的相对自主性和人才培养规格的多样性与适应性等优点。然而，实行学分制，需要有一定的"硬件"与"软件"条件作支撑。

独立学院的学生个体差异较大，而学分制以学生为本，实行因材施教，注重学生的个体发展。但实行学分制后，班集体的稳定性、班级同学之间的凝聚力、学生学习的计划性，各项工作的时间性、空间性都受到了一定的冲击，因此给独立学院的学生管理工作带来了一些新的问题。

一、学分制下独立学院学生管理工作面临的新问题

1. 班级的作用弱化，班集体意识淡化

在学分制条件下，学生们可以自由选择课程、任课教师与上课班级，每个人的学习时间和学习进度不尽相同，传统的班级概念被改变。原来通过辅导员定期召开班会传达各种文件、发布信息和通知的模式已无法操作，班集体呈松散型，学生的集体意识淡化，其结果便是学生自我意识的膨胀。而且，来自不同班级、不同专业的学生在同一课堂上课，任课老师指导学

生的难度加大，发现问题无法与学生所在学院沟通，而且辅导员也无法到班级实施管理与监控。学分制条件下如何加强班集体建设成了一个亟待解决的新课题，必须认真加以思考，积极研究新情况，努力解决新问题。

2. 思想政治教育和心理辅导工作量增加

独立学院部分学生自我管理、自我约束和自主学习的能力相对较弱，在学分制条件下，相应地就会出现有的学生盲目选课，知识结构不合理；有的学生在选课时避难就易，拼凑学分；有的学生学习遇到困难没有得到及时指导，自信心受挫，进而厌学、逃学……这些情况都会导致学习质量的降低，影响培养目标的实现。另外，由于学分制下辅导员与学生的交流减少，思想政治教育的渠道受阻，理想教育、公民道德教育、心理健康教育、职业生涯规划、校园文化建设等的开展难度增大，工作量增加，久而久之便会出现学生在人生观、价值观、行为规范、做人做事和心理等方面的隐忧。

二、对学分制下做好独立学院学生管理工作的建议

1. 建立健全"双师制"

在学分制条件下实施"本科生导师"和"政治辅导员"制相结合的"双师制"，根据人才培养目标、学生成才规律和学分制的特点，明确这两支队伍各自的工作职责，既可以加强专业学习的指导，也不放松对学生在思想、心理和行为等方面的教育，有利于全员参与"育人"，有助于学生的全面发展与成长、成才。

"本科生导师"的主要职责包括：

（1）指导学生了解人才培养目标、专业教学计划以及专业的基本情况、发展动态、社会需求。

（2）根据学生的学习能力、兴趣、爱好和就业意向，在选

课、学习进程安排和专业方向选择等方向给予指导。

（3）对学生进行思维方法、学习方法的指导与帮助，及时了解学生的学习，注意发现和培养思想素质好，能力强，有特长的优秀学生，关心和帮助学习困难的学生，了解他们的困难所在。要关注学生的选课情况、特别是对于被退学警告的学生，要配合辅导员及时与家长联系，通报其学习情况，并注意了解他们的心理健康状况。对学习优秀的学生，要鼓励并指导他们参加课外科技活动及各类竞赛活动。

（4）有意识、有计划地培养学生的社会实践能力和科研能力。积极创造条件并鼓励学生参与导师的科研课题，接受科研训练，培养其科研兴趣、科研能力、创新能力和社会实践技能，促进学生科学素养和创新能力的提高。

（5）填写导师工作记录表，包括指导工作计划、指导内容、学业评语等，发现问题要及时与政治辅导员进行沟通，并及时联系有关部门进行处理。

"政治辅导员"的主要职责包括：

（1）负责制定学生政治思想教育与管理工作细则，精心组织、科学实施、定期检查并认真总结。

（2）协助党总支做好党建工作，抓好入党积极分子的选苗、培养、教育与考察工作，加强学生党支部的思想建设、组织建设和作风建设，做好学生党员发展工作。

（3）建立班级团组织，指导团总支开展工作，帮助学生政治思想上争取进步，积极向党组织靠拢，配合学生党支部做好新党员的推荐培养和发展工作。

（4）负责挑选、考察和培训各级学生干部，抓好学生干部的培养、教育和管理工作，不断提高学生干部的理论水平、管理水平和工作能力；定期召开各级学生干部例会，指导学生干部进行自我教育和自我管理。

(5) 抓好班级精神文明建设、公民道德教育和学生日常生活的管理。协助学校有关部门做好学生宿舍的管理工作，开展经常性的安全防范教育，防止突发事件的发生。在发生突发事件时年级辅导员应第一时间到达现场处理并及时上报。

(6) 组织学生开展第二课堂活动，举办积极向上、主题鲜明、生动活泼、有助于建设良好校园文化的活动，提高文化娱乐活动的品位，指导学生建设有年级特色的学生社团；组织学生开展大学生社会实践、社区教育、勤工俭学和青年志愿者援助与科技文化活动，做到经常化、规范化、制度化。

(7) 关注学生心理健康，及时全面了解学生的思想动态，做好深入细致的思想工作，全面了解、掌握学生的思想动态和学习、生活、工作情况，反映学生的意见和要求，帮助学生解决学习、生活中的实际困难，努力把学生思想教育与解决实际问题结合起来。

(8) 建立健全特殊学生档案，做好困难生、特困生、特殊生的调查摸底工作，对特困生的"减、免、缓交"学费提出初步意见；做好特殊学生的思想转变、心理疏导和心理调查工作。

(9) 配合学生处做好学生助学贷款、国家奖学金的评定、临时困难补助工作，协同财务部门做好奖学金及学生各种补贴发放等工作。

(10) 开展网络道德教育与自律意识教育，引导学生自觉抵制网络垃圾的侵蚀，教育学生不抛垃圾、不搞侵权、不看黄毒、不做黑客，不传播有害信息，自觉维护校园网络秩序。组织学生参与网站网页的建设与管理，对学生"上网一族"加强管理，防止"网虫"的产生。

(11) 加强就业指导，做好毕业生的管理工作。参与毕业分配工作，组织毕业鉴定工作，负责学生鉴定以及毕业证、学位证的领发，向学生进行择业教育和升学辅导、签发就业推荐书等，及时跟踪毕业生信息。

2. 完善班级管理制度

完善制度建设是班级建设的根本保证。班级规章制度内容很多，大致可以划分为班级会议制度、行为规范制度、民主参与制度等。

（1）班级会议制度

其主要包括班级例会制度、班干部例会制度等。班级例会也就是通常所说的班会，是由辅导员定期召开的，主要议程是通报学校、院系和班级重大事件，传达学校、院系的各类通知，处理班级重大事项等；班干部例会一般每周召开一次，由班长、团支部书记轮流召集与主持，会议内容主要是总结本班上一周工作、布置下周工作等。

（2）行为规范制度

其主要包括班委责任制度、财务公开制度等。班委责任制就是班委必须各负其责、团结协作，共同完成班集体建设的各项任务。班委在工作中首先做好自己分管的任务，承担应尽责任，如果出现问题要承担责任；同时，还要积极主动配合辅导员把班级工作做好，热情为同学服务。财务公开制度是指班费的管理实行"钱、账"分开管理，账目要清楚且符合一定的程序，学期末要向全班公示，每笔班费的支出原则上需要班委会集体通过。

（3）民主参与制度

其主要包括民主决策制度和民主选举制度等。民主决策制度是指任何涉及班级集体活动的安排、经费支出都要听取班上同学意见和建议，经过班委会集体讨论通过，拟订详细活动计划，并把情况报告辅导员，活动结束要及时写好总结。民主选举制度是指班委的产生必须要采取民主投票的方式进行选举，上报辅导员同意后方可任职。在评选各级各类奖励（如优秀学生干部、三好学生、省政府奖学金、国家励志奖学金、优秀毕业生等）时，也要采取民主的方式进行评选，然后还要在规定的时间和范围内进行公示，无任何异议后方可上报、予以表彰和奖励。

3. 建设一支强有力班学生干部队伍

学生干部是班级的核心，是老师的助手，只有建设好一支过硬的学生干部队伍，才能人心齐、班风正、学风好、成绩优。对于班干部首先要慎重考察，认真选拔，然后要进行系列培训。培训主要内容包括：

（1）学校及院系相关政策，如人才培养目标、教学计划、学籍管理、选修课管理、学生守则等。

（2）学生职业能力培养，如大学生品德与人文素养的培养、"三生教育"的基本内容、大学生身心健康、大学生职业规划方法、大学生职业能力培养、大学生就业面试技巧等。

（3）学生干部管理能力培训，如学生活动策划、沟通技巧、口头简报能力培养、团队建设与团队领导、领导力与领导风格培养等。

（4）学生干部实践能力实训，如项目管理方法、班级管理实务、党总支管理实务、团总支委员会管理实务、学生会管理实务、社团干部管理实务等。

在学生干部工作过程中，辅导员要依靠他们，大胆地使用他们，充分发挥他们的主动性、积极性和创造性。辅导员还要对他们进行传、帮、带，帮助学生干部总结经验教训，使他们在实际工作中培养能力、增长才干。当然，辅导员也要对学生干部严格要求，绝不能仅看到他们的长处而偏袒其缺点；否则，将不利于学生干部的健康成长，也有损其在同学心目中的威信和形象。

4. 加强学生宿舍管理

实行学分制后，班级的作用被弱化，其不再是基本的教学单位，没有了固定的教室，因此，作为学生课余主要的聚集地的学生宿舍成为了课堂的延伸，成了培养教育学生的重要园地。辅导员要重视这块阵地。独立学院应选派优秀的辅导员进驻学生宿舍，深入到学生中，关心学生，及时发现他们出现的各种心理上、思想上或行为上的问题，及时引导他们正确地加以解决和处理。

5、加强网络建设

实行学分制后，学生是分散的、流动的，各类信息和通知不能及时准确地传达给学生，因此必须加强校园网络化建设，通过现代信息技术手段，畅通学生信息交流渠道。例如，辅导员以班级、宿舍等为单位建立飞信或QQ群，安排指定人员及时传达学校的信息；也可以设立辅导员博客、班级论坛，增加师生沟通的渠道；辅导员还可以公布自己的电子信箱或QQ号，方便与学生个别交流……总之，通过网络可以拉近教育者与被教育者之间的距离，及时沟通，自由、平等地交换思想和看法，从而增进相互之间的理解与信任，提高工作效率。

独立学院实行学分制使得学生管理工作领域面临许多新的问题和挑战，教育管理工作者只有不断解放思想、更新观念，在实践中不断研究、探索、总结，才能做到与时俱进，使独立学院学生管理工作适应时代的要求，从而保证和促进学分制的顺利实施。

第五节 独立学院辅导员的角色定位和素质能力

加强和改进大学生思想政治教育是新时期一项重大而紧迫的战略任务。而建设一支高水平的辅导员队伍，是深入加强和改进大学生思想政治教育工作的关键之一。2006年颁布的教育部第24号令《普通高等学校辅导员队伍建设规定》明确了"辅导员是高等学校教师队伍和管理队伍的重要组成部分，具有教师和干部的双重身份。辅导员是开展大学生思想政治教育的骨干力量，是高校学生日常思想政治教育和管理工作的组织者、实施者和指导者。辅导员应当努力成为学生的人生导师和健康成长的知心朋友"。该文件以法律的形式还明确了辅导员的工作要求和工作职责、配备与选聘、培养与发展、管理与考核的多方面内容。

一、独立学院辅导员的角色定位

在新的形势下，根据辅导员工作的性质和特点，决定了这一职业角色并非单一角色，而是复合多元的角色。如何在众多角色中科学地把握辅导员的主要角色，对辅导员角色给予一个科学准确的定位，一直是广大教育工作者积极探讨的问题。2006年4月召开的第一次全国辅导员队伍建设工作会议，提出"辅导员是大学生健康成长的引路人和指导者"。也就是说，为了提高人才培养质量，独立学院辅导员不仅要有满腔的政治热情，还要有很好的综合素质、较强的工作能力和较高的指导艺术，真正做到学生的"人生导师、学习教师、生活良师"。

"导"即教导、疏导、辅导、指导和引导。也就是在学生四年的大学学习、生活过程中，辅导员要做好思想上教导、心理上疏导、学习上辅导、就业上指导和生活上引导的"五导"工作。

1. 思想上教导

以理想信念教育为核心，深入进行"三观"（世界观、人生观、价值观）教育；以爱国主义教育为重点，深入进行弘扬和培育民族精神教育；以基本道德规范为基础，深入进行公民道德教育；以大学生全面发展为目标，深入进行素质教育。

2. 心理上疏导

辅导员应做好对学生心理教育和监控的工作，对于大学生的各种心理问题和不理智的行为，要及时发现、及时预防，进行有效干预。

3. 学习上辅导

辅导员应帮助学生认识自己、了解自己，制订科学合理的学习计划和学习目标。尤其是大一新生，更要帮助他们尽快学会转型，尽快适应大学的学习生活。在专业课的学习过程中，辅导员也要配合专业课教师做好思想稳定工作、学习方法调适工作等。

4. 就业上指导

就业指导包括职业生涯规划和就业指导服务两个方面。辅导员应从大一开始帮助大学生做好自我定位、明确职业目标、制订职业生涯规划以及就业前的各项准备工作（除专业知识、专业技能外，还包括就业政策、面试技巧、心理调适等）。

5. 生活上引导

辅导员要做好对学生生活上的引导。对于大一新生，主要是"养成教育"，包括养成科学的饮食习惯、体育锻炼习惯等，并对不良的生活习惯如上网成瘾等进行合理干预。辅导员还要引导学生合理利用课外休闲时间，逐渐发展个人兴趣，学会生活、学会求知、学会审美、学会包容、学会创造。

二、独立学院辅导员应具备的素质

由于辅导员的教育对象是正处在世界观、人生观和价值观形成的重要时期的年轻大学生,这就要求辅导员必须具备过硬的思想政治素质、高尚的道德素质和较强的业务素质,才能教育和管理好学生,有效地发挥大学生日常思想政治教育的主阵地作用。

1. 思想政治素质

辅导员的思想政治素质是衡量一个优秀辅导员的首要标志。辅导员是高校从事德育工作、开展大学生思想政治教育的骨干力量,负责对大学生进行正确的世界观、人生观、价值观的指导,是大学生健康成长的指导者和引路人。因此,辅导员要具备过硬的思想政治素质,有坚定的政治立场和政治信仰,有执著的政治责任感、高度的政治觉悟和较强的政治参与意识,对共产主义事业有坚定不移的信念,才能认真贯彻和执行党的路线、方针、政策,才能很好地向学生宣传党的路线、方针、政策。其政治理论水平越高,分析问题、解决问题的能力越强,思想政治工作的效果就越好。

2. 道德素质

辅导员应努力提高自身修养,带头遵守公民基本道德规范,培养良好的职业道德。辅导员应具有高度责任感,要热爱本职工作,关爱学生,把学生当成自己的亲人,"想学生之所想、急学生之所急","一切为了学生、为了学生的一切",为学生办好事、办实事。

3. 组织管理协调能力

良好的组织管理协调能力使辅导员能够更好地团结学生、增强团队凝聚力。辅导员要根据学生的特点,发现学生的潜力,用其所长,避其所短,要做到知人善任,合理地利用和开发学生干部的资源，培养富有朝气、踏实进取的学生干部队伍，引进竞争机制，充分调动他们的积极能动性，使学生干部成为自己的得力助手。

4. 沟通表达能力

良好的语言表达能力和诙谐幽默、恰到好处的语言表达技巧，可以增进辅导员和学生融洽的关系，使其在开展思想政治教育或处理学生问题时能做到游刃有余。而言辞粗暴、语言过激往往会伤害学生自尊心，甚至使学生产生逆反心理，从而产生一些意想不到的负面作用。

5. 心理素质

辅导员在工作过程中往往会遇到学生各种各样的心理问题，因此应加强心理学知识的学习。例如学习普通心理学、社会心理学、发展心理学等专业理论知识，掌握心理学的一些基本概念和心理发展的基本规律，还要掌握心理疾病的常见表现、成因及处理方法的一般知识，掌握一些心理咨询技巧和方法，学会耐心地去倾听，多做换位思考，放下老师的身份与学生进行交流，多理解、安慰和鼓励学生。这样才能触动学生从而引起共鸣，帮助他们走出心理误区，使学生学会关心、学会生活、学会做人，形成良好的思想品质和健康的心态。

总之，辅导员在教育教学过程中，既要培养、训练、陶冶学生的品德和情操，又要组织控制、评价学生的学习。他们的言行举止对学生的教育具有很强的感染力和示范性，对学生健康成长有着直接的影响力，学校应重视并加大投入，推进辅导员队伍的职业化和专业化建设。当然，由于独立学院创办时间较短，许多工作都还处在积极的探索与完善当中，因此，在制定政策的过程中应结合独立学院的学生特色和学校发展阶段的特点，积极探寻有针对性的工作方式方法，在学生管理的道路上创出自己的特色，走得更远、更好。

第六节　独立学院辅导员队伍职业化和专业化建设的思考

辅导员是做好大学生日常思想政治教育和管理的骨干队伍，是大学生思想政治教育能否深入进行以及大学生能否健康成长的决定因素之一。原教育部部长周济曾明确指出：加强辅导员队伍建设是坚持育人为本、德育为先的必然要求，是统筹高校改革、发展和稳定的必然要求，是锻炼造就高素质人才的必然要求。要明确辅导员队伍的角色定位、工作定位、工作职责和素质要求，使辅导员队伍在大学生思想政治教育中发挥更大的作用。

虽然独立学院辅导员与母体高校辅导员有着很多共性，管理制度方面可以参考母体高校的做法，但其自身的独特性则赋予了独立学院辅导员更强的工作责任感。

一、独立学院辅导员队伍存在的主要问题及原因分析

（一）独立学院辅导员队伍存在的问题

由于办学模式和运行机制的特殊性，加之独立学院办学历史较短，因而辅导员队伍建设还不够完善，在队伍建设和管理方面还存在着一些问题。其主要表现如下：

1. 数量与结构不尽合理

（1）根据教育部有关规定，1∶200 的师生比是辅导员队伍建设的最低比例，可是相当多的独立学院辅导员队伍人数明显偏少，有些学校甚至三四百名学生才配一名辅导员，这就一来就无法保证辅导员把各项工作做细做实，总是处在疲于应付的困境中。

（2）一名合格的辅导员除了需要掌握思想政治相关理论与方法外，还需要掌握教育学、心理学、社会学、管理学等多学科的知识，并能在实践中灵活有效地综合运用。但目前独立学院的辅导员队伍知识结构相对单一，学历层次参差不齐，尤其是在心理咨询、职业生涯指导这些趋向专业化的方面，更是难以满足学生的需求。

（3）辅导员需要在工作的不同场合扮演不同的角色，例如学生政治思想导师、人生引路人、职业规划的顾问、心理咨询者、生活导师等。因此，这就要求辅导员除了具备必要的专业知识外，还要有丰富的人生积累和生活经验。但目前独立学院辅导员队伍呈现出年轻化趋势，主要成员多为毕业不久的研究生或本科生，在工作热情和创新性方面有很大优势，但在经验积累方面有着明显的不足。

2．日常事务繁杂，工作压力大

由于独立学院的管理机制及人员配备的特点，辅导员不可避免地要陷在繁杂的日常事务中，例如纪律检查、宿舍卫生检查、综合测评、奖励惩处、组织活动、学习管理、就业指导，还要承担一些教学工作或其他行政事务，若有突发事件还需及时处理，因此，辅导员工作压力之大毋庸置疑。

学校领导为了保证学校安全稳定的秩序，经常要给辅导员施压。辅导员即使工作很努力，也难以避免所管理的几百名学生不出意外，一旦有事故发生，首先问责的就是辅导员。正是这种对未来不确定事故的隐忧所引发的职业压力，让辅导员不得不时刻处于一种高度紧张的状态。由于职业声望和社会地位不高，部分辅导员觉得长期在此岗位上得不到提拔，工作未能发挥个人所长，因而产生倦怠感。辅导员在学校转岗机制尚不健全的环境下，为了自身的职业发展问题，不得不花费大量精力去应付新的职业规划所必需的培训和考核，往往感到身心疲惫。

因此，辅导员没有时间也没有精力去学习、研究学生工作规律、学生工作经验教训、当代大学生的特点、思想动态等问题，从而使辅导员管理工作流于表面，影响了学生综合素质的提高。

3. 人员流动过快，队伍稳定性差

在高校教师群体中，辅导员处于十分尴尬的境地，与主流的教师群体和与领导接触紧密的行政人员相比，辅导员是"配角"。他们从事着繁琐的学生工作事务，工作强度与压力较大，但工作成就较难体现，工作成果很难积累，加上一些来自学生、家长、老师和社会的偏见，其心理落差是很大的。这无疑是造成辅导员队伍不稳定的重要原因。其中不少辅导员干了两三年就急于转岗或考研，刚刚熟悉工作又要离开，以致出现学生四年换四五个辅导员的不良局面。辅导员队伍流动性大既不利于学生工作的稳定开展，也不利于辅导员队伍经验的积累和工作水平的提升，更不能适应高素质创造性人才培养的需要。

（二）独立学院辅导员队伍存在问题的原因分析

1. 角色定位不明晰

高校的各项工作都是围绕服务学生开展的，学校的各项规章制度也都要依靠辅导员去贯彻执行。在日常工作中，辅导员应以"导"为其工作核心。也就是在学生四年的大学学习、生活过程中，辅导员要做好思想上教导、心理上疏导、学习上辅导、就业上指导和生活上引导的"五导"工作。但实际工作中，辅导员却更多地扮演着"万金油"的角色，抓迟到早退、抓违纪、查宿舍、催学费、开班会、搞活动……既像勤杂工，又像服务员，还充当着"保姆"和"临时监护人"。角色定位不明晰也造成了辅导员工作中职责不清、工作内容繁杂、业绩考核困难等问题，影响着辅导员队伍发挥整体绩效，影响着人才培养质量。

2. 管理机制不完善

（1）引进机制

独立学院在引进辅导员时在年龄结构、学历结构、学科背景结构、职称或职务结构等方面的要求考虑不够全面和科学，导致辅导员队伍的群体性功能没有得到更好地发挥。

（2）管理机制

辅导员在校内的地位不高，很多相关行政部门都可以给他们布置任务，形成了多头管的局面，冲击了其管理学生事务的本职。例如本该由财务部门发放奖学金、保卫部门办理户口迁移、图书馆办理借书证、就业指导中心办理毕业派遣证等，但这些事往往都转嫁给了辅导员，使辅导员陷入庞杂的日常管理事务中。

（3）考核机制

目前独立学院在辅导员工作考核时，往往要参考所带班级的学费缴交费率、出勤率、事故发生率等指标来进行，还没有建立起人性化的、定量与定性相结合的评价标准。某些独立学院高校领导缺乏对辅导员的人文关怀和精神鼓励，在管理理念上存在"重结果，轻过程"的问题，忽略了辅导员工作的特殊性，也忽略了辅导员对于精神层次上的需要。

3. 激励机制不到位

（1）薪酬水平相对较低，容易引起心理失衡

在多数独立学院，只要同是辅导员，做多做少工资都一样。而与同职称同学历的任课教师相比，教师上课有超课时费，辅导员却没有超"工作量费"，偏低的薪酬，影响了部分辅导员的工作积极性。

（2）职业发展前景不明确

在辅导员的使用上，一些独立学院只管用，不重视其素质

的提高，培养制度不够健全，政策不够完善，不利于辅导员队伍的成长。

辅导员一进校就被日常事务缠绕，没有时间考虑自身的专业发展问题。和专职教师相比，他们不可能像专职教师一样有相对充裕的时间和精力开展教学、科研。因此，其教学、科研成果较少，在学术水平提高和专业技术职务的晋升上相对不利。职务、职称上不去，收入就不会高，职业前景暗淡，这就导致了部分辅导员心态不稳，从而难以形成职业化、专业化的队伍。

二、辅导员队伍职业化和专业化的内涵及建设的必要性

（一）辅导员队伍职业化和专业化的内涵

1. 职业化和专业化的内涵

本书所指的职业化是指职业由非专业向专业的转变，是一般职业逐渐达到专业标准、获得成熟专业地位、成为专门职业的发展过程。

辅导员职业化主要包括以下三个方面的内容：

一是良好的职业素养。辅导员应具有敬业的职业态度、优良的职业风范、一丝不苟的工作精神和优良的团队合作素质。

二是熟练的职业技能。职业技能是辅导员的职位胜任能力的重要表现，既包括了解专业知识的精深程度，又包括使用职业技能的水平。

三是科学的行为规范。规范是效果和效率的保证，辅导员应熟悉、精通规范，遵循、执行规范，改进和创新规范，以确保少犯或不犯错误，提高工作效率、保证工作效果。

本书所指的专业化是指一种职业逐渐达到专业标准，成为专门职业并获得相应的专业地位，由非专业、准专业、半专业向完全专业转变的过程。辅导员队伍专业化，是指从事高校辅导员工作的人员，经过专业化的理论和实践能力培养，树立专

业意识，掌握基本的专业技能，并在工作实践中不断加强专业的继续学习和培训。

"职业化"和"专业化"既有区别又有联系，它们不是冲突和矛盾的，而是辩证统一的。要推进专业化建设，必然要求有职业化的从业队伍，而要实现职业化，也必须要求从业人员有专业化的水平。本文对辅导员队伍职业化、专业化建设研究并不着眼于两个概念的辨析，而是将它们作为一个概念来理解。

2. 辅导员队伍职业化和专业化的基本内容

独立学院辅导员队伍的职业化、专业化建设应包含以下基本内容：

一是独立学院辅导员职业应长期、稳定存在，从业人员可以终生从事；二是具有健全的职业准入、培养、管理、考核及退出的相关系列制度；三是拥有社会认可的地位和从业环境；四是有相应的职业培养机构和职业标准制度，推行辅导员职业资格认证制度，畅通辅导员的聘任、考核、晋升等职业通道，辅导员职业发展有前景、有空间；五是从业人员具有较高的职业素养和专门的知识和技能，具有从事相关科研的能力和学术水平。

（二）加强独立学院辅导员队伍职业化和专业化建设的必要性

首先，是切实做好大学生思想政治教育工作的需要。

大学生思想政治教育有其内在规律性，实施教育的内容、方法和途径需要在实践中不断总结探寻，具有普遍指导意义的科学的教育理论需要在实践中不断提炼。从目前大学生的发展需求来看，诸如心理健康、人生规划、职业选择等方面的问题都需要专业的咨询与服务才能解决。此外，学生社会工作与社会实践的发展也需要具有社会工作专业训练人员的参与。这些工作的专业性很强，离开专业教师的指导很难做得好。辅导员走职业化、专业化的道路可以使这些工作做得更深、更好，可以更好地积累经验、把握规律，从而提高思想政治教育工作的实效性。

其次，是提高独立学院辅导员素质的有效途径。

通过辅导员队伍的职业化和专业化，辅导员会将本职工做工作看做是一项专门技能，在政治思想、道德品质、健全人格、文化修养、纪律法制、心理健康等各个方面进行系统的教育和辅导。辅导员队伍职业化、专业化能引导辅导员把工作作为一项长期从事的职业，并全身心地投入，将与辅导员岗位职责相关的哲学、思想教育学、管理学、社会学、教育学、心理学等各个方面的知识综合成有效的专业知识和专门技能。通过掌握这些知识和技能并运用它们，可以有效提高辅导员队伍的素质，从而逐步涌现一批受学生拥戴、受社会尊重和承认的专家型辅导员。在他们的示范和带动下，更多的辅导员将会受到影响和鼓舞，辅导员队伍建设就会呈现出生机勃勃的景象，而队伍不稳、数量不足、素质不高等问题就会得到根本的解决。

最后，是稳定独立学院辅导员队伍的基本条件。

如果辅导员变动频繁，师生间交流较少，没有情感积累。辅导员对学生实施教育时，学生"不听、不信"的情形就将大量存在。这样，学生管理工作的效果就要大打折扣。而且如果辅导员队伍不够稳定，总处在"新手上路"的状态，那么各项工作也没有办法做好。实施辅导员队伍的职业化和专业化，可以为稳定辅导员队伍、做好本职工作提供基本的、有利的制度条件。只有这支队伍职业化、专业化了，才能使独立学院辅导员有一个稳定的心态来面对、改进自己的工作，充满激情地为学生服好务。

三、加强独立学院辅导员队伍职业化和专业化建设的途径

"师者,传道、授业、解惑也"。对于新时代的辅导员来说,传的是思想理论之道,授的是文化科学之业,解的是人生成才之惑。针对这样的现状,队伍建设即成为关键,要从"立意高、工作实、思路新、管理严"的思想政治工作理念出发,全面提高队伍的综合素质。

1. 建立严格科学的人才选用制度

选拔优秀人才必须要坚持高标准、严要求,坚持德才兼备。在选拔辅导员时,被选拔人员应具备从事学生教育管理工作所需要的文化知识和专业技能,以实现辅导员队伍知识化、专业化。在保证辅导员数量的基础上优化队伍结构,既要做到数量充足,又要考虑年龄结构,还要兼顾专业结构。此外,还要建立严格科学的选留制度,不断壮大辅导员队伍。

2. 理顺关系,明确责任

《中共中央国务院关于进一步加强和改进大学生思想政治教育的意见》明确指出:高校辅导员是大学生思想政治教育的骨干力量,其工作重心应放在大学生全面素质和道德水平的教育和提高上,侧重于学生的思想辅导和日常管理;侧重于导,而不是单纯的生活管理和组织。教育部原部长周济指出:高校辅导员是学生日常思想政治教育和管理的工作者、组织者和管理者,是大学生的人生导师和大学生健康成长的知心朋友。这就是辅导员的职责范围。但事实上,独立学院辅导员不但承担了思想政治教育和日常事务管理工作,还承担了大量的非本职工作,整天忙于应付事务性工作,很难保证有充分的时间和精力做好本职工作。独立学院应以制度形式明确各部门和辅导员的职责范围,使其工作有章可循,有条不紊。只有这样,才能增强各部门的责任意识和服务意识,才能出现分工协作的和谐局

面，为独立学院辅导员的职业化和专业化建设营造良好的外部环境。因此，理顺关系，明确责任应是当务之急。

3. 加强培训，提高辅导员综合素质

一方面，应加强辅导员专业知识和技能的培训。目前，独立学院辅导员的从业人员专业结构多样化，这有利于对学生进行专业学习指导。但就辅导员的工作性质来说，还应具备教育学、心理学、管理学等必要的相关专业知识。因此，学院应定期为辅导员提供相应专业知识培训、讲座和交流，召开工作研讨会，相互学习，取长补短，充分发挥好辅导员之间"传、帮、带"作用。另一方面，可以定期、不定期开展经验交流和理论的学习。辅导员通过在职、脱产深造学习或到先进办学单位参观学习，可以开阔视野，打开思路，少走弯路，提高工作绩效。

4. 建立科学的考核机制

科学的考核机制，不仅能全面考察辅导员的工作内容，而且能调动辅导员的工作积极性和创造性，营造公平公正的竞争氛围。目前，独立学院辅导员的考核工作程序有待完善，且考核量表设计有不合理之处，考核透明度不够，考核目的也较单一。

辅导员考核标准应由人事部门及学生管理部门联合研究，建立一套关于辅导员工作目标的科学考核办法，做到平时考核和年终考核相结合，领导考核和学生考核相结合，定量考核和定性考核相结合。重点考察辅导员的思想政治素质、政策理论水平、工作作风、工作能力、完成目标情况、工作业绩、业务学习、科研状况等项目。而且要将考核结果与奖惩、晋升与降级挂钩，奖优罚劣，真正形成高效务实的工作评定体系。当然，还要结合独立学院本身特点及辅导员个人工作实际情况、带班情况，作适当的加减分处理。

5. 完善激励机制

首先，要制定合理的分配制度，实现辅导员薪酬的相对公平。同时，还要采取多种形式的物质激励方式，如外出考察、职业培训等。这些形式的物质激励除了具有激发工作热情的意义外，还有利于提高辅导员的技术水平和职业素养，培养辅导员的职业使命感及从业积极性，从而真正达到激励的目的。

其次，要提高认识，提高辅导员的社会地位。通过宣传辅导员工作的先进事迹等途径，让人们认识到辅导员工作的重要性，培养人们对辅导员工作的认同感，让辅导员从外界看到自身工作的成绩，增强工作满意度和幸福感，从而对工作充满热情。

最后，要拓宽辅导员的晋升发展空间。坚持"优出"原则，形成合理的流动机制，推选优秀辅导员到学校管理岗位任职，输送优秀辅导员到校外单位挂职锻炼，使辅导员真正成为后备干部选拔和培养的重要来源。

6. 深入开展理论研究

在过去，独立学院辅导员都是凭经验开展工作，不需要多高的理论水平。这种做法已经不再适应独立学院新的教育形式，而且在现实中还阻碍着辅导员队伍整体素质的提升，以及探索新方法、解决新问题能力的提高。因此，学校应引导辅导员把自己的工作作为一门科学来思考和研究，注重调查研究，学会分析研究和解决学生思想教育工作中遇到的新情况、新问题，形成与学生工作有关的调查报告或论文，以此引导他们提高教育科研能力，并最终指导各项工作的完成。

总之，独立学院应建设一支"政治强、业务精、纪律严、作风正"的职业化和专业化的辅导员队伍，进一步加强和改进大学生思想政治教育工作。此项工作事关全局，事关长远，是一项需要国家政策保障、学院支持重视、院系密切配合、辅导员通力合作的长期的系统工程。在此过程中，独立学院应充分发挥新机制模式下的体制和管理优势，真正做到"待遇留人、制度留人和事业留人"，从而加快辅导员职业化和专业化建设的步伐。

第七节 独立学院学长辅导员管理模式初探

独立学院实施的学长辅导员的思路来源于"学长制"。"学长制"（Student Mentoring Scheme，简称 SMS）是在国际上和我国港澳台地区普遍推行的一种学生自主管理模式，指在高年级学生中挑选政治觉悟高、成绩优秀、有一定工作经验的优秀学生，经过培训，对新生开展帮扶、指导、教育，引导和帮助新生尽快地度过入学适应期的一种管理模式。[①]

由于独立学院在运行机制、管理模式方面的特殊性，在学生管理工作中将原有的"学长制"发展成为学长辅导员制，也就是从大四、大三的高年级学生中挑选出优秀的学生分别担任大二、大一学生的学长辅导员，从学习、心理、生活等各个方面给予指导和帮助，做好辅导员的助手。学长辅导员制是独立学院学生工作体制的一大创新。

一、独立学院学长辅导员的现实意义

1. 学长辅导员是独立学院辅导员的得力助手

在高校扩招之后，学生队伍逐渐壮大，相比之下辅导员人数就显得十分不足。尤其是独立学院处在规模增长的阶段，学

---

① 俊风，帅会芳，土明旭. 新形势下高校学长制的探索 [J]. 西北医学教育，2007（6）

生与辅导员的比例逐年上升，大多数学校按300∶1的配比，有的独立学院则达到400∶1或500∶1，辅导员工作任务艰巨。由此，学长辅导员可成为他们的得力助手，不仅可以帮助辅导员了解情况，解决问题，而且可以成为师生之间的桥梁，有利于加强二者之间的互动和沟通。

2. 学长辅导员极大地提高了学生工作的针对性

独立学院学生之间的经济差异、思想差异较大，但自主意识较强，许多学生遇到困难不愿意找老师交流，反倒愿意和自己年龄相仿的学长沟通。而学长辅导员来源于学生，经历过大学每一阶段不同的生活和学习，有着深刻的体会、经验，甚至教训。在对低年级学生进行辅导的过程中，他们扮演着不同的角色：或是兄弟姐妹，或是咨询顾问，或是信息提供者，或是教练、家庭教师，或是简单的朋友，或只是一个陪伴者。学长辅导员了解低年级学生在学习上、生活上、情感上的各种问题和困惑，可以尽己所能给他们有针对性的引导和帮助，现身说法，更容易获得信任。

3. 有利于学生增强自我教育、自我管理、自我服务的能力

通过指导和帮助低年级同学，学长辅导员也能够提高自己分析问题和解决问题的能力以及交际能力、创新能力、协调能力、合作能力、适应能力等，从而全面提高自身综合素质。另外，高年级学生在当了学长辅导员后，会更加注重自身形象。为了提高在低年级同学中的威信，学长辅导员会更加努力地学习，更加严于律己，并主动参与校内外的各项活动，个人的成长更迅速、更全面，而且学长辅导员所在的班级也会受此影响而形成良好的学风和班风。

二、独立学院实施学长辅导员的主要职责

（一）学习辅导

（1）帮助辅导员进行专业思想教育，引导低年级学生了解专业背景和未来研究方向，端正学习态度，明确学习目标，了解专业课程结构。

（2）针对新生进行大学学习方式的适应性指导，指导低年级学生制订行之有效的学习计划和发展目标，确定学习进程，指导其选课。

（3）针对学习过程中存在的具体问题开展咨询服务，帮助其克服学习中遇到的各种困难。

（二）生活辅导

（1）帮助低年级学生尽快适应大学生活，端正生活态度，树立正确的人生观、价值观。

（2）指导低年级学生制定科学合理的作息时间，养成良好的生活习惯。

（3）关注低年级学生的思想动态，帮助其在思想上健康的成长。

（4）鼓励并指导低年级学生积极参加各类文体活动和社会实践活动。

（三）日常工作

（1）协助辅导员完成迎新、军训、社会实践等工作的组织、监管和突发事件处理等。

（2）帮助辅导员建立班委会、学生会，并给予相关培训和工作指导，提高工作水平和工作效能。

（3）帮助辅导员开展班级出勤情况登记、早晚自习纪律检查、宿舍管理等日常工作。

（4）帮助辅导员开好班会，做好信息传达工作和部署工作，

保证信息传递及时、畅通。

三、独立学院学长辅导员制的实施方法

（一）严格挑选

不同独立学院对学长辅导员的聘任条件不尽相同，但以下两条是必不可少的：一是坚持四项基本原则，有坚定的政治立场，有高度的责任心，有担任学生干部的工作经验，优秀党员、预备党员或入党积极分子可优先考虑；二是了解本专业的培养目标，熟悉本专业人才培养计划以及各教学环节。

每学期期末时各院系本着"本人自愿申请、辅导员推荐、院系审核、公示后聘任"的原则和流程对下学期的学长辅导员进行选拔。学长辅导员实行院系内的聘任制，任聘期为1~2个学期。

（二）精心培训、加强管理

由于学长辅导员的工作内容涉及生活、学习、心理辅导等，工作面广，需要掌握一些比较专业的知识和技巧，因此要对学长辅导员进行相应的培训。辅导员要利用自身优势和知识储备给予学长辅导员在人际交往艺术、职业生涯规划、角色转换处理、工作技巧等方面的经验传授，可通过举办讲座或座谈会，帮助他们做好对低年级学生的指导、帮助等工作；院系也可以每月召开一次学长辅导员工作例会，院系学生工作负责人、辅导员与学长辅导员可借此平台相互沟通交流，也可以就一些共性的问题进行探讨，对日后工作提出改进建议。

（三）定期考核

学长辅导员是高年级学生中的优秀代表，大部分人都能认真地完成任务，在学习、生活、工作等方面给予低年级学生指导和帮助。但也不排除少数学长辅导员工作中虎头蛇尾，遇到挫折后由积极变消极。院系应加强对学长辅导员工作开展情况

的管理和监督，并在学期末进行总结和考核。考核包括自我评价、学生评议、辅导员评议、院系意见，考核等级可分为优秀、良好、合格、不合格。考核合格的，将在学年学生综合素质测评时按考核等级加分；考核优秀的给予物质和精神双重的奖励，在评优评奖和推优入党方面给予优先；对于不负责任、不积极开展工作或有其他违反工作道德和纪律要求的，考核等级为不合格，要给予及时批评教育并解聘，也可采取末位淘汰制定期更换学长辅导员。

四、实施过程中需要注意的几个问题

由于学长辅导员制还处于实践初期和不断完善阶段，因而在实施的过程中，有一些问题需要加以注意。

（一）合理搭配

如果学长辅导员所带低年级学生太多，将会导致学长辅导员精力过于分散，会影响其正常的学习和生活，也不利于工作开展；如果带的学生跨专业，学长辅导员工作起来会有较大困难。另外，老乡、亲戚、性别等因素也直接或间接地影响着学长辅导员的工作。因此，在进行学长辅导员的选择和分配时，要充分考虑人数、对象、专业、宿舍、男女比例等因素，进行合理配置。

（二）加强对学长辅导员的培训和指导

学长辅导员也是学生，在工作过程中难免缺乏经验、能力不足，影响学长辅导员的工作效率和结果。但部分辅导员在工作过程中对学长辅导员的工作未给予充分重视，对他们重使用轻培养，缺乏积极的培训和引导。还有的辅导员平时没有及时跟学长辅导员进行沟通和交流，缺乏对其的鼓励和鞭策，容易使他们感到工作动力不足，信心不够。因此，一定要重视对学长辅导员的培训和指导，除了常规的培训外，还要及时了解他

们在工作中遇到的困难，给予及时指导，为他们排忧解难，成为他们的坚强后盾。

第八节　独立学院学生思想政治教育工作的探讨

胡锦涛同志在加强和改进大学生思想政治教育工作会议上强调：大学生是国家宝贵的人才资源，是民族的希望、祖国的未来。要使大学生成长为中国特色社会主义事业的合格建设者和可靠接班人，不仅要大力提高他们的科学文化素质，更要大力提高他们的思想政治素质。中共中央、国务院《关于进一步加强和改进大学生思想政治教育的意见》也要求："学校教育要坚持育人为本、德育为先，把人才培养作为根本任务，把思想政治教育摆在首要位置。"可以看出，思想政治教育工作对于高校学生管理工作是非常重要的。

由于体制的原因，独立学院从诞生之日起就处于激烈竞争中，存在着办学起点低，资金紧张、师资力量、管理水平、教学条件相对不足，学生素质参差不齐等问题。要在这种条件下完成人才培养的目标，就必须针对独立学院学生的特点，不断摸索新思路、新方法，加强和改进思想政治教育工作，为把学生培养成为社会主义的合格人才而努力。

一、独立学院学生思想政治工作存在的问题及面临的挑战

1. 认识不到位

独立学院采用市场机制进行运作，决策机构是董事会。由于市场经济的影响，部分独立学院董事会在办学过程中首先考虑的是经济指标，他们会尽可能通过精简机构和人员的方式来

节约成本；管理层也主要关注专业设置的市场性、课程设计的实用性、培养人才的技术性，因而往往忽视思想政治教育工作。

2. 工作模式缺乏针对性

由于独立学院办学历史较短，在学生思想政治教育工作方面缺乏经验，校内也没有专门的机构和人员，因此大部分独立学院是直接移植母体高校的工作模式，并没有按照自身的办学特色和人才培养目标，制订有针对性的思想政治教育方案。这就与独立学院学生特点、实际情况相脱节，不能有效解决学生学习、生活、心理、思想、道德等方面存在的问题，由此在实践中也产生了一系列问题。

3. 社会不良因素的影响

当前，国际国内形势复杂多变，随着经济全球化、政治多极化、文化多样化，网络传播信息的迅速化，不同文化的碰撞、不同价值观的冲突、利益关系的重组和调整等等，都在一定程度上引起学生心理反应。一些消极的社会现象必然会影响他们的理想、信念、价值观和人格的全面发展，由此带来一些消极影响，需要思想教育工作者加以重视。

4. 独立学院学生的群体特点

独立学院学生普遍存在自信心不足、心理问题较严重的现象。不少学生认为，自己付了高额的学费，只有学好专业理论知识和专业技能才能有出路，而参加思想政治学习浪费时间，对未来就业也没有作用，因此无视思想政治教育工作，政治意识淡薄。

5. 辅导员队伍严重缺乏

独立学院办学经费几乎全部来自于学费收入，因此内部管理机构精简、工作人员较少，辅导员的配备比例远远达不到教育主管部门的要求。许多独立学院的辅导员都是从应届毕业生中招聘，缺乏实际工作经验，要处理好三四百名学生的思想、学习和生活管理问题，工作难度较大。还有许多独立学院在辅导员队伍建设方面比较滞后，尚未能受到学校的重视，以致形成当前独立学院思想政治工作难以突破的瓶颈。

二、加强和改进独立学院学生思想政治工作的思考

如何针对独立学院学生特点，加强和改进学生思想政治工作，培养全面发展的大学生，是教育工作者面临的一项重要使命。

（一）重视学生的思想政治工作

江泽民同志曾在中央思想政治工作会议上强调，思想政治工作是经济和其他一切工作的生命线。独立学院的办学离不开这条"生命线"。如果独立学院只关注办学的经济效益，忽视对学生的思想政治工作，培养出来的学生就很难成为合格的社会主义事业建设者和接班人。长此以往，势必影响独立学院的社会声誉和可持续发展。因此，独立学院的决策层必须明确地把加强学生思想政治工作列为学校工作的重中之重，同时纠正与防止思想政治工作的"假、大、空"，坚持思想政治工作应有的原则，充分发挥思想政治工作的战斗堡垒作用。

（二）建立健全思想政治工作体制

独立学院学生在学习和生活的方式、心理特点以及思维方式等方面都与母体高校的学生有所不同，为了能使思想政治工作更具有实效性和针对性，要因地制宜、因人而异建立健全具有独立学院自身特色的思想政治工作体制。

（1）要牢固树立"学生为本"的思想，强调服务育人的理念，学生思想政治工作者要深入实际，准确把握独立学院学生的特点和存在的问题，急学生之所急，想学生之所想，不断创新工作思路和工作方法，努力提高独立学院学生思想政治工作的针对性和实效性。

（2）要强化学生主体意识，引导学生自我管理、自我约束、自我教育。作为学生思想政治工作者，要教会学生"学会做人、学会做事和学会发展"，"给之以鱼，不如授之以渔"，要改变传统的"保姆式"的工作模式，增强学生的社会责任意识，提升自我价值，实现愿望。

（3）要运用多种教育方式，加强思想政治教育工作。传统的灌输式教育使学生感到枯燥乏味，易产生厌倦抵触情绪，学生思想政治工作者可通过私下交流讨论、传授专业知识时渗透思想教育、"晓之以理，动之以情"等方式，引导学生养成唯物辩证的思维习惯、保持健康的心态、树立坚定的信心。

（三）加强队伍建设

学生思想政治工作队伍的数量和素质，对开展学生思想政治工作的有效性至关重要。由于许多独立学院在创办初期主要关注学校规模的扩张、基本办学条件的改善和专业教师队伍的建设，从而忽视或削弱了学生思想政治工作队伍的建设，这给学生思想政治工作的有效开展带来了一定的困难。要改变这种状况，学院就必须加大对学生思想政治工作的投入，尽快建立和完善学生思想政治工作制度，选聘一批高素质的、专兼职相结合的教师充实到学生思想政治工作队伍中。同时，也要将管理队伍的培养和培训作为一项重要内容来抓，通过岗前培训、院校之间辅导员工作交流等形式，切实培养和提高这支队伍的工作能力。

（四）营造良好的校园文化氛围

校园文化是一所学校在特定的历史环境中创造形成的人文环境、校园精神和生存环境。古人云"近朱者赤，近墨者黑"。加强校园文化建设对加强和改进大学生思想政治教育、全面提高大学生综合素质，具有十分重要的作用。独立学院兴办时间不长，应充分挖掘母体学校的成功办学经验和优良办学传统，将母体学校的校园文化延伸至本校，并结合本校的学科特色、专业特色和学生工作的特点，通过多种渠道和方法，努力营造积极向上、健康文明校园文化氛围，优化思想政治工作环境，让学生在无形中受到熏陶和感染。

在校园文化建设中，独立学院应发挥好党团组织在思想政治教育中的战斗堡垒作用，组织学生成立各种形式的学生社团，积极开展各类文化、艺术、科技活动，教育和引导学生参与到有意义的活动中，寓教于乐，多途径展开思想政治教育。

信息时代的学生思想政治工作要注意利用好网络这一媒介。网络被称为继报纸、广播、电视之后的"第四大媒体"，作为思想政治工作者，要辩证地看待网络对学生的影响，充分利用网络资源，建立思想政治工作网站、利用BBS、E-mail、QQ等多种形式加强和学生的沟通交流，倾听学生的心声，关注学生思想的动态，解答学生的困惑，尽量与学生"零距离"接触，引导学生形成一种积极向上、健康的思想状态。

总之，思想政治教育是独立学院的生命线，我们必须针对独立学院学生自身的特点，在思想政治教育工作中不断探索新思路、新方法，切实将教育落到实处，为把学生培养成社会需要的合格人才而努力。

第九节 独立学院学生学习状况的实证分析
——以云南师范大学商学院为例

一、研究背景

独立学院作为新体制大学，自1999年试办以来，如"雨后春笋"般蓬勃发展，已成为我国高等教育中不可或缺的一部分。

面对这么大一个特殊的学生群体，教育专家已经关注到他们与公办学校学生之间存在着较大的群体性差异。为了解独立学院学生的学习状况，为教学提供依据，笔者选取云南省独立学院中比较规范的云南师范大学商学院按随机抽样的原则抽取400名学生作为研究对象，分别对经济学、财务管理、会计学、工商管理等专业的学生进行问卷调查。问卷由任课教师随堂发放，每班问卷发放不少于30份，这样既保证了问卷的回收率，同时也有足够的样本空间。

二、研究方法

1. 研究对象

截止到2010年5月，云南省共有独立学院7所，在校生5万多人。由于独立学院办学时间短，学生的整体素质比一本、二本学生整体素质稍差，又因学生的性别、生源地以及家庭状况等的不同，导致学生的学习状态有所区别。本调查从云南师范大学商学院随机抽取400名学生发放问卷，收回问卷395份，有效问卷390份，有效率为98.7%。有效问卷中，经济学专业55份，工商管理专业29份，财务管理专业38份，电子商务专业30份，法学专业50份，会计学专业160份，市场营销专业28份。有效问卷中：男学生166人，女学生224人；来自城镇的学生213人，来自农村的学生177人；学生干部有90人，普通学生有300人；调查对象父亲的职业中：担任党政机关企事业单位负责人的23人，职员、工人129人，私营企业主67人，个体工商户75人，农业劳动者48人，失业、半失业者25人，其他23人；其母亲的职业中：担任党政机关企事业单位负责人的10人，职员、工人139人，私营企业主72人，个体工商户56人，农业劳动者48人，失业、半失业者56人，其他9人；选择学校的原因中，家长要求的有87人，自己选择的有255人，受他人影响的有 48 人；在高考中认为自己发挥正常的有 152 人，发挥失常的有 238 人；对学校的满意程度来讲，有 107 人对学校满意，有 216 人感觉学习一般，有 67 人对学校不满意。

2．研究工具

本研究采用了统计调查的方式。调查问卷的设计包括四部分内容，一是学生的基本信息（单选9小题）；二是商学院学生学习动机分析（15个小题）；三是商学院学生学习状况分析（15个小题）；四是商学院学生学习过程中存在的问题和需要的帮助（主观题）。第二部分和第三部分有 30 个小题，第三部分学习状况的问题可以分为平时的学习状况统计、学习成绩统计（包括平时表现、期末成绩和资格证书）和参加课外活动的状况，此 30 个小题采用 5 点记分（非常符合 2 分，比较符合 1 分，不好说 0 分，较不符合 -1 分，非常不符合 -2 分）。数据分析采用 SPSS 统计软件，对大学生学习状况进行描述分析，对性别、生源、专业等进行显著性分析。

访谈作为问卷调查的补充内容，就学生在学习状况的表现、学费问题、日常消费问题、学习压力问题、学院的教育方式、教师的教学水平、班级的学习氛围等进行访谈，希望能够探索出商学院学生学习状态的干预对策。

3．研究结果

表 4-1　云南师范大学商学院学生学习状况的平均数及标准差

维度	M（代表平均数）	SD（代表标准差）	发生率>0	发生率>1
平时学习情况	0.75	0.21	53.8%	10.5%
学习成绩统计	0.86	0.24	68.4%	11.6%
课外活动	0.45	0.201	76.2%	21.2%
学习状况	0.67	0.38	62.7%	15.1%

表4-2 不同性别、生源、专业、择校原因、高考发挥、学校满意程度的学生学习状况表

项目		平时学习状况			学习成绩			课外活动		
		M	SD	P	M	SD	P	M	SD	P
性别	男(166)	0.52	0.21	>0.05	0.48	0.15	>0.05	0.86	0.25	>0.05
	女(224)	0.87	0.06		0.95	0.18		0.64	0.27	
生源	城镇(213)	0.45	0.35	>0.05	0.46	0.24	>0.05	0.76	0.2	>0.05
	农村(177)	0.79	0.1		0.88	0.18		0.52	0.18	
专业	经济学(55)	0.84	0.25	<0.05	0.76	0.16	<0.05	0.76	0.23	<0.05
	工商管理(29)	0.58	0.34		0.68	0.21		0.82	0.27	
	财务管理(38)	0.38	0.26		0.62	0.25		0.68	0.3	
	会计学(160)	0.96	0.12		0.94	0.1		0.76	0.19	
	法学(50)	1.05	0.08		0.99	0.09		0.56	0.16	
	市场营销(28)	0.76	0.26		0.68	0.26		0.54	0.25	
	电子商务(30)	0.95	0.21		0.72	0.19		0.72	0.24	
学生成分	学生干部(90)	0.98	0.11	>0.05	0.76	0.13	>0.05	1.34	0.1	>0.05
	普通学生(300)	0.61	0.13		0.52	0.14		0.72	0.24	
父亲职业	单位负责人(23)	0.21	0.25	>0.05	0.32	0.26	>0.05	0.73	0.19	>0.05
	职员或工人(129)	0.43	0.19		0.46	0.24		0.68	0.18	
	私营企业主(67)	0.15	0.27		0.24	0.18		0.82	0.24	
	个体工商户(75)	0.18	0.23		0.28	0.2		0.94	0.31	
	农业劳动者(48)	0.68	0.18		0.76	0.16		0.54	0.2	
	失业或半失业(25)	0.87	0.16		0.88	0.12		0.48	0.18	
	其他(23)	0.23	0.17		0.67	0.15		0.51	0.24	
母亲职业	单位负责人(10)	0.18	0.26	>0.05	0.38	0.25	>0.05	0.76	0.18	>0.05
	职员或工人(139)	0.46	0.2		0.49	0.26		0.81	0.14	
	私营企业主(72)	0.25	0.29		0.32	0.18		0.83	0.29	
	个体工商户(56)	0.21	0.28		0.34	0.14		0.88	0.3	
	农业劳动者(48)	0.76	0.16		0.84	0.12		0.46	0.21	
	失业或半失业(56)	0.86	0.12		0.88	0.08		0.42	0.17	
	其他(9)	0.27	0.16		0.78	0.15		0.48	0.16	
择校原因	家人要求(87)	0.42	0.25	>0.05	0.61	0.26	<0.05	0.84	0.26	<0.05
	自己要求(255)	0.79	0.11		0.72	0.14		0.92	0.2	
	他人影响(48)	0.48	0.26		0.69	0.19		0.86	0.14	

表4-2(续)

项目		平时学习状况			学习成绩			课外活动		
		M	SD	P	M	SD	P	M	SD	P
对学校满意度	满意(107)	0.86	0.14	>0.05	0.94	0.15	>0.05	0.94	0.09	>0.05
	一般(216)	0.56	0.22		0.64	0.19		0.83	0.15	
	不满意(67)	0.38	0.28		0.32	0.18		0.56	0.25	

备注：M 代表平均数；SD 代表标准差；P 代表概率，$P<0.05$ 表明二者在 5% 的水平上差异显著。

三、独立学院学生学习状况的实证分析

通过表4-1调研结果显示：62.7%的被调查学生的学习状况总平均分大于、等于0分，说明商学院的学生大部分是认真学习的，其中15.1%的学生大于1，说明这部分学生的学习状况比较好。就平时学习情况、学习成绩和课外活动等三个方面来讲，发生率由高到低依次是课外活动（76.2%）、学习成绩（68.4%）、平时学习状况（53.8%）。通过表4-2调研结果显示：商学院学生的学习情况在以下几个方面差异显著（如表4-3所示），表明学生自身对于学习状况有很大影响，而性别的差异，生源的不同以及家庭状况则决定学生在学习的刻苦努力方面有所不同。

表4-3　　　　　　差异显著指标分析

	F	P
性别	$F_{(2, 390)} = 1.534$	$P = 0.1221$
生源	$F_{(2, 390)} = 1.5334$	$P = 0.0214$
学生成分	$F_{(1, 390)} = 1.4241$	$P = 0.2165$
父亲职业	$F_{(7, 390)} = 2.357$	$P = 0.2102$
母亲职业	$F_{(7, 390)} = 2.237$	$P = 0.2078$
对学校的满意程度	$F_{(3, 390)} = 2.1251$	$P = 0.3014$

从学生的专业差异和择校原因上来看不显著，原因在于该院的学生进校之后接受统一管理，对学生在课外活动、学习要求以及学生成绩都有一个标准的要求，所以在这些方面差别不大。

1. 独立学院学生平时学习情况分析

从受调查对象的性别、生源地及学生成分来看，女生的平时学习情况好于男生，农村学生好于城镇学生，学生干部好于普通学生。从父母亲的职业来看，平时学习情况最好的学生分别来自失业或半失业的家庭，占3.6%；其次是农村家庭，占26.4%；再次是职员或工人家庭，占34.2%，三项合计64.2%。可见，独立学院学生的平时学习情况总体来看还是好的。平时学习情况最差的学生其父母多为党政机关、企事业单位负责人，这主要是因为做领导的父母有一定的社会地位，经济条件好，人脉关系融洽，他们替孩子安排好了一切事情、解决了所有问题，孩子也就不想努力学习了。当然这类学生所占的比重并不大，仅为4.1%。

另外，在调查中也发现一些现象令人担忧，例如：70.1%的学生"对自己所学专业的学习要求和就业方向不清楚，所以没有兴趣"；62.4%的学生认为"给自己定下的学习目标，多数因做不到而不得不放弃"；65.5%的学生"一读书就觉得疲劳与厌烦，只想睡觉"；50.5%的学生"想好好学习，但因其他因素（如游戏，睡觉等）干扰而没时间学"，甚至还有不少学生表示"现在还没进入状态，等大三再开始冲刺"。这些情况说明，独立学院的学生在学习过程中还存在学习目标不明确、学习习惯不佳、没有科学合理的学习计划等严重问题，应引起教育工作者的高度重视。

当然，调查也反映出影响学生平时学习情况的还有一些来自学校、社会的因素。例如：有40.7%的学生认为"老师教学方式太呆板,不够灵活,激发不了我的学习兴趣";66.3%的学生认为"现在找工作都要凭关系,学习成绩再好也不一定能找个好工作,所以学不学都差不多。"

2. 独立学院学生学习成绩分析

本调查中的学习成绩包括各门专业课的考试成绩、大学英语考级、专业资格证书考证等内容。与学习情况成正向的关系,同样是女生好于男生,学生干部好于普通学生,农村学生好于城镇学生。不过,由于独立学院学生基础偏弱,所以要想取得好的学习成绩并不是容易的事情。调查显示有87.1%的学生认为"要付出很多的努力才能实现自己的学习目标",而且学习成绩靠前的学生主要来自于失业或半失业家庭以及农村家庭。究其原因,主要是因为这两类家庭都属于"社会弱势群体",他们的社会地位低下、经济贫困、家庭成员受教育水平低、社会关系贫乏,来自这些家庭的孩子从小就明白只有通过学习才能改变自己的生存环境,改变生活的命运。

另外,在就业压力不断增大的刺激下,越来越多的低年级大学生也开始热衷于考证。调查表明,有82%的学生认识到"在校期间要力争取得尽可能多的资格证、就业时才有竞争力"。现在学生持有的证书可谓五花八门,诸如英语等级证、普通话等级证、导游证、教师资格证、计算机等级证、商务英语合格证、助理会计师证、证券从业人员资格证等等。当然,证书能说明持证者有相应的资格,找工作时可作为"入场券",但"进了门"以后起决定性作用的还是工作能力。因此,学生应清晰地认识到证书不是越多越好,证书并非能力的象征,提高自身的能力和素质才是最重要的。在校期间关键还是要踏实、认真地学习,掌握真本事,然后再根据职业生涯规划的方向选择适合的证书。

3. 独立学院学生课外活动分析

学生在校期间不仅要学习专业知识，还要培养综合素质与能力，因此，参与第二课堂活动也非常重要。学生参与课外活动的情况是男生好于女生，城镇学生好于农村学生，学生干部好于普通学生，父母为个体工商户或私营企业主的学生显得更加活跃。这些都与学生的生活环境与成长经历密切相关。

不过，在调查中我们也看到有一部分学生在时间、精力的分配上存在一些误区，他们过分强调课外活动而忽略了专业学习。例如，调查中有54.6%的学生认为"能力比分数更重要，所以花在社会实践上的时间多于学习时间"，还有28.9%的学生"曾经因为社团的兼职工作而逃过课"。这些看法和行为无疑对学生健康成长不利，由此导致在后续的职业发展过程中出现理论功底不扎实、层次不高、后劲不足等问题。

四、对策及建议

针对学生学习状况的研究和分析，要采取积极的措施加强教育，因材施教，调动学生的学习动机，端正其学习态度，激发其学习兴趣，以期达到最佳的学习效果。

1. 加强理想与信念教育，激发学生的学习动力

学生学习的积极性来自学习动机，它是激励学生学习的内在动因。因此，加强理想与信念教育，激发学生的学习动机就显得尤其重要。只有形成了良好的学习动机，学生才能积极适应新的学习环境，自觉排除干扰，勤奋学习，刻苦钻研，取得满意的成绩，从而产生成就感和自我价值感。

学校可以不定期邀请知名专家、学者、杰出校友等举办有关理想、价值观的讲座或座谈会，引导学生树立起清晰的人生目标，增强社会责任感。辅导员也可以定期召开主题班会或请来优秀的学长举行讨论会，帮助学生明确人生的意义和学习的

目标，激发学习积极性。

2. 培养学生的专业兴趣

专业兴趣是人们探究所学专业或学科行为的心理倾向，是对专业或学科所产生的积极的、带有倾向性的态度和情绪。大学生的专业学习具有较多的探索性和更大的主动性，这就更需要他们以浓厚的兴趣作为推动学习的内部动力，促使他们的学习活动保持一定的强度和力度。

培养专业兴趣的措施很多，例如通过教学实习让学生有更多机会接触实际工作；通过校企合作将部分教学环节转移到生产单位；聘请富有实践经验的企事业人员来校举办讲座或开设微型课程等。这些措施不但有利于学生了解本专业的职业特点与自己学习的重点，而且还使他认识到今日的学习和明日的工作的关系，从而激发起对所学专业的兴趣。有条件的学校也可以组织高年级学生参与教师的科研课题，不但有利于培养学生的研究能力，而且能激发起学生自觉学习的积极性。

3. 培养健康的学习心理和自信心

学生的学习效率不高，很多情况下是不良心理作用的结果。独立学院的学生大多在高考中发挥失常，自信心受到了打击，进入独立学院后往往表现得灰心丧气、一蹶不振，甚至产生厌学情绪。因此，培养其健康的学习心理和自信心，对于提高学生的学习质量和学习成绩有着非常重要的作用。

独立学院应开展学习心理咨询活动，帮助大学生解决学习、工作、生活和健康等方面的心理问题，以维护和增进学生的心理健康。首先，应引进专职的心理咨询工作人员，并对辅导员进行培训，使他们掌握学习心理咨询的基本知识和技能，形成一支专兼职结合的队伍。其次，在大学生中开展系统的学习心理知识讲座，保证大部分学生学习心理健康，并能主动配合学习心理咨询活动。再次，建立心理咨询室，积极开展日常咨询活动，建立大学生学习心理档案，对有问题的学生进行有针对性的及时干预。最后，辅导员在日常工作中，要关心那些学习困难的学生，尊重他们，帮助他们正确认识自己，引导他们完成一些力所能及地工作，使他们获得自信。

4. 培养学生良好的学习习惯

良好的学习习惯符合学习心理规律，有利于提高学习效果。因此在新生入学后，学校都会进行一系列的入学教育，然后由辅导员组织学生制订"个人成长白皮书"，其中包括毕业时的总目标及四年的分阶段目标，学生还需要制订出四年的学习计划以及考证的时间表。另外，辅导员还要引导学生制定出合乎规律的作息时间表，坚决摒弃熬夜、睡懒觉等不良行为，坚持参加早操及早晚自习。这样一来既保证学生的健康成长，又保证有充足的学习时间。通过以上措施，可以帮助学生严格要求自己，按照改进学习习惯的计划坚持训练，就会逐渐养成良好的学习习惯。

5. 通过改进教学方法，激发学生学习兴趣

同样的教学内容，经过不同的教学处理会产生完全不同的教学效果，高水平的教学艺术会激发学生的学习热情。因此，提高教师的教学技巧，使教学活动尽可能生动、有趣、富有吸引力，也能在一定程度上激发学生的学习热情。

目前高校仍基本采用传统的教学方法，老师在讲台上讲授，学生在下面听和记。这种教学模式弊端很多，不符合现代教育理念，应尽快加以改变。

建构主义学习理论认为：学习是学习者在一定的情景中，借助他人的帮助，利用必要的学习资料，通过意义建构方式获得知识的过程[1]。因此，教师要将封闭式教育转化为开放式教

---

① http://baike.baidu.com/view/630921.htm

育，由一本教科书的教学模式转变为几本参考教材授课，将"满堂灌"转变为介绍各家学派、各本教材要点、思考方法，并给学生留出更多的自我探索余地的"发现式"教学方法。另外，还要充分利用现代教育技术如教学短片、多媒体教学等，使教学具有"现场感"和"直观感"，让学生在学习过程中处于一种积极兴奋状态。条件成熟时可将学生吸引到教师的科研活动中来，从大学二年级开始每个学生都应该有一个具体的课题，在教师的引导和启发下，经常开展各种讨论，开阔视野。

6. 加强校园文化建设，创建优美的学习环境，营造良好的学习氛围

良好的环境是大学生学习与成才的重要的外部条件，它包括学校的硬环境和软环境。从硬环境来看，独立学院在创办之初，就应努力创建优美的校园环境，提供完善的教学设施设备，为学生的学习生活提供便利，为学生创建一个优美的学习环境。从软环境上来看，独立学院要打造积极向上、勤奋进取的校园文化氛围，通过举办各种专业学术讲座，邀请知名的专家学者和成功的企业家到校演讲，使学生受到振奋、促动、启迪，营造浓郁的学术氛围和良好的学习氛围，提升广大学生的学习兴趣。学校还要开展丰富的校园文化活动，诸如摄影、美术、书法等讲座及欣赏活动，提高学生的文学艺术修养和审美情趣，以此形成良好的育人环境，形成良好的学习风气。

综上所述，独立学院学生在学习过程中存在的问题是多方面的，要切实解决这些问题，使学习达到最佳的效果，要靠全社会共同努力。作为高等学校的教育工作者，要从教育入手，通过抓教育方法、教学方法和学习方法，培养或激发学生的学习动机，并针对怀有不同学习动机的学生采取分类培养的办法，使其学习效能最大化，真正成为社会的有用人才。

第十节 关于独立学院学风建设的思考

学风建设是教育工作的重要内容。2001年8月，教育部下发的《关于加强高等学校本科教学工作提高教学质量的若干意见》中指出："优良校风、学风对学生起着潜移默化的作用，是保证教育质量的重要前提。高等学校要将学风建设作为教学工作的一项重要内容来抓。"

随着高校规模的不断扩大，大学生人数急剧攀升，学生的水平参差不齐，学风状况不尽如人意，尤其独立学院更是如此，学生中存在着缺课、上课迟到早退、考试作弊、沉溺于网络等现象。不良的学风状况严重制约了独立学院的生存和发展，独立学院要获得较大的发展，狠抓学风建设是关键。

一、学风的内涵

学风可以从广义和狭义两个角度来理解。广义的学风是指学校的治学精神、治学态度、治学原则；狭义的学风是学生的行为规范和思想道德的集体表现，是学生在学习和生活中所表现出的学习作风和精神风貌，是学生在学习过程中表现出来的带有倾向性的、稳定的态度和行为。具体表现在学生的学习行为和学习习惯上，是在长期教育和教学过程中积淀形成的一种风尚，体现为一种独特的心理环境，它稳定而具有导向性。[1]

学风建设是一个系统工程，是学生工作的重要内容，是高校改革与发展的一个永恒主题，是促进学生全面发展的重要保证。

---

[1] 马忠兴，宋丽萍. 关于独立学院学风建设的几点思考 [J]. 民办高等教育研究，2010（03）：33-35

二、独立学院学风问题及其影响因素分析

（一）独立学院学风中存在的主要问题

1. 学习目标不明确

独立学院中有相当一部分学生在中学学习阶段时主动性就不高，学习成绩也不太好，进入独立学院后依旧没有明确的学习目标，对"为什么学"和"怎样学"都十分茫然，基本处于一种随便应付的状态。

2. 学习态度不端正

独立学院部分学生学习态度不端正，有的认为学习是为了父母；有的认为上大学是为了"捞"张文凭"装点门面"；有的认为学校里学的知识在将来的工作中根本用不上，学与不学都无所谓；还有的同学认为学习好并不一定就能找到好工作，不如有个好爸爸；更有甚者认为读书是件苦差事，学习是浪费青春，不如及时享受生活。因此，这些学生对于学习成绩抱着无所谓的态度，上课不认真听讲、考试作弊的现象普遍存在。

3. 学习习惯不佳

独立学院部分学生学习自主性差，不能把主要精力集中在学习上；经常旷课、迟到早退；经常抄袭作业，甚至不完成作业；课堂上对教师有很强的依赖性，缺乏探索性学习；课余时间沉迷于网络，很少到图书馆里学习。由于不能有效地选择科学的学习方法，不会把学习和思考、学习和实践很好地结合起来，有相当一部分学生学习成绩不佳。

（二）影响因素分析

1. 来自学校的影响因素

独立学院作为一种新的办学形式，没有成熟经验可以借鉴，各项工作都处在一个逐步完善的过程中，与母体高校相比还有许多需要改进的地方。

(1) 在人才培养模式上，有的独立学院照搬母体高校模式，过分强调理论的深度，忽视了实践环节的训练，而有的独立学院则"矫枉过正"，过分关注实践能力的培养，淡化了理论的基础作用，最后培养出来的学生在实践应用能力上不及高职、基础理论研究上不及母体高校，陷入一种尴尬境地。

(2) 在师资方面，独立学院自身缺乏高水平的教师，很多教师来自母体高校和其他高校，许多教师采用的教学手段和教学方法还是老一套，与独立学院的应用型人才培养目标不相符，达不到预期的教学效果。另外，有的外聘教师时间和精力过度分散，导致教风和治学态度不佳，也影响了教学效果。

(3) 在学生管理队伍方面也存在一些薄弱环节，例如人手紧张、经验不足、管理机制不健全等，都影响了学风建设。

2. 来自学生的影响因素

(1) 独立学院的生源为本科第三批次的学生，入学成绩低于一批次和二批次的学生，因此存在着学生基础知识相对薄弱、学习方法不恰当、学习态度不端正等问题，这也是独立学院学生学习的最大劣势。

(2) 由于独立学院学生相当一部分是独生子女，经济基础较好，凡事都由家长包办代替。因此，这些学生缺少吃苦耐劳精神，心理素质不佳，在学习中遇到挫折时往往是知难而退，不愿付出努力。另一方面，一些家庭社会背景较好的学生在入学时就已由家长安排好了毕业后的出路，因此在学习中得过且过，只求混到一张毕业证。

(3) 由于基础较差或高考失误，使一部分学生不得不就读独立学院，因而使其在专业选择上比较盲目和无奈，并产生厌学情绪和逃学现象。

3. 来自社会的影响因素

由于急功近利、拜金主义等不良倾向影响，导致部分学生学习目的不明确，学习态度不端正，学习热情下降。另外，大学生就业形势的日趋严峻，"毕业即失业"的现象也使得在校大学生感到前途渺茫，学习缺乏兴趣和动力。

三、加强独立学院学风建设的对策及建议

独立学院开展学风建设应以积极引导、强化管理、加强检查为突破口，提高学生文明素质，促使学风健康发展。

1. 提高认识，加强宣传

学风建设既是一项系统工程，也是一项长期的任务，学风好坏直接关系到学院的办学质量和学生的健康成长，学院全体师生员工都必须充分认识学风建设的重要性。学风建设要齐抓共管，常抓不懈，而且要充分利用网络、广播、宣传栏、黑板报等宣传媒介进行广泛宣传，提高师生思想认识，积极营造学风建设的文化氛围。

2. 加强思想政治教育，开展学习心理咨询

首先是要加强学生的思想政治教育，为培养优良学风打下基础。主要内容包括加强对学生的人生观教育，把人生理想与勤奋学习结合起来开展教育；引导学生明确学习目的，端正学习态度，增强学习自信心和动力，引导学生树立正确的学习观念；加强校规校纪教育、文明教育，引导学生树立文明观念，增强法纪意识。

其次要关注学生学习过程中的各种心理问题，开展各类心理咨询，给予及时、有效地干预和帮助。教师要利用各种机会结合实际，不断向学生进行学习知识的重要性和必要性的教育，使学生明确学习知识的社会意义，看到知识的实际价值，诱发其学习动机。当学生学习目的明确了，有了强烈的学习动机，学生的学习压力自然会减小，同时减弱了学习不良情绪带来的负面反应。当然，对学生进行教育时应以鼓励、表扬为主，要

善于发现学生的优点和进步并及时给予表扬。同时，也要对学生进行必要的、适当的挫折教育，要让学生从挫折中吸取经验教训，学会分析和处理问题，增强学习的意志力，并能很好地自我控制，抵制外界的不良诱惑。

3. 调整教学计划，构建应用型人才培养模式

人才培养模式是培养什么样的人和怎样培养这样的人的有机统一，是招生、培养目标、课程体系、教学方法、教学管理制度等的有机组合。结合独立学院的人才培养目标定位和学生群体学习上存在的问题，独立学院在教学计划中应对课程体系、教学方法不断进行改革和完善。在遵循现代教育教学基本规律的基础上，以学生全面发展为中心，在加强基础课建设的同时，增加课程内容的职业性和应用性；在课程结构方面减少必修课，增设选修课，多开综合课程和系列课程，重视科学素养与人文精神、专业教育与通识教育的统一，构建独立学院的应用型创新人才的培养模式。

4. 建设一支学术水平高、教学质量好的专兼职结合的师资队伍

教师的教学风格、教学水平和教学能力是影响学生学习积极性的重要因素之一。独立学院应加大人才引进和招聘力度，提高专任教师比例；拓宽师资来源渠道，改善师资队伍结构；加大对兼职教师的管理力度，充分发挥兼职教师的作用；加大人才培养、培训力度，全面提高师资队伍素质；建立健全师资队伍管理制度，营造良好的人才成长环境，从而培养和建立一支具有较高水平、数量合适、结构合理、相对稳定的师资队伍，以保证人才培养目标的落实与完成。

5. 加强辅导员队伍建设

辅导员在学院学风建设中有着重要作用，主要负责给予大学生思想品德、学习规划、人际交往、日常行为、就业等方面

帮助和指导。因此，独立学院应加强辅导员队伍职业化和专业化建设，一方面加强培训，提高辅导员职业道德水平，培养敬业、奉献精神，强化理论知识及职业技能；另一方面为其个人成长提供保障、创造条件，稳定辅导员队伍。

辅导员在教育学生过程中要做到以身作则，培养威信，正确处理与学生的关系，针对独立学院学生的心理特征，从关心、理解、尊重学生的角度出发教育学生，多鼓励、多肯定。

6. 加强校园文化建设，创造良好的育人环境

校园文化具有引导、熏陶和育人功能。独立学院应发挥校园文化的积极作用，通过开展各种活动、举办专业学术讲座，邀请知名专家、学者、成功企业家等讲述学科前沿问题和他们的奋斗经历，营造一个奋发向上的氛围，创建良好的育人环境。

当然，学风建设是一项持久的系统工程，牵涉学校管理工作的方方面面，需要不断积累和强化。独立学院在扩大办学规模的同时要抓好学风建设，为学生营造一个良好的学习氛围，提升学生的思想道德水平，促进学生全面发展，为现代化建设培养高素质人才。

第十一节 独立学院校园文化建设现状与对策研究

一、校园文化的概念和功能

（一）校园文化的概念

校园文化是一个学校在长期发展过程中逐步形成的物质和精神成果的总和，是学校价值取向、行为规范、文化活动、物质设施、人文环境等的综合反映。

校园文化是一种亚文化，它可以细分为物质文化、行为文化、制度文化和精神文化等四个层面。

（1）校园物质文化是现代大学文化的物质形态，它既是现代大学精神文化的物质基础，也是现代大学综合实力的一个重要标志[①]，主要包括学校的自然和人文环境以及广大师生员工活动的设施和场所等。

（2）校园行为文化是在大学系统中长期形成的、并通过大学各主体的行为活动而展示出来的文化形态的总和[②]，主要包括思想政治教育活动、道德实践活动、宣传教育活动、学术交流活动、科技竞赛活动、文化艺术活动、休闲娱乐活动、体育竞技活动、健康教育活动等。

（3）校园制度文化是学校各项规章制度在形成、发展、完善过程中所形成的管理文化氛围[③]，主要体现在学校章程以及学校的教学、科研、人事、财务、学生、设备、后勤等各项管理制度方面。

（4）校园精神文化是大学群体共同的理想信念、价值观念、道德风尚、合作精神以及传统习俗的综合，是一定群体的灵魂，反映着该群体的个性[④]，主要体现在学校的发展目标与思路、办学理念与定位、校训与校风、教风与学风等方面。

这几方面的内容相互依存、相互影响，是一项系统工程。建设优秀大学校园文化，要以物质文化为基石，制度文化为框架，行为文化为砖瓦，精神文化为内核。

[①] 王冀生. 现代大学的物质文化建设 [J]. 高教探索, 2001 (2).
[②] 张桂霞. 刍议大学行为文化建设 [J]. 青岛科技大学学报（社会科学版），2007 (6).
[③] 江泽民. 在北京大学建校 100 周年大会上的讲话 [N] 人民日报, 1998-05-05.
[④] 刘培进. 对大学精神文明建设的思考 [J]. 思想教育研究, 2009 (5).

（二）校园文化的功能

良好的校园文化对于学生的成长、学校的发展和社会的进步起着十分重要的作用。

1. 有利于学生的成长

教育是大学校园文化的基本功能。著名教育家刘佛年教授认为："校园文化建设是教育改革的重要环节，学校应有个优化的文化环境，以利学生健康成长。"学生不仅仅在课堂里学习和成长，校园文化环境以及校园文化氛围也是影响学生成长的重要因素之一。由此可见，校园文化是一种通过环境的创设营建、改造完善以影响教育的教育手段，对学生的人格塑造有不可低估的作用。

独立学院的学生有其自身的特点，既有不足也有长处，学院管理者需抓住学生的特点和心理，创建积极进取、催人奋进、开拓创新的校园文化环境，使学生在无形的巨大力量推动下，在良好的氛围中受到激励、鞭策，促使学生通过文化价值的摄取，获得人生意蕴的全面体验，进而陶冶自己的人格和灵魂，以充实其生命的内容。[1]

2. 有利于学校的发展

对于一所大学而言，学校的综合实力包括硬实力和软实力两个方面。宽阔的校园、漂亮的高楼大厦、先进的设备设施等硬实力是学校发展的物质基础，但这些并不能使学校在长期竞争力立于不败之地。最重要的是要拥有优质的软实力，也就是先进的办学理念、优质的学校管理、深厚的文化底蕴、良好的校风校貌、优质的教学质量、良好的办学效益等。这些软实力在学校发展过程中起着关键性作用，对内表现为一种文化的力

---

[1] 纪卫红，候广泰. 论校园文化的管理功能 [J]. 山东教育科研，2000 (7).

量，对外表现为一种吸引力和影响力，是学校品牌、形象、服务、文化、价值观、团队精神、影响力的总和，是高校赖以生存发展的不可或缺的无形资产。①

3. 有利于社会的进步

校园是继承传播民族优秀文化的重要场所，是交流借鉴世界进步文化的窗口，是新知识、新思想、新理论的摇篮。因此，良好的校园文化是社会文化的发源地，对社会文化起着引领、影响、辐射和渗透作用。

二、独立学院校园文化建设存在的问题

近年来，特别是中共中央、国务院《关于进一步加强和改进大学生思想政治教育的意见》和教育部、共青团中央《关于加强高等学校校园文化建设的若干意见》颁发以来，不少独立学院在加强校园文化建设方面采取了一些有力措施，取得了可喜的成绩。但相比母体高校，独立学院由于办学时间短、文化积淀少，校园文化建设远远滞后于学校规模和硬件的发展速度和水平，存在一些需要认真加以解决的共性问题。

1. 办学时间短，缺乏积淀

一种文化的形成是需要长时间的积累和沉淀的。独立学院办学时间短，在发展定位、办学特色以及人才培养模式上都还处于探索和试办阶段，虽然可以借鉴其他高校，尤其是母体学校丰富的办学经验，但要形成优秀的校园文化，仍然缺乏长久性规划和积累。

2. 大学精神缺失

大学精神是大学之为大学所具有的精神，包括自由精神、科学精神、民主精神、人文精神等多方面的内容。大学精神是

---

① 熊晓武. 提升学校软实力 打造学校硬品牌 [J]. 江西教育，2007 (11).

大学师生员工共同的追求与信念，是广大师生员工人生观、价值观和道德理想的集中体现。大学精神是大学生命力的源泉，是大学校园文化的风骨和精髓所在，是大学发展的动力和支柱。①

独立学院由于办学的历史不长，所以大学精神缺失是校园文化建设中普遍存在的问题，表现在自由精神、科学精神、民主精神和人文精神等大学精神尚未成为广大师生员工的群体意识和共同追求，校园的大学意味淡薄，企业色彩浓厚。

3. 重硬件建设，轻软环境建设

现在许多独立学院校舍越造越漂亮，现代教学设施越来越完善，这就为校园文化建设提供了必要的物质载体。但不容忽视的是，有些独立学院忽视了校园文化的核心部分——校园精神文化的建设，学校的办学理念和价值追求离现代教育对高校的要求还有不少距离，教育的功利色彩、商业化倾向较浓，在一定程度上忽视学生主体发展，学生实践能力培养还显得相当薄弱。此外，还有些独立学院在认识上存在误区，把校园文化等同于学生的课余文化活动，片面追求学生课余文化活动形式的丰富多彩，评价校园文化建设的成就时，对单纯的物质文化建设津津乐道。离开了校园精神文化建设，单纯的物质文化建设就失去了文化建设的意义。

4. 过度依赖母体高校，缺乏特色

作为新建院校，独立学院校园文化建设往往拘泥于母体高校的文化传承，缺乏自身特色，即传承多、创新少，无法形成具有独立学院特色的文化。一方面，照搬、移植母体高校的传统，但由于主客观条件的限制和学生群体特点的不同，导致"水土不服"；另一方面，独立学院举办的校园文化活动层次不

---

① 董云川. 找回大学精神 [M]. 昆明：云南大学出版社，2005.

高，主要是体育活动、娱乐活动和商业活动，而思想政治教育活动、道德实践活动、学术交流活动、科技竞赛活动等相对较少。

三、加强独立学院校园文化建设的措施

独立学院校园文化建设是一个积累的过程，需要主动建设和积极营造。

1. 统一思想，提高认识

校园文化建设是独立学院的一项基础性工作，是独立学院综合实力和竞争力的集中体现，因此要摒弃"校园文化建设是学生管理部门的事情"的狭隘观念，把校园文化建设纳入学校整体工作规划之中，按照"领导重视、全员参与、师生共建"的原则把校园文化建设这一基础性工作做实做好。

2. 着力塑造大学精神

没有大学精神的大学不能算做名副其实的大学。因此，着力塑造大学精神就成为独立学院校园文化建设首当其冲的工作。首先是要明确独立学院应按照大学的基本要求进行管理，最终实现大学的基本职能——培养人才、科学研究和服务社会；其次是要把自由、科学、民主等大学精神贯穿到独立学院的教育、教学、科研、管理等各项活动中，使广大师生员工接受大学精神的感染和熏陶；再次是要精心凝炼能体现大学精神的校训，实现启迪师生思想、升华人格品质、引导优良学风、统领校园文化建设的作用。

3. 物质文化和精神文化"双管齐下"

校园的房屋建筑、道路交通、体育场馆、教学实验设备、绿化等都属于校园物质文化的范畴，是校园文化的重要组成部分，在教书育人、构建和谐校园方面具有不可替代的作用。在抓好校园物质文化建设的同时，要逐步把工作重点转向校园精神文化建设。在校园物质环境建设取得阶段性成果后，校园精神的凝聚与升华将成为校园文化建设的重中之重。

4. 建设一批文化宣传阵地

校园文化宣传阵地是提升学生人文素质教育的重要载体。建设并利用好这些校园文化宣传阵地，不仅能提高学院自身的知名度，更能培养学生正确的人生观、世界观和价值观，发挥文化的隐性教育作用。

文化宣传阵地的形式很多，常见有实践教育基地、宣传窗、校园网站、校园论坛等。独立学院可以利用这些校园文化宣传阵地，精心策划和组织开展各类主题系列活动，融入思想性、知识性，一方面活跃了校园氛围，另一方面也促进校园文化建设。独立学院尤其是要高度重视互联网的建设、运用和管理，真正使互联网成为传播先进文化的新阵地，成为校园公共文化服务的新平台，成为广大师生健康精神文化生活的新空间。

5. 开展丰富多彩的校园文化活动

校园文化活动是校园文化建设的一个重要载体，它对师生员工塑造美好心灵、培养团队精神、增长知识、提升能力、增强体质等方面有着积极的作用。独立学院首先要开展内容和形式都丰富多彩的各类活动，例如大型的学校集会、运动会、学术报告、大学生社会实践活动等，还有小型的读书活动、辩论赛、创业设计大赛、课外学术科技作品竞赛等。总之就是要让同学们的课余时间过得充实、有意义。其次是要提升校园文化活动的品位，提高校园文化活动的质量。例如在思想政治教育活动方面，可以通过成立读书小组、举行演讲会和辩论赛、开展有奖征文活动、参加社会实践等途径，使学生的思想观念、价值取向和行为方式等受到有益的引导和教育；在学术交流活动方面，可以通过举办企业家论坛、名师论坛等学术活动，增长学生的见识，开阔学生的眼界，扩充学生的知识，营造浓厚的学术氛围；在文化艺术活动方面，可以举行文艺汇演、书画展览、摄影比赛等丰富多彩的活动，提高学生的文化艺术素养；在科技竞赛活动方面，可以通过开展专业技能大赛、职业生涯规划、模拟招聘等活动，提高学生的专业能力和职业素养。

在开展各类校园文化活动的过程中，一定要鼓励成立健康有益的学生社团组织，使其成为校园文化活动的主要策划者和具体实施者，使学生在社团活动中得到锻炼和成长。

第十二节 大学生网络成瘾的原因及预防

时代在前进，科技在发展。计算机网络以其特有的优势，在短短40年里飞速发展，改变了我们工作、学习和思维方式，渗透到了我们日常生活的每个角落，为我们开辟了宽广的视野。然而，计算机信息网络也是一把"双刃剑"，它的负面影响也悄悄涉及社会生活的各个方面，特别是大学生网络成瘾的现象，已备受社会各界的关注。

一、大学生网络成瘾的现状及危害

网络成瘾也即"网络成瘾综合症"（Internet Addiction Disorder，简称IAD）。美国心理学家Kimberly S. Young认为，IAD与沉溺于赌博、酗酒、吸毒等上瘾者无异。[①] 患上IAD的人对网络有一种心理上的依赖感，在使用网络过程中不能有效地控制时间，经常无节制地花费大量时间和精力上网，从中获得满足感

---

① Kimberly S Young. INTERNET ADDICTION: THE EMERGENCE OF A NEW CLINICAL DISORDER. Cyber Psychology and Behavior, Vol. 1 No. 3, http://www.netaddiction.com/.

和愉悦感，使网络几乎成为现实社会的替代品，从而可能出现人格障碍，导致个体心理生理受损。①

大学校园里也有这样一个为数不少的群体，他们白天上网查资料、晚上上网去发帖、半夜依旧在网聊……在他们的心目中，缺少了网络就像没有了空气一样。

根据中国互联网络信息中心对江苏省4所不同类型的高校大学生上网时间的调查发现，每天上网1小时左右的学生占12.4%、1~3小时的学生占54.1%、3~5小时的学生占27.3%、5小时以上的占6.2%。网络成瘾者每周上网时间在22小时以上，上网时间与成瘾属正向关联。

大学生一旦有了网瘾会给他们的日常学习、生活、工作和身心健康带来了严重的后果。具体表现为：

（1）对大学生的身体健康造成不良影响。大学生现在正是身体发育阶段，上网成瘾后睡眠时间大大减少，思想随时处于高度紧张状态，会造成食欲不振、记忆力减退、精神委靡、情绪低落等症状。而且网吧狭小的空间、污浊的空气、刺耳的噪音、过暗的光线等因素会严重损害大学生的身体健康。

（2）对大学生的心理健康的发展造成阻碍。过分迷恋上网有损身心健康，严重的会导致心理变态，其危害程度不亚于酗酒或吸毒。网络游戏的火爆导致越来越多的大学生长时间沉迷在网络游戏中，造成心理上这样或那样的问题。而花费过多时间上网交友或玩游戏则又会使之产生孤立感和焦虑感，从而减少大学生在现实生活中的人际交往和正常的文娱活动，影响心理健康和人格的健全发展。

（3）对大学生的学习造成负面影响。大学生如果花大量时

---

① 公众健康教育网，http://www.szhe.com/zonghe/specnews/200811384.html，2008-12-11。

间在网络上,在学习方面的时间必然减少,影响学习成绩或荒废学业,严重影响正常的学习、生活秩序。《中国青年报》曾报道:北京某重点高校30名毕业生中有20人因沉湎网络游戏,缺乏学习动力和目标,达不到毕业生的要求而拿不到学位。

随着互联网的发展和普及,我国大学生网络成瘾的人数已呈现逐年增多的趋势。因此,如何预防和戒除网瘾、化解网络带来的负面效应,已成为全社会、尤其是广大教育工作者必须尽快解决的问题。

二、大学生网络成瘾的原因

网络是现代科学技术进步的标志。它的高科技性、超时空性、自由性、开放性、仿真性与时尚性对大学生具有很强的吸引力。分析大学生网络成瘾的原因,无外乎以下几点:

1. 外在原因

外在原因可分为家庭、学校和社会三个方面。

父母的家庭教育对孩子的成长起着决定性作用。孩子身上出现问题,根源往往在家长那里。缺乏家庭教育、家庭关系不和谐、家庭教育方式不科学等都有可能造成孩子迷恋网络。而由于孩子的自制力普遍较弱,一旦染上"网瘾"就难以自拔。

学校的培养会改变一个人的行为,而大学校园中与其他同学之间的交往也会对一个人的成长起到重要的影响作用。

就社会而言,目前大学生承受着来自社会各个方面的种种压力:学业压力、经济压力、自我认知压力、家庭责任压力,家长的希望、社会的希望、自己的期望,尤其是就业竞争压力,这一切都有可能使年轻的心理无法承受重负而选择了网络这个虚拟空间来逃避现实。

2. 内在原因

内在原因主要指大学生的心理特征。现在的大学生有很多都是独生子女,他们因性格、年龄、文化及教育方式的差异,难于向同学、朋友、家长及老师倾诉自己的心声、平等地交流感情。另一方面,他们又希望被别人所了解和关注,与人交流,渴望友谊。网络里的个人身份是虚拟和匿名的、时间和空间是超越界限的、人际交往是可达全球的、梦幻般的体验。这一切无不强烈地吸引着大学生,让他们在这个虚拟的世界里寻找到现实生活中难以达到的满足感、成就感和安全感,最终不能自拔。

三、大学生网络成瘾的防治对策

网络给大学生带来诸多不良影响,我们一定要采取积极有效的防治对策。

1. 良好的家庭教育

良好的家庭教育首先表现在家庭和睦,家庭成员能够互相尊重、平等、和谐相处。其次,父母要做孩子的榜样,要科学合理地利用业余时间,可以充电提升、阅读书籍,也可进行体育锻炼,总之就是要多做有益的事情。这样一来,孩子也就会合理安排业余时间了。再次,家长只停留在生活上、物质上关心、满足孩子是不够的,真正爱孩子就要走进他们心灵深处平等对话,了解其喜怒哀乐,帮助他们解决实际困难和问题,和孩子做朋友。因此,当发现孩子染上"网瘾"时,家长任何极端的做法都是不正确的,应先静下心来反省,转变不妥当的教育方法。只有家长的问题解决了,孩子的问题才有望解决。

2. 心理健康教育

大学生的心理特质是大学生成长发育的必经阶段,这就要求家长、学校、社会对青少年的心理问题要正确对待,帮助青少年顺利渡过成长发育的特殊时期。首先,要建立健全高校心理咨询机制,为青少年及时咨询和解决心理问题提供保障,特别是对于特殊群体的心理动向更是要及时掌握,有效控制,做好青少年网络成瘾的预防工作。其次,针对青少年心理特质对青少年网络成瘾现象进行有效的心理层面防治。高校应把青少年网络成瘾防治作为德育工作关键,大力开展丰富多彩的课余文化生活,培养青少年对健康、科学、积极的社会生活和文化活动的兴趣,培育青少年的健全人格和健康心理,减轻青少年对网络的依赖。再次,根据大学生的身心特点,定期进行网络心理健康教育,在生理心理保健等方面给大学生以更多的关心,帮助青少年学生了解自身的个性特点,提高心理健康水平,增强上网行为的调控能力,改善心态。最后,针对网络成瘾大学生建立高校预防体系,积极开展网络成瘾的预防和治疗工作,及时发现有网络成瘾倾向的学生,并有针对性地给予帮助。

3. 学校引导、社会监督

学校和社会应开展以"灌输、引导、监控"为主的网络思想政治工作,积极采取措施将青少年的求知欲引向正确轨道。首先,应该让大学生树立好正确的网络观,坚持科学使用网络,减少依赖,与同学、父母、亲人之间建立好良好的人际关系。其次,教师要通过各种有效途径帮助他们树立起远大的目标,培养高尚的情操,加强自控力。如为青少年提供适宜其心理特点、年龄的课外读物,经常开展各种文体活动,主办各种兴趣小组,举办各种特长培训班,鼓励他们参加社会实践活动和各种有益的夏令营活动等。再次,国家及有关部门应该采取有力措施,加强网吧安全管理,预防青少年违法犯罪。对网吧的空气质量和噪音、每台机器的占地面积、人口密度、营业时间等均要有具体要求和可操作的条例。网吧开业后,有关部门要加强网吧监管力度,定期和不定期检查,取缔管理不善、非法经营的网吧,过滤不良信息,给青少年创造一个安全、健康的网络环境。最后,家庭、学校和社会要经常性相互沟通,及时了解青少年的发展状况，联合起来，建立起有效的监控系统，为青少年构建一个良好的外部环境。

总之，大学生网络成瘾已是一个不容忽视的问题。我们应引入更多相关学科的分析方法进行分析研究，研究的视角也要由较窄的角度向更宽的视角发展，全面、系统、深入地分析、研究大学生网络成瘾的原因以及如何更加有效、及时地进行干预，以建立行之有效的防治大学生网络成瘾的长效机制。

第十三节　独立学院贫困生资助工作体系研究

贫困生是指在校期间基本生活费用难以达到学校所在地最低伙食标准，无力按时缴纳学费及购置必要学习用品，日常生活没有经济保障的本专科学生。

独立学院本科层次的学费一般在 1 万 ~ 1.5 万元/年之间，专科层次学费在 7000 ~ 8000 元/年左右。作为民办高校，独立学院不享受国家教育行政部门拨款，同时因学校创办的时间较短，所以也没有像公办院校那样完善的贫困生资助体系。如何帮助家庭经济困难学生解决好学习、生活和心理上的压力，坚持完成学业；如何建立独立学院贫困生资助工作体系，逐步规范学生助困工作。这些都直接关系到独立学院的安定以及各项工作的顺利进行，应纳入独立学院的学生管理工作范畴加以重视。

一、独立学院学生总体经济状况

1. 家庭经济条件悬殊较大

由于收费高，所以独立学院在校生的家庭经济情况普遍较好，消费整体水平偏高。但独立学院并不只是招收富裕家庭的学生，为了能够接受大学教育，还是有一些家境不太好的学生不得不选择到独立学院就读。因此，独立学院学生中贫富悬殊较大，有的学生学费无忧，且月生活费达2000~3000元，而贫困学生一般只有200~300元，少数特困生甚至没有生活费，完全依靠自己兼职打工来维持基本生活。这对贫困学生的生活和学习都缺少必要的保证。

2. 高消费现象严重

独立学院的部分学生由于家庭条件较好，高消费现象严重。在整个消费支出结构中，生活和社交消费支出比重逐年提高，他们追求最新款、最流行的手机、笔记本电脑、服饰、发型等，更新换代非常迅速。另外，还经常和朋友去大吃大喝，参加一场比赛后也要庆祝一番。有的同学为了所谓的面子，甚至办理多张信用卡，每个月"拆东墙补西墙"，打信用卡还款的时间差，以满足其虚荣心。

二、独立学院贫困生心理健康状况

独立学院贫困生面对周围出手阔绰的同学，容易造成心灵的失衡。由于他们接受的教育和自身综合素质与其他从小生长在城市的同学也存在差距，因此，他们的心理问题既有普通高校贫困生心理健康问题的共性，又有其独立学院贫困生心理健康问题的特殊性。他们有着比普通高校贫困生更强的自卑心理、自尊心理、焦虑心理、攀比心理、封闭心理、叛逆心理、人格缺陷心理等错综复杂的心理特点。无论是共性还是特殊性，这些心理问题已经影响到独立学院贫困生的学习、生活和发展，并已成为一个让家长揪心、学校担心和学生忧心的带有普遍性的社会问题。

三、独立学院贫困生现有资助模式及问题分析

为了帮助贫困生解决生活困难，坚持完成学业，独立学院

采用的贫困生资助模式主要有五种:

一是勤工助学。独立学院都在校内一些劳动密集型的部门(如食堂、宿舍、计算机房、图书馆等)设立勤工助学岗位,招收贫困生,按月付给报酬;也有的学生自己寻找校内外的兼职以赚取生活费。

二是各类奖学金。独立学院一般都设立优秀学生、优秀学生干部等奖项并发给奖学金,用于奖励品学兼优的学生。

三是各类助学金。社会团体、企业和个人也会在独立学院进行捐赠,由学校设立专门的贫困生助学金。

四是国家资助。2007年7月起国家在高等教育阶段建立起高校家庭经济困难学生资助政策体系,这一体系包括国家奖学金、国家励志奖学金、国家助学金等多种形式,有效地帮助了贫困学生。

五是独立学院自行制定了一些贫困生学费的缓、减、免等相关政策。

以上资助模式在一定程度上有效地为贫困生提供了帮助,但在执行过程中也存在种种自身难以解决的问题。

(1)勤工助学岗位供不应求

由于独立学院的办学经费主要来源于学生学费,校内行政部门设置较少,食堂、宿舍等部门又采用了社会化的方式在运作,因此校内勤工助学岗位"僧多粥少",有的独立学院只得采取轮岗制度来缓解这一供不应求的困境。

许多贫困生在校内无法找到勤工俭学岗位,不得不到校外寻找兼职,但由于社会经验不足,不少人上当受骗,使贫者更贫。

(2)国家政策支持力度不够

国家制定了许多政策用于公办院校的贫困生资助,例如为家庭困难的新生在报到时开辟了"绿色通道",入学后还可以申请国家助学贷款，可以资助困难学生完成学业。但独立学院贫困生的资助制度建设滞后，没有提到与公立高校同等地位，不能从根本上保障贫困生的资助权。例如，国家没有在独立学院设立"绿色通道"帮助家庭经济困难的学生顺利入学；由于银行对独立学院的还贷能力不够信任，对民办学校担保学生贷款不太放心，从而不愿提供贷款。虽说国家开始试行开办生源地信用助学贷款业务，但仅限于江苏、湖北、重庆、陕西、甘肃五省市，范围较小。

（3）奖学金的助学功能弱化

在人才济济的校园里，衣食无忧、受教育条件好的城市学生可以安心地投入学习，而来自农村的贫困生既要完成正常的课业，又要利用业余时间去做兼职打工，他们中的一部分为了生存甚至还会使自己的学业陷入危机。因此，由于奖学金优异测评的规定性和奖励对象的有限性，奖学金这资助方式不可能帮助到大批甚至所有的贫困学生。

四、关于构建独立学院贫困生资助工作体系的思考

（一）建立健全各项规章制度

独立学院可以依据公办高校关于家庭经济困难学生资助管理办法，结合本校实际情况，制定适合本校实施的各项规章制度，例如，"家庭经济困难学生认定办法"、"家庭经济困难学生获得资助管理规定"、"勤工助学管理规定"等，在各项规定、制度的约束和规范下合理开展资助下作。

（二）做好贫困生建档工作，进行全程跟踪服务

从入学起，辅导员就应切实了解每位贫困生的实际情况，通过统一认定，核对情况属实后为每位贫困生建立家庭经济困难学生档案。在这个过程中，一定要保证认定工作的公正性和透明度，一般可以采用以下办法确保真正的贫困生得到资助。

(1) 与贫困生交流，观察、了解其家庭经济状况；

(2) 通过生源地相关部门开具的证明了解，抓住机会进行生源地家访、走访；

(3) 通过教师、室友、同学进行了解，组织同学进行民主评议；

(4) 通过学费缴纳情况，学习、生活方面的消费情况判断；

(5) 建立完整的动态信息库。

按贫困程度等情况对贫困生进行分类、建档后，记录在校期间学校资助贫困生的相关内容以及学生在各方面的表现情况。每年复核一次，认真了解学生家庭有无重大变故，经济情况有无影响，受资助后在学习、生活各项活动工作中的表现如何等。

辅导员还要注意及时追踪了解，根据具体情况调整资助对象和标准。要不断总结摸索经验，接受监督与反馈。

(三) 拓宽渠道，提供助学岗位

高校的勤工助学岗位大多集中在体力劳动方面，而且岗位数量有限。因此，独立学院要尽量在校园内发掘助学岗位，除传统的岗位外还可以开展一些能够"增知受益"的脑力工作，例如科研助理、科技服务、健康教育等。与此同时，独立学院还可以成立外联机构，联系一些管理规范的单位所提供的临时性工作，为学生周末、节假日外出兼职提供帮助，在遇到困难和发生纠纷时也可以为贫困生提供支持和维权服务。

2. 寻找与企业的合作机会

对贫困生的资助，仅仅依靠国家政策和学校自身力量是远远不够的，因此独立学院必须积极开通各种渠道广泛筹集和吸纳社会、企业和个人的资金，将社会资本引入到独立学院的助学体系中，利用社会力量和社会资助缓解独立学院贫困生学习、生活压力。例如，设立以企业名称贯名的奖学金或助学金、设立校友基金、联系行业商会设立爱心基金或爱心岗位等。

（四）加强心理指导和人文关怀

独立学院的资助体系还必须要考虑贫困生"心理贫困"的现象，从而给予有效的调适与帮扶。

辅导员是与学生接触最为密切的教师群体，在日常走访和思想政治教育工作中，应格外关注贫困生群体，通过多种方式了解贫困生的心声，在力所能及的范围内尽可能为贫困生解决实际困难、鼓励贫困生参加到集体活动中，摆脱心理负担，用自己的学习成绩和实际行动证明自己的价值。学校还可以定期邀请通过自身拼搏、自创事业的成功人士为贫困生作励志报告或面对面的交流，帮助其真正自强起来。

独立学校应通过咨询、讲座、树立榜样等多种途径，让贫困学生认识到贫困并不可怕，可怕的是因为贫困而丧失追求理想和实现抱负的信心；通过各种形式锻炼贫困生的个人意志、帮助其树立正确的世界观、人生观、价值观，培养贫困生的"自助意识"，这才是解决独立学院贫困生心理健康问题的根本。

总之，对建立独立学院贫困生资助体系的研究是关系到我国高等教育可持续、健康发展的重要内容之一。希望在国家、学校和社会多方的共同努力下，能从根本上为贫困学生解决实际困难和心理困难，以保证其更好地掌握科学知识，顺利完成学业，成为对国家和社会有用的人才。

第五章 就业管理工作

近年来，随着高等教育发展步伐的不断加快，在国家积极鼓励、支持多种形式办学和高校大幅度扩大招生规模的背景下，利用新机制举办的独立学院得到了快速发展。如今，这些独立学院毕业生的就业状况已成为学生及其家长关心的问题，并衍生为社会广泛关注的热点，直接关系着独立学院的社会声誉及其生存和发展。加强就业指导工作，引导独立学院大学生转变择业观念、提高自身素质、掌握择业技巧，积极为大学生顺利就业提供全方位的服务，已成为独立学院的共识和面临的重要任务。

第一节 独立学院毕业生就业问题研究

一、高校毕业生就业存在的问题

（一）人才总量不足与高校毕业生供过于求的矛盾同时存在

目前，我国正处于调整产业结构、经济加速发展的重要时期，国家建设需要大量的人才。例如，新兴产业对高科技人才的需求，农业和乡镇企业的发展对技术人才的需求，西部地区开发与建设对各类人才的需求，企业和社会对各种复合型人才的需求等。总体而言，我国人才总量与国家建设的需要相比还有较大的差距。但由于高校毕业生自身的原因和各种客观问题的存在，目前高校毕业生仍显得供过于求。

（二）毕业生的知识结构和能力素养与用人单位的要求存在差距

近些年来，尽管电子信息产业、环保产业、国际经贸、生命科学等的发展对新兴技术和管理人才的需求在逐年增加，但用人单位对人才的素质却提出了更高的要求。不但要求应聘者具备相应的专业知识、较高的外语水平，同时还要求应聘者具有独立工作的能力、较强的动手能力和吃苦耐劳的精神。这样一来，一方面用人单位难以找到合适的人选，另一方面也使众多毕业生无法找到满意的工作。

（三）人力资源配置体系的改革与变化对高校毕业生的就业形成压力与挑战

目前，我国人才流动的自由度有了较大幅度的提高，内地落后地区人才向经济发达地区的流动，不同类型企业间人才的互动，传统企业由于破产、倒闭、裁员等使其大批技术人员及管理人员涌入市场，乃至越来越多的国际人才进入中国人力资源市场。这些均给刚出校门、缺乏工作经验的大学毕业生造成就业压力，面临严峻挑战。

（四）学生择业期望值高于现实可能性

许多毕业生对就业的工作地点、薪资待遇、工作环境及条件等的期望值仍居高不下，单位好、收入高、工作稳定是毕业生选择就业单位的首要条件。不少毕业生不愿意到偏远地区和中小企业，特别是乡镇企业和民营企业工作；有些毕业生甚至还存在严重的依赖思想，一味等待、依靠学校为其提供就业机会。据了解，在经济欠发达地区的高校毕业生，这种情况似乎更为突出，观念的改变更为滞后。

（五）就业中违约现象时有发生

有些毕业生在就业过程中，唯恐错过机会，会与多个用人单位签约，最后造成违约行为。有关职能部门应制定规则限制用人单位在招聘过程中的不规范行为，也应该强化签约规则，约束学生的违约行为。

二、独立学院毕业生就业形势和现状

自20世纪90年代末第一所独立学院创办以来，独立学院便异军突起，发展迅速。随着独立学院招生人数的逐年增加，大学生就业难的问题也日益突出。做好独立学院毕业生就业指导工作，将关系到独立学院的持续、健康、协调发展，关系到社会稳定和数百万考生及家长的切身利益。

分析当前大学生就业问题，可以发现导致部分独立学院毕业生"就业难"的原因，除了毕业生人数增多等客观因素外，还有独立学院在专业设置、培养模式等方面特色不明显，办学定位、办学经验等方面有待加强和完善的问题。从目前情况来看，有相当一部分独立学院沿用母体高校的办学与管理模式，导致专业设置、培养模式与市场需求变化错位，这也是独立学院毕业生就业难的一个重要原因。从每年年底开始，就有成千上万的毕业生手持求职信来往穿梭于大大小小的人才招聘会场，而用人单位却很难挑选到满意和合适的人选。出现这一现象的原因，主要是学校在对大学生进行培养时，很少注重学生的综合素质培养，学生学到的主要是理论知识。从人才培养质量和模式上看，过于强调学科标准、知识灌输、静态评估，对实际操作能力和创新能力重视不够，因而不能满足用人单位的实际需求。以计算机专业为例，目前高校培养的绝大多数学生熟悉计算机程序设置和常用算法，了解常用和流行的软件开发工具，但计算机实际应用的能力却远未达到用人单位的要求，用人单位需花一定时间进行职业培训才能上岗。这就形成了所谓的"企业找人难，大学生就业难"的现状。

三、开展独立学院大学生就业工作的建议及思考

（一）创立学院品牌特色，增强学院社会影响力

独立学院学生就业竞争力是独立学院办学竞争力的重要体现，要招特色师资、建特色学科、育特色人才，就要明确学院办学定位。独立学院的毕业生若能成为特色人才，自然会得到社会与用人单位的认可和青睐。独立学院要在利用母体高校优质资源的基础上，注重因材施教，优化人才培养方案，加强学科知识的融合，加强综合性知识的教学和实践能力的培养，把基础理论知识同生产实践和生活实际相结合，突出应用型人才的培养。

独立学院创立品牌特色，优化人才培养方案一定要注意办学市场反馈。要对毕业生进行广泛的市场调研，坚持每年对毕业生就业情况进行分析研究，做好历届毕业生的跟踪调查，从中发现人才培养的优势和不足，并根据市场对人才的需求，指导教育教学改革，及时调整课程设置，更新教学内容，改进教学方法，优化教学手段，进而达到"以就业促招生，以招生促教学，以教学促就业"①的良性循环。

独立学院在明确办学定位，努力上水平、创特色，打造品

---

① 王霞岭. 谈谈如何在中专学校开展职业指导工作 [J]. 中外健康文摘，2009 (6).

牌的同时，一定要注意培育学院的社会知名度和社会影响力。用人单位只有了解独立学院，才有接收独立学院毕业生的可能。要通过各种新闻媒介宣传报道学院发展状况、品牌特色和人才培养优势，利用各种机会增进了解、促进交流，吸引越来越多的用人单位来校招聘毕业生。在每年毕业生就业工作全面启动之前，就业指导部门应编写一份含学院概况、专业介绍和毕业生简介的宣传材料，发给用人单位，让用人单位了解学院和毕业生情况。

（二）健全就业指导机构，积极开拓就业市场

对于高校大学生就业指导机构，教育部早有明确的要求。要求各高校组成一把手牵头的大学生就业指导机构，配备专业的人员，划拨专用经费，安排专用场地，等等。所以，独立学院在起步发展阶段，一定不要投机取巧，要将母体高校就业指导机构的资源利用好，但又不能完全依赖，必须开拓一条切合独立学院学生特点、符合独立学院发展要求的就业指导道路，建立健全就业指导机构。独立学院要对大学生就业指导机构给予一定的重视和政策支持，做好大学生就业指导工作。只有培养的学生能够融入社会，独立学院才有可能成为我国高等教育事业中的一棵常青树。

就业市场开拓是一项系统工作，应动员教师、校友、企业等各方面力量参与。独立学院就业指导部门应主动出击，借鉴企业化的市场运作模式，组织好大小招聘会，并运用企业营销策略，采取"走出去，请进来"的办法与用人单位建立广泛的联系，获取用人单位的用人计划，沟通用人信息，建立一批稳固的就业基地，形成"以基地带动市场，以市场促进就业"的工作思路，增大自身的市场信誉和知名度，提高毕业生的就业率和就业层次，确保自身的可持续发展。在开展就业基地建设

时，考虑到独立学院的规模相对较小、经费充足和热门专业设置的优势，可将就业基地建立在一些经济发达地区的与学院专业对口的企业。另外，要以实习带动就业，派专职教师加强毕业生的引导和管理，开展实践教学，提高学生的实践能力和动手能力。这些措施，既有利于毕业生更好就业，也有利于改进独立学院的内部教学，一举多得。

信息收集也是就业指导工作中重要的一项。就业信息包括用人信息、招聘会信息和就业政策信息等。信息收集在大学生就业过程中发挥着十分重要的作用。以云南师范大学商学院为例，2006届毕业生中65%以上是通过学院毕业生就业指导中心提供的就业信息实现就业的。另据调查，在就业过程中，学生的心态可分为两种：一种是经过了11月份学院毕业生就业工作全面启动之初的短暂兴奋期后就开始无目标的等待；另外一种是心情迫切，四处寻觅，影响学院正常的教学管理秩序。因此，独立学院毕业生就业指导部门为毕业生提供丰富、及时、有效的就业信息极为重要。

（三）开展升学就业指导，实现学生多渠道就业

就业指导工作包括简单的、基础性的指导，如指导学生做简历、掌握面试技巧、签订就业协议等；就业观方面的指导，如"先就业再择业"、"到基层去，到祖国最需要的地方去"等；积累就业资本方面的指导，如积极参加考证，实现"一本多证"有利就业等；还有对就业形势和就业政策的把握；等等。更重要的是就业指导工作可以让学生充分利用就业的四个分流渠道：升学、考公务员、出国深造和自主创业，实现多渠道就业。

（四）利用班级管理推动独立学院大学生就业

班级是学生在学校最小和最典型的单位集体，班级管理的

好坏直接影响了学生在校的表现。同时由于班级里的成员有共同的专业基础和兴趣习惯，而且经过多年的沟通和了解，因而这种建立在班级基础上的群体传播的有效性更大，更能引起共鸣。在大学生就业中，以班级的管理来促进就业，将是就业指导中不可忽视的一环。

（1）学生之间的相互推荐，专业老师对相应岗位的有效推荐。同学相互之间以及老师对学生的就业意向和个人优势是比较了解的，这就能使该推荐带有针对性和有效性。学生奔波于不同的人才市场和招聘会，看到有适合同学的岗位会留意并及时告知；在面试过程中，有的学生虽然自己没通过，但会推荐符合用人单位要求的其他同学去面试；或者是在一定实习过程后，有的学生因其他原因要离开实习单位，会向该单位人事部门推荐符合要求的本班同学到该单位工作。专业老师则是通过与用人单位的联系和沟通，或是依靠自己的人脉关系，有针对性地推荐自己的学生。更有甚者，老师亲自在招聘会上为自己的学生进行推荐。

（2）学院有效的奖励机制。毕业期间，虽然学生忙于为自己的前途奔波，但是班级的凝聚力并不亚于任何时候。而学校的有效奖励机制，不仅能强化这种凝聚力，而且有助于形成良好的就业氛围。例如，学院可以对就业率好的班级进行奖励，以85%为起点，每上升一点，奖励200元，就业率在6月底以前就能达到100%的可以再奖励5000元。在整个的奖励措施实施的过程中，不仅以奖励促进了就业率，而且更主要的还是同学们在团结积极向上的氛围中起到互帮互助、相互促进。

（3）利用班级活动开展学生之间的就业体会交流，不仅可以帮助同学积累经验，节省时间，也可以为下一届的就业工作提供借鉴。在同一个就业环境下，而且是相关的专业，每个人的就业体会带有某种相关性，在交流过程中，往往能引起共鸣，加深印象。有些类似面试中要注意的细节、就业技巧的把握等方面的情况，也许有的学生遇到了，但没意识到，有同学帮你说出来了，同学的经历、体会，在这时可以相互有一个参考意见，这比就业指导老师在课堂上的指导要生动得多，同学们也更容易接受，所取得的效果也会更好。

毕业生能否顺利就业，已经成为独立学院持续发展不可或缺的决定性因素。独立学院的发展时间相对较短，不可能形成与其他普通高校一样较强的品牌号召力。因此，学生在选择独立学院时，就业率便越来越成为他们需要考虑的第一要素。独立学院只有保持较高的毕业生就业率，才能在招生中占据主动，吸引高素质的学生报考，实现独立学院良性的可持续发展。

第二节　个案研究——云南师范大学商学院财务管理专业毕业生跟踪调查报告

随着高校毕业生就业模式转变为"双向选择、自主择业、竞争上岗、择优录用"，就业工作已成为高校学生工作的核心。尤其是对独立学院，毕业生的就业状况更是直接关系到学校的声誉，关系到学校的招生质量和生源。

为了进一步完善和改进云南师范大学商学院会计系的教学、就业工作，推进教育教学的改革，我们组织了此次针对财务管理专业毕业生的调查，希望以准确的数据反馈毕业生的就业状态以及用人单位对我系人才培养方式的评价。

一、基本情况

针对2003届至2006届毕业生，我们分别采取了面谈、邮寄、网络、电话调查等方法进行了详细有效的跟踪回访。

本次调查对本系 2003 届至 2006 届 592 名毕业生共发放了 1776 份问卷（每人三份，包括毕业生问卷、毕业生家长问卷、用人单位问卷），收回 1249 份，有效问卷 1249 份（纸制问卷 1006 份，电子问卷 243 份）。其中毕业生问卷 483 份，占毕业生总人数 81.6%；用人单位调查问卷 341 份，占毕业生总人数 57.6%；家长调查问卷 425 份，占毕业生总人数 71.8%。

二、调查结果分析

（一）用人单位调查结果分析

调查结果显示，用人单位对独立学院毕业生还是满意的（见表 5-1）。他们普遍认为毕业生的独立工作能力、组织管理能力较好（见表 5-2），这与独立学院的生源特点是分不开的。由于独立学院收费高，部分学生家庭条件较好，从小在文艺、体育等方面受过良好教育，学生思维活跃，交际面广，人际交往能力与实际动手能力强。校内各类社团活动搞得有声有色，表现出较强的组织交际能力。同时，我们也发现用人单位对毕业生在工作经验和专业技能方面还不够满意（见表 5-2），这说明在教学过程中对实践能力的培养是不够的。

表 5-1　　用人单位对毕业生的总体评价

满意度	百分比
很满意	14.68%
满意	85%
不满意	0.32%

表5-2 用人单位对毕业生能力的评价统计表

	主要能力	百分比
用人单位认为毕业生具有优势的能力（可多选）	独立工作能力	57.48%
	交流表达能力	29.91%
	人际交往能力	22.58%
	沟通协调能力	23.75%
	组织管理能力	40.76%
	心理承受能力	26.98%
	学习创新能力	19.35%
	专业知识应用能力	14.08%
	其他	9.09%
用人单位认为毕业生不足的能力（可多选）	理论水平	20.23%
	专业技能	29.33%
	社会活动能力	17.60%
	道德品质	7.33%
	职业道德	9.38%
	身心素质	6.45%
	工作经验	37.54%
	其他	12.90%

（二）毕业生调查结果分析

1. 单位性质分析

调查结果显示，民营企业是独立学院毕业生就业的主要去处（见表5-3）。这说明民营企业数量众多，可以吸收大量的毕业生，尤其是应用型人才。

表 5-3　　　　毕业生就业单位性质统计表

就业单位	百分比
高校	17.35%
科研院所	0.88%
医院	1.30%
党政机关	4.77%
事业单位	8.24%
部队	0.65%
国有企业	9.33%
金融保险	8.90%
三资企业	3.25%
民营企业	23.21%
个体经营业	6.94%
自主创业	1.74%
其他	14.97%

2. 毕业生能力分析

调查结果显示，毕业生认为在校学习期间参加社会实践和实习的经历比专业知识的学习更加有用（见表 5-4），而且认为对求职成功影响最大的因素也是专业技能（见表 5-5）。这说明独立学院应在注重专业理论知识传授的同时，还要通过实验、实习、实训等实践教学环节提高学生解决实际问题的能力。

表 5-4　在校期间的学习中，毕业生认为哪些因素
对自己就业的影响最大

影响因素（可多选）	百分比
基础理论	29.74%
专业知识	33.68%

表5-4(续)

影响因素（可多选）	百分比
社会实践和实习	53.93%
毕业论文或设计	8.78%
学术活动	5.47%
校园文化活动	8.86%
其他	4.61%

表5-5 毕业生认为对求职成功影响较大的因素统计表

影响因素（可多选）	百分比
学业成绩	20.17%
学校知名度	13.67%
所学专业	11.93%
基础理论水平	20.17%
专业知识	29.06%
专业技能	27.55%
工作经验	24.08%
外语水平	9.54%
计算机能力	12.80%
形象气质	21.26%
性别	2.39%
道德品质	14.97%
其他	8.24%

3. 毕业生就业信息来源渠道分析

从表5-6的数据中可以看出，学生在寻找就业去处方面仍不够主动，主要还依赖学校就业办提供，或是通过人才市场获取，再就是依靠亲戚朋友帮助，主动意识有待加强。

表 5-6　　　毕业生就业信息的来源情况统计表

就业信息来源（可多选）	百分比
学院就业办	36.66%
人才市场	26.03%
人才网站	15.19%
报纸杂志	8.24%
广播电视	3.25%
导师或任课教师	5.64%
校友	2.60%
父母	19.08%
亲戚朋友	19.08%
其他	15.40%

4. 专业对口情况分析

从表 5-7 的数据我们可以看到，毕业生从事职业与所学专业不对口的比例约占 20%，说明在毕业生供大于求的现今，既要就业还要对口就业是有一定难度的。这就对高校的人才培养模式提出了更高的要求。

表 5-7　　　专业对口情况统计表

专业对口情况	百分比
对口	35.36%
基本对口	44.90%
不对口	19.74%

（三）毕业生家长调查结果分析

从对家长的调查结果可以看到，家长认为对孩子成长影响最大的因素为社会实践和实习（见表 5-8），希望高校加强独立工作能力的培养（见表 5-9）。这说明独立学院定位为培养应用型本科人才，应更加重视实践教学的力度，着重培养学生的实际操作能力。

表5-8 家长认为对孩子成长影响最大的因素情况表

影响因素（可多选）	百分比
基础理论	37.83%
专业知识	35.04%
社会实践和实习	61.59%
毕业论文或设计	10.5%
学术活动	6.9%
学生教育管理	10.57%
校园文化活动	9.74%
其他	5.3%

表5-9 家长认为其他能力的培养统计表

其他需培养的因素（可多选）	百分比
独立工作能力	49.38%
交流表达能力	40%
人际交往能力	27.65%
沟通协调能力	27.16%
组织管理能力	34.32%
心理承受能力	34.32%
学习创新能力	13.58%
专业知识应用能力	20.74%
社会实践能力	34.32%
其他	5.43%

三、调查反映出的主要问题

这次调查面广量大，获得了大量有价值的反馈信息，为了解毕业生发展状况，寻求独立学院人才培养模式与社会需求协调发展等提供了重要的参考依据。在调查过程中，也发现了一些值得关注和研究的问题。

（一）毕业生就业心态较为被动

独立学院部分学生家庭社会关系很广，他们认为自己的前程已由父母安排好，所以没有就业压力和良好的就业心态，不积极主动就业，坐享其成的思想严重；也有一部分学生在几次碰壁之后，情绪消沉，只想依靠就业部门或是亲友的帮助和安排。

（二）所学理论知识转化为实际应用能力还需加强

独立学院的学生在理论知识方面较一本、二本的毕业生还不够扎实，在将理论知识转化为实际应用能力方面也稍逊一筹，在工作岗位表现出来就是理论水平和专业技能都不够理想。

（三）综合素质有待提高

一些独立学院的学生有个性，自我意识强。他们习惯以自我为中心，考虑问题和处理问题都是以"我"为出发点，关注的是自身的权利和利益，忽视自身的义务和责任。进入社会后，往往不能够及时调整自己心态、摆正角色，在与人共事的过程中缺乏合作精神和团队观念，磨合期和适应期较长。

四、建议及对策

毕业生就业问题涉及人才培养、课程设置、外部环境等诸多方面的因素，是一个庞大的系统工程。因此，独立学院要在战略层面加以重视，更新人才培养观念，主动适应市场，将招生就业、学生的培养放在社会人才市场中运作，在激烈的竞争中，依靠教学质量和教学特色来占领市场。

（一）完善职业指导工作

有效的职业指导可以帮助和引导毕业生正确认识和了解自

我，根据自身的特点和社会的需要，选择最能发挥个人才能的职业，为事业上的成功和人生价值的实现提供良好的开端。

第一，要帮助学生树立新的市场观念。在美国和德国等一些西方发达国家，人才的合理配置都是通过市场调节来实现的。我国已经尝试把大学生就业纳入人才市场，形成大学生毕业时集中就业、毕业后分散就业、就业后再就业调整等动态化的就业格局。因此，职业指导应侧重转变大学生的依赖思想，变被动就业为主动成长。学生在求职过程中要调整心态，不等不靠，发挥优势，积极争取；要执著应对，不轻言放弃；要增强心理的承受力，不要一遇到挫折就心灰意懒，自暴自弃。湖北大学电子专业的一名毕业生在经历了61次求职失败的挫折后依然没有气馁，一次次从失败的打击中站起来，总结教训，积累经验，查缺补漏，终于在参加第62次面试时被武汉某电子公司录用。

第二，开展形式多样的职业指导活动。开设就业指导课。大学期间各个年级就业指导内容可成系列：①一年级：大学生毕业就业形势、职业生涯规划设计、毕业生需具备的能力与素质等。②二年级：大学生就业观念、就业心理素质等。③三年级：大学生求职技巧、就业法律知识等。④四年级：大学生就业政策、就业信息等。

举办各种培训活动。为学生提供不同的主题培训，培育并提升学生各方面的能力，包括人际交往技巧、沟通技巧、组织能力及领导才能等。

第三，要将职业指导与心理咨询相结合，针对每个毕业生不同情况进行指导。有的学生只需就业政策等方面的指导；有的偏重于心理咨询；有的则需要综合性的指导和咨询。

（二）建立能力本位的人才培养体系

有很大一部分在校学生认为社会实践和实习对就业的影响极为重要（见表5-4，比例为53.93%），但当他们真正进入找工作的阶段时，切身的感受却是用人单位在专业知识、专业技能和工作经验方面是同等重视的（见表5-5，其比例分别为29.06%、27.55%、24.08%）。因此，学校层面对学生这几个方面的培养不能有所偏废，应建立一个能力本位的、科学、全面的人才培养体系。

第一，优化课程设置，根据学生专业基础、兴趣爱好及就业发展意向，实行分类教学和分层培养。第一至第三学期着重培养学生基本概念、基本理论和基本技能，第四至第六学期专业方向分流，根据近年来的就业情况和行业要求，可以设置财务会计、理财、证券等专业方向，开设相应的课程，着重培养学生在不同专业方向上的专业知识和职业技能。

第二，突出职业能力的培养。①财务管理专业实践性较强，因此需要将实践教学贯穿于整个教学环节中。在主干理论课程教学中融入实践环节，然后分模块开设专门的实验课程，最后进行综合性实验。②全面推行"双证书"制度，主动适应学生就业需要和用人单位人才素质要求，将助理会计师证、助理经济师、银行从业人员资格证、证券从业人员资格证、理财规划师等证书纳入毕业要求，提升学生就业竞争能力。③努力贴近实际工作一线岗位，强化专业实习与毕业实习环节，安排学生到校外实习基地顶岗实习甚至轮岗实习，以弥补应届生工作经验的不足。

第三，改革教学过程，避免单一的课堂理论知识讲授，将课堂理论教学、课堂实践环节、实验室教学、实习基地演练等多种教学方式有机结合；聘请经验丰富的会计行业专家到校进行面对面指导，并以校外实习基地作为延伸与补充，保证实践教学质量，提高学生的应用水平。

第四，改革教学方法，由原来教师课堂授课的单向、单一的教学方法发展成为多元化的教学方法，精讲多读、少讲多学、提倡问题式教学、讨论式教学、项目式教学、情景式教学和案例教学等，尽量多给学生提供参与式学习、自主学习、合作学习与研究的机会，让学生学会运用所学知识和方法分析问题、解决问题，从而培养学习能力、思考能力、创新能力和分析解决管理实际问题能力。

第五，改革考核方法，建立以能力为核心的、开放式的全程化考核体系。优化调整平时作业、单元考试、期中考试与期末考试的成绩占比，期末考试采用调查报告、课程论文、案例分析、口试、项目运作等多种形式，真正考查学生理论联系实际、解决问题的能力。

（三）加强综合能力培养

毕业生的综合能力即人格能力和社会能力，其在毕业生职业生涯的发展中所起的作用不亚于专业能力。调查结果显示，用人单位对这些能力的要求不亚于专业能力（见表5-2）。家长也有类似的要求（见表5-9），希望孩子通过大学的学习，在交流表达能力、人际交往能力、沟通协调能力、组织管理能力、心理承受能力、学习创新能力等方面有所提升。因此，学校要充分利用第二和第三课堂进行学生综合素质培养。第二课堂是指校内的学生活动和宿舍生活，第三课堂是指校外的社会实践活动。例如，通过组织社团活动、各种竞赛培养学生的组织能力、沟通能力、创新能力等；通过做义工、帮助弱势群体等校外活动，培养学生的责任感和爱心，提高道德修养；通过见习、实习、顶岗实习等锻炼提高学生的人际关系沟通能力、积累社会经验。

第三节　家庭因素对独立学院毕业生就业及择业的影响

近年来，就业市场持续呈现出就业人数不断增加、就业岗位增量不大的现象，由于应届毕业生缺乏工作经验和工作技能，就业形势显得十分严峻。作为高等教育重要组成部分的新体制独立学院来说，毕业生就业形势显得更为严峻，除了在教育管理、就业指导、专业技能、就业管理经验等方面客观地存在一些问题和不足外，结合独立学院毕业生自身特点，还表现出独立学院毕业生就业及择业与其他类型高校毕业生相比独有的特点。其中，家庭因素对独立学院毕业生就业的影响是其中之一。

为了解家庭因素对毕业生就业及择业的影响，笔者对云南师范大学商学院的毕业生进行抽样调查。共发出调查问卷 500 份，收回 489 份，有效问卷 489 份。

一、调查结果

调查结果如表 5-10 所示：

表 5-10　　　毕业生就业择业调查统计表

调查内容	选项比重（单位:%）			
你认为自己家庭的社会关系如何：	非常广泛 (35.7)	广泛 (50.4)	一般 (7.4)	其他 (6.5)
根据你自身条件，毕业后，你就业首先考虑的是：	专业必须对口 (21.4)	工作环境好 (41.3)	工资待遇好 (22.5)	能实现个人价值 (14.8)

表5-10(续)

调查内容	选项比重（单位:%）			
你关注你毕业后的就业吗？	非常关注(5.4)	不太关注,毕业后工作由父母及亲戚朋友联系(59.5)	暂不就业,要升学(7.6)	还没有考虑(27.5)
毕业后,能否很快就业对你的生活有何影响？	非常有影响,直接关系到本人的生活(5.7)	没有太大影响,家庭、亲戚朋友可提供一定帮助(61.2)	完全没有影响,可等到有好的机会或好的单位才去工作(7.4)	其他(25.7)
你所期望的就业单位是：	国家机关(16.2)	国有企业(31.9)	三资企业(42.8)	集体企业(9.1)
你父母目前的工作状况：①行政管理人员（处级或县乡科级以上干部）(19.4)；②各类经理人员(22.1)；③机关、企业、事业单位工作人员(14.8)；④专业技术人员(9.6)；⑤个体工商户(10.3)；⑥私营企业主(14.9)；⑦工人(2.4)；⑧农民(3.5)；⑨其他(3)。				

二、家庭因素对独立学院毕业生就业及职业选择的影响

从以上数据可以看出，家庭因素对独立学院毕业生就业和择业有非常大的影响。

（一）家庭背景的影响

有相当一部分学生因其家长是政府机关领导或私营企业老板，从小生活在有较高社会地位与较好生活条件的家庭中，接受的是重点学校或贵族学校教育，见多识广，人生定位较高。也有部分学生受家庭或社会不正之风的耳濡目染，片面认为权势与金钱万能。他们认为自己的前程已由父母安排好，完全寄托于家庭的权势与金钱上，在大学期间吃喝玩乐、及时享乐，放弃了自己的理想和努力，没有就业压力和良好的就业心态，

有业不就，高不成，低不就，完全依赖家庭和亲戚朋友安排，坐享其成的思想严重。

（二）家庭教育的影响

家庭成员在价值观和道德等方面对大学生起着潜移默化的作用，学生在生活和经济上对家庭的依赖也显示出家庭影响的巨大"威慑力"和不可抗拒性。

家庭教育对大学生就业和择业的影响表现为三种主要类型：一是言行影响型。大学生虽对就业有一定的主见，但父母亲友的言行、经验教训也对其有一定的影响。二是协商帮助型。父母亲友参与大学生的就业过程，或共同商量决策，或利用职权与"门路"帮助子女获得理想的职业。三是替代选择型。那些平时对父母依赖惯了的大学生，在职业选择上往往乐于接受父母的选择安排。有的大学生甚至把"让父母满意"作为自己选择职业的主要标准。

（三）家庭经济状况的影响

家庭的经济水平以及当地经济水平对毕业生就业和择业也有着很大的影响。这一点在大学生的学习动机上就可以看出来，不少农村大学生努力学习考上大学就只是为了跳出农村、在城市工作。

笔者在云南师范大学商学院选择了 450 名毕业生进行抽样调查，其中向来自农村的毕业生发出调查问卷 150 份，收回 147 份，有效问卷 147 份；向中小城市毕业生共发出调查问卷 150 份，收回 143 份，有效问卷 143 份；向大城市毕业生共发出调查问卷 150 份，收回 149 份，有效问卷 149 份（见表 5-11）。

表5-11 毕业生生源地与择职标准的调查统计表

选择职业的主要标准	生源（%）		
	农村	中小城市	大城市
与个人的兴趣和爱好相吻合	22.53	31.96	25.00
职业的社会声誉高	6.35	9.79	6.11
能实现个人价值，事业有所成就	42.57	39.69	43.89
让父母满意	3.19	3.09	6.11
职业的经济收入高	17.65	8.76	7.22
职业轻松自在	4.18	6.19	8.89
其他	2.63	0.52	2.78
合计（人数）	147	143	149

调查结果表明不同生源地的毕业生在毕业选择的标准上并无太大的差异，尤其在对事业、兴趣爱好的关注度方面更是相似。但在职业的经济收入问题上，来自农村的学生比来自城市尤其是大城市的学生的关注度高出近10个百分点，而大城市的学生比农村学生对职业的轻松程度关注略多一些。这就说明大学生的家庭经济状况和当地经济水平对毕业生择业标准是有一定影响的。

（四）父母受教育程度的影响

父母的受教育程度同样直接影响到他们对子女就业的期望值，表5-11中的数据也在一定程度上反映了这一点。例如在受教育程度普遍较低的农村，毕业生对未来职业的经济收入看得较重；同时，受教育程度较低的父母普遍希望子女能获取较高的学历。

（五）父母职业的影响

高考填报志愿时对专业的选择或多或少掺杂了家长的意愿。家长往往根据自己的职业现状以及对职业的社会地位、经济地位、发展前途的考虑，影响着子女的选择。这种影响在大多数情况下是通过家庭生活的潜移默化，逐渐向子女渗透的。如艺术家庭出身的大学生，在长期与家庭成员的接触中，耳濡目染，大多会选择艺术类专业；若父母从事社会科学或教育工作，在逆向的价值取向影响下，这部分学生比他人更有可能拒绝选择父母的职业。

总之，毕业生就业工作是一项系统工程，受多方因素的影响和制约，既有社会、政策、体制、机制等方面的问题，又有教育、家庭、个人等方面的问题。只有多方共同努力，不断完善和提高毕业生就业工作效率，才能使之得以改善。对于办学时间短、办学经验不丰富、师资力量相对薄弱的新体制独立学院来说，如何帮助独立学院毕业生树立正确的择业观、提高就业率，将是一个任重而道远的任务。

第四节　独立学院全程化就业指导工作研究

一、独立学院就业指导工作存在的问题

1. 就业指导时间滞后

就业指导应是贯穿大学四年的系统性工作，需要从学生一进校就开始安排，以便学生能够及早明确就业方向，并根据自身情况调整学习计划，适应社会需要。但目前大部分独立学院的就业指导工作还主要是面对毕业班进行的，属于"短期促销"、"临阵磨枪"。这时，学生一方面忙于毕业设计、毕业实习、毕业论文等教学环节；另一方面，就业问题已经现实地摆在面前。因此，在这个时候进行就业指导尽管是必要的，却解决不了大问题，因为学生已经没有更多的时间在心理、观念、

能力素质、知识与技能等方面做足充分的准备,就仓促就业了。

2. 就业指导内容局限

不少人认为就业指导的内容就是传达就业政策、分析就业形势、发布就业信息以及培训面试技巧等,其目的就是帮助毕业生找到工作。这无疑忽视了对学生进行价值观、职业道德和艰苦创业等的教育。实际上,就业指导更多是要帮助学生在从学校到社会的转变中做好思想上、心理上和能力上的准备。

3. 就业指导形式单一

目前大部分独立学院都开设了就业指导课,但真正纳入课程体系当中的却不多。在一些独立学院,学校对就业指导重视程度不够、教师积极性不高,通常以上大课、开大会或开设讲座的形式为学生提供政策法规、用人单位信息,或是提供一些简历制作、面试技巧等内容的指导。就业指导的内容缺乏系统性和深入性,形式单一,缺少针对性的就业心理咨询和辅导,很多学生认为作用不大。

4. 就业指导队伍薄弱

就业工作的政策性要求相对较高,同时又要有一定的实践经验,因此对从业人员的要求较高。2002年,教育部下发的《关于进一步加强普通高等学校毕业生就业指导服务机构及队伍建设的几点意见》就提出,专业就业指导教师和专职工作人员与应届毕业生的比例要保证不低于1:500。

独立学院由于人员配备较为紧张,所以专职就业工作人员相对较少,大多由基层工作的辅导员兼职完成。由于就业指导工作是一项繁琐而责任重大的系统工程,身兼数职的辅导员工作压力较大,没有足够的时间学习。加上每年负责就业工作的辅导员都在更换,新引进来的辅导员大都缺乏实际工作经验,对相关政策和专业了解也不够,也就无法很好地解决毕业生就业方面出现的各类问题。

5. 学生就业心理存在误区

近年来，由于社会大环境和就业形势的影响，加之独立学院作为新生事物，社会认可度不高，导致学生在就业过程中心理存在一些误区：一是自卑心理作祟。独立学院中有相当一部分学生缺乏自信，总觉得自己是独立院校的，在各个方面都不如公办院校的学生。于是在就业过程中，表现出就业不积极、胆怯、害怕、不善于推销自己的状况。二是择业时过于看重经济利益、期望值过高。这主要是由于独立学院的学费比公办高校学生要高很多，学生毕业后就比较看重工资及待遇，希望高投入能有高回报，因此大多选择到事业单位、外企或经济发达地区去工作，与社会实际需求严重脱节。三是依赖思想严重。独立学院学生家长自己经商、开办企业或在政府部门任职的比例，相对公办院校较高。这些学生相对来说就业的社会基础好，就业渠道较畅通，在就业过程中往往多是等、靠、要，不能放平心态积极就业。四是从众心理影响。大学生处在人格逐渐完善和成熟的过程，极易受到社会潮流和其他人观念的影响。因此，部分独立学院的学生在择业时跟风考公务员、考研或是盲目选择大城市、政府机关工作，并未结合自己的实际情况进行择业。

二、开展独立学院全程化就业指导工作的必要性

所谓全程化就业指导，就是从学生入学抓起，采用各种形式把就业指导贯穿于学生教育的全过程，包括专业学习、社会实践和素质培养等各方面的工作，使其树立正确的就业观念和对国家、社会的责任感，并在就业政策、求职技巧、本人应具有的素质和能力、职业生涯规划设计、市场需求信息等方面对学生进行全方位地指导，帮助学生顺利就业。

全程化就业指导对于独立学院做好毕业生就业工作发挥着

非常重要的作用。

第一，通过全程化就业指导，可以帮助学生树立正确的人生观、价值观和择业观，树立创业意识；

第二，可以使学生加深对所就读专业的认识，增强学生学习专业的自觉性，为将来就业做好知识和技能的准备；

第三，可以帮助学生了解用人单位的需要和机会，了解岗位职责以及职业岗位在员工知识、能力、个性等方面的要求，并结合自身的特质、需要、兴趣、能力，逐步形成清晰的就业目标，从而完成个人的职业生涯规划；

第四，可以培养学生职业决策能力，获取信息、利用信息的能力，加强就业技巧、就业政策教育等。

三、独立学院全程化就业指导工作的实施

（一）提高认识，树立全程化就业指导观念

在知识经济时代，大学生的就业竞争力在于其专业知识水平和综合能力。这就要求改变原来就业指导工作只在毕业生中开展的情况，将就业指导工作前移，学生一进校就开始有计划地实施，贯穿学生在校四年的全过程。要按照大学教育不同阶段的目标和任务，根据不同时段大学生的思想特点及成长成才规律，分年级、按专业、分层次、有针对性地进行。

（1）大学一年级：大学生毕业就业形势教育、职业生涯规划设计、毕业生需具备的能力与素质等。大一新生入学教育内容中除了国防教育、学校办学理念、校规校纪、专业目标、教学计划等内容外，还应包含就业形势的教育。通过对就业形势的分析，引导学生把压力转化为学习的动力。同时，通过职业生涯规划的指导，帮助学生明确自己的职业发展目标，并制定出相应的发展步骤和具体活动规划。在四年的大学生活中，让自己的学习生活按规划进行。

(2)大学二年级：学业指导、大学生就业观念、就业心理指导等。大二阶段需要引导学生树立正确的就业观念。只有树立了正确的就业观念，才有利于大学生顺利就业，并为在今后工作中克服困难、做出成绩和贡献、得到社会的认可打下良好的基础。中共中央、国务院《关于进一步加强和改进大学生思想政治教育的意见》中提出，要帮助大学生树立正确的就业观念，引导毕业生到基层、到西部、到祖国最需要的地方建功立业。此外，大二阶段还需进行学业指导和就业心理的教育，引导学生在加强专业学习的同时，锻炼和提高个人能力，培养良好的心理素质，实现全面发展。

(3)大学三年级：升学或求职指导等。进入大三后，学生面临着诸多的选择，此时指导教师要分析就业形势，结合学生的个人能力、条件与职业生涯规划做出有针对性的指导，提供有关考研、入伍、报考公务员、出国等的政策信息，帮助学生做好升学或求职的准备。针对毕业后选择就业的学生，要指导其利用好专业实习和毕业实习等教学环节，为下一步就业寻找机会、创造条件。

(4)大学四年级：大学生求职技巧、就业法律知识、就业政策、就业信息掌握等。大四阶段应着重求职技巧的指导和培训，让毕业生掌握求职的礼仪和技巧；开展就业法律知识、就业政策方面的辅导，使毕业生掌握现行的有关就业的法律法规、方针政策，让毕业生了解在就业过程中的权利和义务，使学生能够利用法律武器保护自己的合法利益；指导学生全面、合理地收集、处理、利用就业信息；精心组织好各类招聘会，为毕业生求职创造一个良好的外部环境。

(二)构建内容丰富、形式多样的就业指导课程体系

教育部2003年就曾发布《关于进一步深化教育改革，促进高校毕业生就业工作的若干意见》(以下简称《意见》)，《意

见》要求:"加强毕业生就业指导,将就业指导课作为学生思想政治教育的重要组成部分,并纳入日常教学。"2007年根据《国务院办公厅关于切实做好2007年普通高等学校毕业生就业工作的通知》"将就业指导课程纳入教学计划"的要求,制定了《大学生职业发展与就业指导课程教学要求》(以下简称《教学要求》),要求各高等学校要按照《教学要求》,结合本校实际,制定科学、系统和具有特色的教学大纲,组织实施本校的大学生职业发展与就业指导课程建设和教学活动。

独立学院应结合办学定位和社会需求,构建内容丰富、形式多样的就业指导课程体系,通过激发大学生职业生涯发展的自主意识,树立正确的就业观,促使大学生理性地规划自身未来的发展,并在学习过程中努力提高就业能力和职业生涯管理能力。通过就业指导课程体系的教学,以实现大学生在态度、知识和技能三个层面的显著提高。

就业指导课程体系可以按模块进行设置:

1. 职业生涯规划模块

职业生涯规划模块主要是借助专业工具"职业素质测评系统"和SWOT分析等方法,引导学生认知自我,科学而理性地进行大学生活的规划和未来职业发展规划,积极面对未来就业和职业发展。学生在自我认识、自我发现、专业学习提高、能力素质提升的循环过程中,以及对职业生涯目标执行过程的跟踪评价,逐渐满足与职业相关的职业胜任能力,从而得到能力素质的全面提升,为其健康、理性的职业生涯打下坚实的基础。

该模块主要内容包括职业生涯准备(兴趣与职业、个性与职业、能力与职业、知识与职业)、职业选择与职业锚、制定职业生涯规划的步骤(自我认知、职业认知、确立目标、生涯策略、生涯评估)、人力资源规划与职业生涯管理等。

2. 职业核心能力模块

职业核心能力是人们职业生涯中除岗位专业能力之外的基本能力，它适用于各种职业，能适应岗位的不断变换，是伴随人终身的可持续发展能力。德国、澳大利亚、新加坡将其称为"关键能力"，美国称为"基本能力"，香港称为"基础技能"、"共同能力"等等。1998 年，我国劳动和社会保障部在《国家技能振兴战略》中把职业核心能力分为 8 项，称为"8 项核心能力"，包括：与人交流、数字应用、信息处理、与人合作、解决问题、自我学习、创新革新、外语应用等。

该模块主要内容包括职业方法能力和职业社会能力的训练。职业方法能力包括自我学习能力、信息处理能力、数字应用能力等。职业社会能力包括与人交流（包括"外语应用"）能力、与人合作能力、解决问题能力、革新创新能力等。

3. 就业指导模块

就业指导模块帮助大学生了解职业概况和社会需求，把握现行就业政策，形成和发展职业角色和生活角色技能，树立正确的择业观念。

该模块的主要内容包括行业形势与职业动态、大学生素质拓展与实践、就业形势与就业准备、求职技巧、简历制作、求职礼仪、面试技巧、就业流程及相关政策、择业心理调适、就业相关法律以及大学生就业诚信等。

4. 创业教育模块

创业教育是培养人的创业意识、创业思维、创业技能等各种创业综合素质，并最终使被教育者具有一定的创业能力的教育。创业教育被联合国教科文组织称为教育的"第三本护照"，被赋予了与学术教育、职业教育同等重要的地位。

创业教育的主要内容包括培养学生形成创业所必需的领导力、全球化的眼光、敏锐的市场意识、务实的工作作风、锲而不舍的精神、组织运作能力和为人处世的技巧。除此之外，还包括商业谈判技巧、市场评估与预测、启动资金募集方式以及关于金融、财务、人事、市场、法规等方面的基本知识。

（三）改革教学模式，创新教学方法

就业指导课教师应不断改革教学模式，创新教学方法，改变传统灌输式的教学方式，采用理论课、技能课和活动课不同的课程形式，融实践性、理论性于一体，以学生为中心，让学生真正参与到教学活动中来，在教学活动中增强对课程内容的认识，从而提高就业指导课程体系的实效性和应用性。

1. 小组讨论

这种教学方法在就业指导课上是非常适用的，教师通过组织学生开展小组讨论，可以调动课堂气氛，学生的思维活跃起来了，教学的效果也就达到了。例如在讲到创业教育的时候，就可以让学生们发挥自己的想象，去尝试阐述一下什么是创业，创业中会遇到哪些问题，该如何去解决，教师最后再做总结归纳。

2. 案例教学

每个学校都会有很多成功就业的案例，教研室或就业办公室要重视收集这些典型资料并及时提供给就业指导课老师，这些成功学长身上的实例会让学生在学习过程中产生很强的认同感。当然除了正面的案例外，就业指导课教师也可以运用一些反面事例让学生引以为戒。

3. 情景体验

这种教学方法是围绕教学内容，从案例和相关资料中，收集相应的素材编写成"小剧本"，让学生扮演其中的各种角色，将实践活动搬进教室，身临其境，心临其境，从而提高学生的就业基本技能和应变能力。例如在学习完就业法律知识后，就可以编写一个关于大学生运用法律武器维护自己合法权益的小故事，将班上学生分成几个小组，各就各位，有扮演单位人事主管的，有模拟应聘学生的，有评判打分的。有条件的话还可以将模拟情景用摄像机录制下来以便让当事人回顾整个过程，并从中找到不足。最重要的是老师要引导学生进行归纳总结和提炼，从中找出问题所在，学会运用就业法律知识维护自己的正当权益。

4. 模拟招聘

模拟招聘是模拟实际招聘过程的实训环节。通过聘请企业总经理、人力资源主管、部门经理等专家到校组成招聘小组，按照企业真实的用人标准对毕业生进行一对一的综合测评，让学生身临其境地感受一次求职面试的全过程。模拟招聘既可以检验学生求职前的各项准备是否充分，也可以增强学生的就业意识，提高就业时的自信心。一般在大四上学期即可安排该教学活动。

5. 分类指导

就业指导课要有针对性才有实效性，因此任课教师首先应该是有专业背景的，对该专业的就业方向、从事的行业、岗位、发展前景等了如指掌，上起课来才能游刃有余。另外，即使是同一个班的同学，由于其对专业的掌握程度不同、家庭背景不同、个性不同等原因，也会产生这样或那样不同的问题，任课教师必须分情况进行指导。尤其是要与学生多交流多沟通，认真分析他们反馈的信息，这样才能做到对症下药、有的放矢。

除了上述校内教学形式外，独立学院还应该加强与用人单位的合作，探索校企联合培养的途径，建立更多稳固的校外就业基地或实习基地，安排学生到校外参加实习，深化学生对职业的认识和具体岗业知识技能的掌握情况，让学生在实习中感悟就业。学校也可以组织学生参加人才交流中心举办的大型招聘会、专场招聘会，让他们观察别人是怎么应聘的，例如求职者的服饰、礼仪、言语交流、求职简历等，边观察边回顾老师在课堂中讲授的知识,想一想面试中如果自己遇到这样的问题该如何回答等。

(四) 建立一支专兼职相结合的高水平的就业指导教师队伍

《教育部办公厅关于印发〈大学生职业发展与就业指导课程教学要求〉的通知》中指出:"建设一支相对稳定、专兼结合、高素质专业化、职业化的师资队伍,是保证大学生职业发展与就业指导课程教学质量的关键。"独立学院应对就业指导教师队伍的建设工作加以重视,努力建立一支专兼职相结合的高水平的就业指导教师队伍。

根据就业指导课的特点和独立学院的人才培养目标,就业指导教师队伍应校内校外互补。一方面在校内选择一批从事就业指导与管理工作时间长、经验丰富、认真负责的教师组成校内就业指导骨干教师队伍;另一方面,聘请企业的董事长、总经理、人力资源部经理和人才交流中心的管理人员担任客座教授或顾问,建立一支相对稳定的校外就业指导兼职教师队伍。

就业指导是一门集社会学、教育学、心理学、人力资源管理、社会学、法律、信息处理等专业知识相结合的综合性学科,就业指导教师扮演着"知识的传播者"、"团队的领导者"、"家长的代理人"、"心理辅导员"、"生涯设计指导者"、"职业工作介绍者"、"劳动力市场信息提供者"等角色,应该具有较高的综合素质:有正确的人生观、价值观和高尚的职业道德;有丰富的社会阅历和经验;有获取信息并处理运用信息的能力;有健康的心理,广博的知识面。独立学院要按照"专业化、职业化、专家化"的要求,加强对就业指导工作人员的职业素养和业务能力的培训,为毕业生提供专业的指导。

在教学过程中还要建立就业指导课程研究室或专门的研究部门,搜集并学习相关的理论,结合独立学院的实际情况和特色开展科研工作,不断提高就业指导教师队伍的科研水平和教学效果。

（五）重视就业心理的咨询和辅导工作

针对独立学院的办学特色和学生特点，学校应开设就业心理指导课程，帮助学生树立正确的"三观"（世界观、人生观和价值观），从而提高毕业生的综合素质，增强就业竞争力。同时，加强对大学生择业技巧的指导，开展择业心理健康教育，进行就业心理的自我调适。

1. 树立正确的择业观

择业观是大学生人生价值观的重要组成部分，它与大学生的世界观、道德意识及心理认知水平相互影响。独立学院的就业指导教师应引导大学生树立正确的择业观，增强自尊、自强、自立、自爱意识，发扬艰苦创业精神。

2. 调整就业期望值

独立学院大学生在择业时，要了解社会对自己所学专业的需求情况，要根据自己的兴趣、专业特长、能力等因素去确定就业期望值。就业指导教师要及时发现毕业生就业心理方面存在的问题并予以纠正，使毕业生树立正确的就业观念，调整就业期望值，引导他们认清形势，鼓励他们响应国家号召，通过参加"西部计划"、"村官计划"、"支农、支教计划"等项目，到基层、到最需要的地方去就业。

3. 增强自信心

自信心是一个人前进的源动力，它体现了求职者的精神面貌，直接影响着用人单位对求职者的第一印象，进而决定能否求职成功。所以，独立学院大学生要不断按照社会的需求去充实和提高自己，增强择业自信心，提高动手实践能力，向应用型人才转变。

4. 自我独立性

虽然家长有丰富的社会资源，但独立学院的大学生在择业过程还是应该具有独立性,不能"等、靠、要",主动积极地去寻找机会,有意识地按照自己的职业生涯规划去发展,最终成为对社会有用的人才。

总之,就业工作是一项系统工程,就业指导课的教学也是一项系统工程。教师在进行就业指导课程教学时应树立全程化的就业指导意识,着重提倡竞争择业的观念,帮助大学生认清就业形势,让大学生明白就业是自己的事,就业过程中最具有核心竞争力的是自身素质与综合能力,从而帮助大学生将就业压力转化为学习的动力,及时引导他们结合自己的性格、气质、兴趣、爱好、特长及所学专业,正确评价自己,真正树立积极而切合实际的职业理想。

第五节　全程化就业指导的契入点
——新生入学教育

就业指导是高校毕业生就业工作的重要组成部分,对毕业生就业有着重要意义,其工作的好坏直接影响毕业生就业率的高低。因此,高校加强就业指导工作刻不容缓。那么,就业指导工作从何处入手呢?我们认为,毕业生就业指导工作应贯穿大学教育全过程,从学生入学的那一天起就开始着手就业指导,也就是将入学教育作为全程化就业指导工作的契入点。

一、入学教育应包括就业教育

入学教育是指作为教育主体的学校或对口院系对刚入校的学生进行的一种有计划、有目的的教育活动。它是学校教育活动的一个重要内容和环节,是大学教育的起点。

对于新入学的大学生来说,最迫切的就是要帮助他们克服对新的学习环境和生活环境的不适应，调整心态，尽快完成从中学生到大学生的角色转换。与此同时，新入学的大学生还希望获得所学专业的更多信息，希望了解自己所学专业的现状及其发展前景，包括将来的就业问题。因此新生入学后，要根据不同院系、不同专业，通过不同的方式开展有计划的、系统的就业指导。首先，新生入学教育可以邀请本专业的专家、学者、有一定成就的校友对新生进行专业教育，介绍本专业人才培育规格和目标教育，使新生认识到所学专业的地位、作用和发展前景，从而帮助新生树立专业思想、明确专业目标，制订分阶段的学习计划，从根本上增强学习动力和提高学习自觉性，掌握专业知识和技能，为就业打下扎实的基础。其次，在入学教育中，对专业发展前景和未来就业形势做客观的、实事求是的分析和预测，既不护短，也不盲目夸大优势；既讲清目前以及今后相当长时间内就业面临的种种困难和压力，同时又从经济发展和专业优势的角度，对就业前景进行充分地分析和展望。让学生了解就业的困难和希望，使之更加明确学习的目的，知道自己该学些什么、怎样学，真正将"要我学"转变为"我要学"。这对于帮助学生形成正确的就业观，明确学习目的，端正学习态度，具有积极意义。

二、就业教育应始于入学教育

目前，各高校都相当注重新生的入学教育和毕业生的就业教育，但很少将二者结合起来，专门对新生进行就业教育。

刚刚进入大学的新生，他们对大学的学习生活充满着美好的憧憬，渴望通过四年的学习，成长为有用之才。他们非常关心自己今后的就业问题，迫切希望了解所学专业与今后职业的关系，对学好专业、树立人生理想有着强烈的追求。因此，这个阶段是开展职业发展教育的最佳时期，高校应从学生入校进行入学教育时就融入就业教育。

首先，开设"新生就业形势"指导课，帮助新生认清毕业时将要面临的就业压力，让学生明确就业是自己的事，就业过程中最具核心竞争力的是自己的能力与素质，鼓励新生将就业压力转化为整个大学阶段的学习动力。其次，开设"新生职业生涯规划设计"指导课，通过职业生涯规划的辅导和有关素质测评系统的应用与分析，帮助新生发现和了解自己的性格、兴趣和专长，帮助新生结合自己所学的专业，制定出符合个人成长与发展的奋斗目标。最后，开设"大学生应具备的能力与素质"指导，让他们充分了解社会对人才素质与能力的要求、大学生应具备的适应社会需要的能力与素质以及培养自身能力与素质的途径与方法。

三、入学教育中就业指导形式的多样化

目前绝大部分高校的入学教育的内容和形式均显得单调，十几年一贯制的军训已渐渐失去了往日的新颖和活力，其效果也不尽如人意。高校必须根据自身的特点对入学教育的内容和形式进行改革，将就业指导纳入其中。

(一) 认真组织好两个会

一个是报告会，包括专业的和非专业的、学术性的和非学术性的内容。报告会的主题可以包括本专业的现状和发展趋势，也可以是就业的现状和前景展望，进而对三四年后的就业形势作出预测。

另一个是讨论会或座谈会。讨论会的中心就是专业发展与就业问题。通过讨论会，让学生畅所欲言地发表自己对所学专业和就业的看法，让他们更充分地谈论和思考就业问题，将就业问题想深想透，更好地形成关于就业的理念。通过讨论还可以让学生获得更多的信息，加强对大学学习和生活的感受，加

深师生之间的沟通和交流,消除师生之间的隔阂。同时通过讨论发言,教育主体(教师)可以直接获得教育客体(学生)的信息,这对人才培养方案的实施以及教育方式的选择都是大有裨益的。

(二)请进来、走出去

"请进来"是指邀请校外人员来校给学生开讲座,主题围绕就业展开。"请进来"可以邀请以下四类嘉宾:

1. 有突出成就的校友

邀请在工作中做出了成绩并有一定知名度的校友,来学校给新生讲述他们创业的经历和心得体会。由于是现身说事,主讲人讲得真实,学生听得真切、可信度高,给学生的影响和启发大,教育效果较好。

2. 有一定知名度的专家

邀请校外专家做有关就业现状和发展前景的报告。由于专家在专业方面的优势,他们的报告往往既生动有趣,又具有说服力,加之他们的声誉和人格魅力,因而他们的讲座很受学生的欢迎。

3. 企业经理人员

这类嘉宾中有大中型企业的总经理或董事长,也有企业的人力资源经理,他们主要介绍企业要求的人才标准,让学生知道企业欢迎的什么样的人才。

4. 人才市场的负责人

这类嘉宾讲座的主要内容是目前就业人员求职的倾向和存在的不规范行为、企事业单位录用人员的标准、就业的发展趋势等。

由于后两类嘉宾是处在用人的第一线或是与一些工作岗位近距离接触,对于就业的情况了解得比较全面,因而他们的报告也具有很强的说服力,同样受到学生的欢迎,效果不错。

"走出去"即走出校门，带领学生到企事业单位去参观，到人才市场感觉求职的氛围，让他们获得更多的更直接的有关就业的信息，较早地感受求职氛围，了解求职的过程以及求职的困难与希望。同时也让学生更直接地了解了用人单位的用人标准，明确自己的差距和今后努力的方向。但值得注意的是，在人才市场里，学生所获得的信息会有一些非正常信息（或叫消极信息），这些非正常信息会对学生就业意识的形成和对未来就业的信心以及学习态度产生消极影响。因此，在带领学生参观、调研人才市场之后，教师应该及时组织学生开展座谈和讨论，让他们畅谈自己的感想和体会，及时地引导学生排除非正常信息，放下包袱，树立对未来就业的信心，轻松、自信地走上新的学习岗位，坚定不移地朝着既定目标努力奋斗。在这里还应该提请注意一点，"走出去"是入学教育和就业指导的一种形式，但因其要求高，不确定的因素多，执行起来难度较大，故风险也大。

　　综上所述，毕业生就业是高校工作的重中之重，就业指导应本着"宜早不宜迟"的原则，将入学教育作为就业指导工作的契入点，这对尽快培养学生的就业和创业意识具有重要意义。

第六节　模拟面试在全程化就业指导中的运用

　　高校就业指导课是提高大学生就业竞争力，促进学生顺利就业的重要课程。这门课程包括就业形势、职业生涯规划设计、应具备的能力与素质、就业观念、就业心理素质、求职技巧、简历制作与面试技巧、就业法律知识、就业政策、就业信息等内容。若能在就业指导课程结束后，举办一次模拟面试，将会使就业指导工作更有针对性、效果更好。

一、模拟面试的涵义和作用

模拟面试是高校就业指导中不可缺少的重要环节，是精心策划、模拟的实训过程。高校的模拟面试也可以称为模拟招聘，它既不同于传统意义上理解的高校模拟面试的作秀，也不同于很多高校采用的就业指导教师与学生之间进行的就业指导，而是采用独立的第三方（企业人力资源部经理、主管组成）按照企业的用人标准对毕业生进行一对一的综合测评，充分发掘毕业生存在的问题、优点和特长，让学生在正式参与招聘面试之前，身临其境地感受求职面试的全过程，增强学生的就业意识和就业的自信心，检验学生对求职面试的基本知识和技巧的掌握程度。

（一）让学生感受招聘面试的全过程

理论上的就业指导与实际运用，对学生内在的感受和能力的提高是完全不同的。毛泽东同志曾说过，你要知道梨子的滋味，你就得亲口尝一尝。模拟面试就是让学生亲口尝一尝"面试"这个"梨子"，亲身感受其中的滋味，对招聘会的过程在头脑里作一次全记录。例如，一次完整的面试应该包括见面、自我介绍、回答问题、与考官之间的交流等诸多环节，看似简单，但在模拟过程中，学生往往会因为紧张而忘记一些细节。因此，只有亲身经历，才会发现简单的事情也会弄错，也才会真正重视每一个面试环节的细节。

（二）让学生得到实际的锻炼

模拟面试的过程对所有学生来讲都是一种身临其境的实际锻炼。对模拟"应聘者"来说，有了这一次的实训就可能为真正的应聘打下一个良好的基础，特别是对那些从未在公共场合露过脸、上过阵的学生来说，第一次的实际锻炼将使他终生难忘。对于低年级的在现场观摩的学生，他们也会下意识地进入

"应聘"角色，思维跟着模拟面试的全过程而转动，并在每一个环节上进行对照，进而加深对"面试"的认识与理解，这也是一种实际锻炼。

（三）让学生得到深切的体验

几乎所有学生都对模拟面试深有感触与启发。某校2010届毕业生的模拟面试刚一结束，一位平常表现非常优秀的学生对他的指导老师说："老师，学校应该早点举办模拟面试。我发现仅有书本知识远远不够，在实践方面我们都还得努力。明天我要到人才市场去找几个单位再模拟一下。"模拟面试过程中，学生们多多少少都会暴露出一些问题，有的甚至还是低级错误。这些问题如果不通过模拟面试，学生就无法取得深刻的体验。我们在云南师范大学商学院2010届已参加模拟面试的毕业生中发放抽样调查表906份，实际收回的调查表875份。其中觉得非常有必要组织模拟面试的占89.7%，觉得有必要的占8.96%，认为没有必要的占0.79%，觉得无所谓的占0.55%，可见绝大多数学生对模拟面试实战是赞成和积极参与的。

二、模拟面试的组织与实施

根据多年模拟招聘面试实践，一次好的模拟面试应当精心策划，并完善地组织好每个环节，这样才会收到好的效果。

（一）做好模拟面试的准备

模拟招聘面试的准备，包括不同专业学生模拟面试内容和流程的准备，学生自我推荐材料的准备，室内场景布置准备，模拟面试考官的聘请和培训，提问的问题及情境测试题的准备等。

（二）营造模拟面试的情境

模拟面试的情境要求逼真，应尽量贴近市场招聘的场景。为了满足教学示范的需要，场地布置要便于低年级学生观看

(如图 5-1 所示)，便于模拟面试者进行示范，同时还要进行适度的招聘氛围营造。

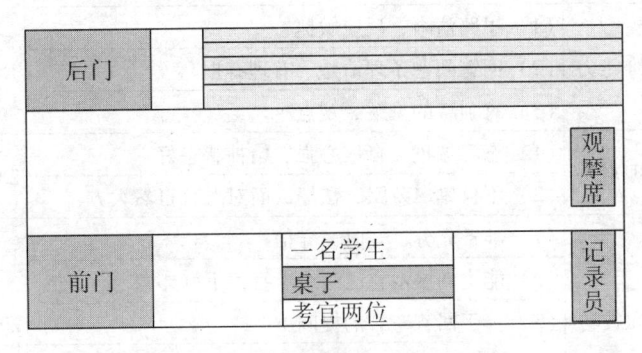

```
┌─────────┬─┬──────────────────────┐
│         │ │                      │
│  后门   │ │                      │
│         │ │                      │
├─────────┴─┴──────────────┬───────┤
│                          │ 观    │
│                          │ 摩    │
│                          │ 席    │
├─────────┬────────────────┼───────┤
│         │  一名学生      │ 记    │
│  前门   │  桌子          │ 录    │
│         │  考官两位      │ 员    │
└─────────┴────────────────┴───────┘
```

图 5-1　模拟面试考场安排示意图

(三) 精心组织模拟面试过程

1. 设计好模拟面试考核内容

表 5-12　　　　　　模拟面试考核要点

考核项目	考 核 细 则	分值
着装礼仪	(1) 着正式职业装，服装干净、整洁 (2) 头发、面部修饰得当 (3) 坐姿、站姿端庄大方 (4) 进门打招呼、结束告谢、举止大方、彬彬有礼	10 分
求职准备	(1) 携带个人简历及相关资料 (2) 简历制作规范，有闪光点 (3) 自我定位准确，有明确的目标或求职意向 (4) 对应聘的职业、岗位、单位或行业比较了解 (5) 应聘职业或岗位与自己的专业或专长基本符合	20 分
沟通能力	(1) 自我介绍简洁明了，重点突出 (2) 普通话标准，语言清晰、流畅、用词恰当 (3) 善于倾听，具有良好的沟通与交流能力	15 分

表5-12(续)

考核项目	考核细则	分值
思维能力	(1) 思路清晰，反应敏捷 (2) 回答问题条理清楚、有理有据 (3) 有独特的见解、观点	15分
心理素质	(1) 态度端正、自信心强、精神状态好 (2) 不自卑、急躁、怯场，面对考官自然大方	20分
求职技巧	(1) 准备充分，守时、守信 (2) 能主动展示自己，给考官留下好印象 (3) 善于回答考官的提问 (4) 心态良好，期望值合理，无急功近利思想 (5) 具有良好的就业观念	20分
合计		100分

2. 设计好面试提问

模拟面试的提问设计要注意：

(1) 紧贴学生实际、生活实际以及目前企业对该专业、岗位、综合素质、业务能力和专业水平要求进行全面考量；

(2) 选用职场招聘中常见的、容易出错的问题；

(3) 重考查学生思维与理解能力设计提问；

(4) 重考查学生应变能力设计提问。

3. 设计好情境测试

情境测试是把学生放到模拟的现实生活环境中去体验，去感悟以考查其在现实生活中的处事能力，交往能力，应变能力以及逻辑思维能力，在较高的层次上反映学生的综合素质。可设置多种情境测试，让应聘者和观摩的学生均能进入情境作答。例如：①你应聘到某公司上班，碰上一位不苟言笑，表情严肃的领导。某天，你正在办公室与同事议论这位领导，然而你一转身，竟发现这位领导正好站在你身后，这时你如何应对这尴尬的局面？②假如你是一家公司的会计，第一天上班去税务局报税时，专管员忙着要去开会，让你明天再来，可这一天已是报税的最后期限了，你该怎么办？诸如类似的情境测试贴近生活和工作，学生兴趣大，参与热情高，也很能综合地反映学生的素质。因此，设计情境测试，要贴近生活，针对性强，既能启发学生进入角色，应对生活、工作中的问题，又在一定程度上测试了学生的素质，让学生体验到"工作"的考验。

三、模拟面试需注意的问题

（一）注意面试考官的选聘

虽然是模拟，但若能选聘来自用人单位的面试考官，效果会好于由校内教师担任面试考官。在几年的实践中，云南师范大学商学院组织的模拟面试完全是采用第三方（企业人力资源部经理组成）独立完成的实战面试，联系的单位都是一些管理规范、在当地具有一定知名度的企业或人才市场，聘请的面试考官也是具有丰富管理经验的企业高层管理人员或人力资源专家。这些面试考官，不仅熟知招聘面试的流程，而且来自于第一线的用人单位，非常了解不同类型的行业、不同岗位在不同时期的用人标准。用严格甚至苛刻的眼光来进行模拟面试，更有"现场感"、更具真实性。模拟面试考官选得好与否，将直接影响"面试"的成败，因此，只有选聘一些知名企业责任心强、业务水平高、综合能力强的人事主管、人力资源部经理来担任面试考官，才能确保"面试"的质量，才能充分挖掘每一位毕业生存在的问题，毕业生才服气和接受，点评的时候也才能真正到位，对学生起到更有针对性的帮助。

（二）注意及时进行现场点评

模拟面试具有教学示范作用，因此，在模拟面试过程的一些重要环节要随时进行记录,现场批改"作业",使所有学生都受到启发教育。例如,大多数同学在第一次参加模拟面试、做自我介绍时往往不能有针对性地推荐自己,套话、空话多,无特点;在回答问题的环节上,学生易出的问题是答非所问,不得要旨,离题偏题;在情境测试环节上,学生易出的问题是想当然,脱离生活和工作的实际,不合情理或不规范……这些都需要面试考官记下来,对个性问题要进行一对一的点评和指导;对共性问题,在本场面试结束以后,将对全过程进行总结性点评,讲细讲透。

(三)注意应聘细节,让学生明白细节决定成败

在模拟面试的过程中,常有学生不注意细节,从形象仪表到回答提问,从基本礼仪到语调语速,都出现不少漏洞。在现实应聘中,这些漏洞往往会导致面试失败。因此,在模拟面试时,要将学生所有的不足细节都记下来,面试考官要细察并予以点评,以强化学生的细节意识,防止学生因小失大。

模拟面试不是教学生戴上一层假面具去欺骗面试考官,而在于让学生有机会深度探索自己,发觉自己的优、缺点,适度地表现自己的优点,以说服面试考官:"我就是最适合这一职位的人!"

模拟面试在商学院已经展开了三年,取得了不少的成绩和经验,以上只是其中的点滴心得,相信通过用人单位、学校和学生的共同努力,模拟面试会做得越来越好,高校的就业指导工作也会做得越来越有成效。

第七节　独立学院毕业生自主创业
存在的问题及对策

当前大学生就业难已成为一个不争的事实，政府千方百计促就业，高校想方设法"推"就业，学生及家长努力"跑"就业，已形成了政府、学校、学生及家长共同努力、齐抓就业的局面。因此，积极推进高校毕业生创业，以创业推动就业，就成为推进毕业生就业的又一新途径。当然，从当前毕业生创业环境及教育体制和教育背景来看，推进高校积极开展大学生创业培训，引导大学生自主创业，也还应进一步考量和评估。

一、当前引导和鼓励独立学院毕业生自主创业存在的主要问题

（一）独立学院毕业生没有系统的自主创业理论体系做支撑

高校毕业生就业难，很大程度上直接反映了高等教育体制中的问题：高校办学自主权过小，国家行政干预过多；高校人才培养与社会实际需求相脱节；教学改革进展缓慢，办学效率低下等。高等教育长期以来没有把大学生创业能力作为培养目标，而是侧重于就业型人才的培养。其结果是绝大多数毕业生被动就业，不敢创业，缺乏创业精神和创业能力。到目前为止，对在校学生开展大学生自主创业教育课程的独立学院还很少，更没有组织开展在校大学生自主创业实践体验教育。这样，对于没有自主创业理论系统教育培训，更没有创业经验积累和创业实践体验的独立学院毕业生来说，创业成功率可想而知。据相关资料统计，国外高校毕业生创业平均成功率为20%，而我国最发达地区广东省，毕业生创业成功率只有1%，浙江省不到

2%。由此可以看出，我国独立学院毕业生创业成功率远远低于国外。除了创业政策、环境的影响外，在创业理论教育与培训，创业实践教育等方面也有着较大的差距。因此，必须从大学低年级开始，建立大学生自主创业理论教育及实践教育相结合的教育培训体系，才能为毕业生自主创业提供理论支持和保障。

（二）独立学院毕业生缺乏自主创业的社会经验

多数大学生在校期间只注重学好本专业的课程，不注重知识面的拓宽，缺乏经营管理、市场营销和财务管理等必需的创业知识和经验积累。大学生刚出校门，工作经验比较欠缺，更没有实际经营管理经验，难以解决在创业过程中遇到的复杂问题。很多大学生在创业时并未考虑清楚自己的优势和擅长的领域，放弃自己的专业技能，或者光凭想象冲动做事，成功率当然不会高。因此，面对异常激烈的市场竞争，对于没有经验的大学生来说，创业难，成功创业更难！

（三）独立学院毕业生自主创业缺乏相应的政策、制度做保障

近年来，中央和各省、区、市相继出台了积极鼓励高校毕业生创业的相关政策和指导性意见，但没有出台相应的实施细则，具体问题如何处理和解决，也没有明确的规定。比如，毕业生在创业初期，往往会出现启动资金不足的问题，按照国家、各省出台的相关政策，创业毕业生可到相关部门申请小额创业资金担保贷款。但实际情况并非如此，真正申请得到担保贷款支持的极少，问题就在于政策执行不力，部门协调不够。虽然国家再三强调要大力支持和扶持大学毕业生创业，相应的政策早已颁布，但一些地方政府和有关单位以及高校并没有积极地贯彻执行。一些主管领导甚至没有认真学习国家的相关政策，当然就更谈不上研究和制定本地大学生创业的具体办法。

(四)独立学院毕业生自主创业缺乏资金、技术支持

在毕业生自主创业初期,资金不足是大学生创业者遇到的最头痛的问题。大学生大多出生在普通家庭,为上大学家里已经花费了大量财力,有的家庭甚至倾囊而出,需要大学生就业后赚取报酬反哺家庭。如果要创业,就需要家里再投入一笔启动资金,这与大部分父母希望孩子尽快就业的期望不符。很多有创业念头的大学生因缺乏启动资金停止了创业脚步,而已经创业的大学生有的也因资金周转不力而陷入困境。在技术方面,很多创业毕业生只有书本理论知识,并没有实战技术做支撑,缺乏通过书本理论解决实际问题的技术和能力,这也是造成创业失败的重要原因。

二、帮助解决独立学院毕业生自主创业的对策

(一)制定并完善相应的制度及实施细则,为毕业生自主创业提供支持

最近几年,国家和地方政府以及一些高校纷纷出台支持和扶持大学生创业的政策,为大学生创业解除了许多后顾之忧。然而仔细分析和思考,完善毕业生创业实施细则,制定配套措施,加强部门协调刻不容缓。在高校毕业生创业之前,须经创业前培训,创业培训的目标是让大学生具备创业技能、参加创业活动,提高创业成功率。因此,应当将大学生创业纳入社会创业系统中,让大学生在创业方面享受更优惠的待遇。政府要制定一系列优惠政策及配套措施,降低创业门槛,减少创业成本和风险,营造良好的创业环境,在税费减免、小额贷款、社会保险补贴、创业基地、人事档案管理等方面提供尽可能的优惠或便利条件,解决创业者的后顾之忧。

为此,各级政府和相关部门一定要统一思想,提高认识,细化相关的具有可操作性的创业措施,完善实施细则,使之规

范化、体系化，为毕业生成功创业提供制度保障，以促进大学生自主创业、积极就业。

（二）提供毕业生到企业锻炼和培训的机会，积累创业经验，为毕业生成功创业打好基础

据了解，近年来随着各高校的扩招，接受过高等教育的80后、90后以每年300万～400万人的规模进入就业市场。因此，未来一段时间内大学生面临的就业压力不会很快减弱。在这样的背景下，创业也自然就成了更多毕业生的选择。但是，创业所需要的条件比较复杂。从自身来说，由于大部分毕业生还处在心理逐步成熟的过程，在这样的年龄面对来自社会的压力，无论是选择就业还是创业，都会遇到各种各样的问题，尤其是创业困难更大。因此，调整自身的精神状态就成了面对压力继而战胜压力的有力法宝。

从创业过程来说，刚毕业生的大学生由于缺乏创业经验，对市场的认识还有待提高。因此，需要根据经济社会的发展变化，通过适应性培训，帮助大学生树立创业信心，积累创业经验，掌握创业技能，学会捕捉商业机会，提高创业管理的能力，从而提高创业成功率。

（三）建立毕业生创业导师制，对毕业生成功创业提供经验及技术等方面的支持

大学生创业导师制是指为使大学生成功创业，根据其创业过程的阶段特点，聘请相关专家在创业阶段进行有针对性的指导。创业导师的主要任务是引导大学生树立创业理念，开展创业培训，指导创业实践，并为其提供创业服务。

大学生创业导师的指导方式可根据学生在创业过程中实际情况，采用多种形式进行：一是单一指导，根据大学生在创业中遇到的创业项目遴选，由创业导师进行一对一的指导；二是重点、难点指导，由创业导师对疑难问题进行集体指导；三是

全程指导，根据大学生创业的不同特点，由创业导师跟踪其创业过程，进行全程指导。

目前不少毕业生虽然有创业的打算，但由于缺乏创业知识，相关经验不足，没人脉、没渠道、没资源、缺乏抗风险能力和应变能力，在创业过程中走了不少弯路，往往使创业梦想最终成为空想。通过建立创业导师制，采取现场指导、定期见面、通信联络等方式，为大学生创业提供政策、法律、操作程序等方面的咨询，帮助创业者增长相关知识，增强创业信心，选择合适项目。

（四）加大毕业生自主创业资金支持力度，简化创业资金审批环节，确保资金按时到位

资金不足是影响毕业生创业的首要问题。对刚毕业的大学生来讲，创业还只是一种冲动的想法，自己想尝试，没资金；向父母、朋友求援，又觉没脸面，且创业的想法与父母还没有达成共识。因此，在创业资金方面，政府可联合高校和企业出资设立创业担保资金，为大学生创业贷款提供担保，解决创业资金问题；也可设立风险投资基金，对科技含量高、新能源、新材料、环保节能等中小企业直接投资，与大学生创业共担风险，共享收益，待中小企业发展壮大后可按所持股份的比例将所有权益予以抽回或转让；或设立政府创业奖励基金，对有好项目、有发展潜力的企业可实行创业奖励或贷偿制度。这样，一方面可以减轻企业资金负担；另一方面可以鼓励企业积极发展。同时，还要简化创业资金审批环节，简化审批手续，确保资金如期按时到位，从根本上解决大学生创业资金不足的问题。

第六章　独立学院发展战略研究

发展是硬道理，发展是主题。独立学院的发展需要综合运用多种战略。这些战略相辅相成，共同为独立学院在招生、教学管理、学生管理和就业工作中存在的问题答疑解惑。

一、独立学院的发展战略目标

独立学院具有许多共性特征，质量、效益是办学者追求的共同目标，二者的和谐统一是要以独立学院通过特色建设来实现的主要目标。因此，独立学院的发展战略目标可以说是以现代企业管理理论为基础的，通过竞争、人才、管理、品牌、创新等战略建设，整合社会教育资源，围绕招生、教学管理、学生管理和就业四个关键环节，形成有特色的核心竞争力。一方面确保教学质量，办出符合社会发展需要的教育；另一方面确保独立学院投资者的资产保值增值，从而实现独立学院的可持续发展。

二、独立学院发展战略构架

每一所独立学院必须根据自己的办学目标、任务和内外部条件，在不断发展完善的过程中形成独具特色的适合本校发展的合理结构，而适度的规模为结构调整和优化组合留下灵活的空间。围绕招生、教学和就业工作，结合独立学院的特点，其发展战略主要有：

（一）竞争战略

战略的基本属性是竞争。独立学院的竞争首先是生源竞争，有生源则有财源，有财源才有投入和结余，学校才能立于不败之地。要争取生源，就必须确保学校的品牌、专业、质量、就业等，使学校处于相对有利的地位。谁能满足广大学生的需求，谁就能胜出。随着《中华人民共和国民办教育促进法》的公布实施，我国民办高等教育的竞争环境正在发生深层次的变化，市场经济的竞争机制必然导入民办高等教育领域。随着经济开放度的加速提高，更高水平的竞争正在更为广泛的领域展开，办学条件、师资队伍建设、管理水平、生源的数量和质量、教育教学质量、毕业率、就业率等方面都将成为竞争的主导因素。

竞争水平的高低主要取决于竞争对手的数量和办学水平的高低。在开放和竞争状态下，求学者对独立学院选择的成本降低、范围扩大、学校和专业增加，从而对学校的办学水平和管理水平提出了更高的要求。如何满足日益成熟的求学者的需求，不断超越竞争对手，是新环境下学校发展的关键。学校间竞争的加剧，为其克服内部组织的惰性创造了重要的外部条件，对学校变革和创新提出了更为紧迫的要求，从而形成学校进一步发展的最为可靠的动力。竞争的胜出者会进一步吸引高质量的求学群体，高质量的生源是学校提高质量的前提。有了高质量的毕业生才能逐渐从根本上改变社会对独立学院不重视的现状。

竞争战略可分为外部竞争和内部竞争。外部竞争首先要确立竞争对象，明确谁是自身的主要竞争对手。对独立学院而言，与本校招生生源争夺最强者即为主要竞争对手。明确了对手，就要建立竞争情报系统，搜集相关信息，随时关注对手对环境变化的反应度。一般可以通过报纸、杂志、学术报告、交流材料、招生简章、招生广告、招生会议、教师、学生和客户等渠道获取情报，并对其进行定性、定量和总体分析与评价，以便掌握对手可能进一步采取的策略和阶段目标等。要对竞争对手的财务状况、运作能力以及可能在竞争中采取的手段等有所认识和防备，做到知己知彼、百战不殆。内部竞争主要涉及人事运作，应坚持实行岗位聘任制，建立公开招聘、平等竞争、择优聘用、充满活力的用人制度，以使优秀人才尽快成长和发挥才干，形成激励机制。反之，若在人员任用上采取暗箱操作，或是感情用人，把不适合从事某项工作的人员安排到较为重要的岗位任职，则会从另一个方面极大地伤害有工作能力而不善于拉关系的骨干。近几年独立学院中跳槽现象的增多原因固然很多，但其中之一就是没有科学合理的用人竞争机制，使得一些人的"抱负"不能实现而黯然离开。

（二）人才战略

人才是现代大学不断前进的内在动力，知识决定命运、能力决定前程。建立一支面向21世纪的学习型、创新型、实干型独立学院专业人才队伍具有重大意义。独立学院的竞争，归根结底是人才的竞争。一位著名教授或学科带头人，往往可以带动一个学科、一个专业的建设或一个课题的开展，甚至决定学校的生存和发展。选拔、聘用人才是学校的重要任务。独立学院要有胆识、有勇气接纳有志之士、有才之士，要舍得用较高的物质待遇聘用并留住他们。目前在独立学院的经费开支中，教职工工资、兼职教师课时费、奖金等人头费所占比例约为10%~15%，若能达到25%，则更有利于学校依靠物质手段引进人才和留住人才。

独立学院的师资队伍建设实行专兼结合、以兼为主的体制。从人才战略出发，要加大高素质、高水平专职教师队伍和行政管理队伍建设。要积极吸纳一批德高望重、富有才学，能带领学校开展学科建设、专业建设、教材建设、图书馆建设等方面的专业人才在独立学院工作。要逐步建立一支结构优化、素质良好、富有活力的教职工队伍，按照效率优先、兼顾公平、精简高效、按需设岗、以岗定酬、优劳优酬，强化岗位聘任力度。坚持以学科建设为龙头，努力创造有利于优秀人才尽快成长和发挥才干的环境。设立学科建设、教学、科研和管理工作的关键岗位、重点岗位和一般岗位，建立实现中、长期发展目标的激励机制，形成人才战略的导向指针体系。

（三）管理战略

战略管理通常分三个阶段：战略制定、战略实施和战略评价与控制。战略制定包括制定学校中、长期的发展方向、任务、目标及各阶段的实施、组织、调度和可操作性计划。战略实施包括制度设计、制定年度目标和分解、资源配置、组织调整。战略评价和控制包括对任务的评价、测度等，以便及时发现问题和偏差并加以修正。

管理战略实际上是一个连续不断地、复杂地组织学习的过程，要求学校不断研究新情况，解决新问题。管理战略要解决的问题是：①独立学院的"方向路线"问题；②满足投资者的经济利益，解决合理回报问题；③要与自身的办学条件，办学能力相匹配，不断适应社会经济、文化教育的变化环境；④要组织建立并不断完善内部信息交流系统，调整学校的管理观念、办学方式和资源配置；⑤提高全体教职工的素质与快速反应能力，形成积极向上的良好校风、教风和学风，最终实现以管理求效益，以效益提升竞争力的目的。

战略管理要求学校的决策者尽可能以理性的、客观的判断，加之经验和直觉做出重大决策。决策者的判断能力和水平直接影响决策质量。决策者必须尽可能收集和选用与决策有关的信息，而不是仅仅依靠那些容易获得但实际作用不大、质量不高的信息进行决策,客观地拟出尽可能多的备选方案并谨慎的抉择最终方案。

管理战略的核心是管理治校,要寻求新时期的治校方略,重视学校规章制度建设,注重向管理要水平、要效益,追求科学性、规范性,坚持科学治校。独立学院的发展一般遵循由小到大,由单学科向多学科发展的规律,因此组织机构具有动态性、多维性、综合性和多样性的特点。优化结构是提升系统功能的重要措施,适度规模是组织系统提高效益的重要手段与途径。独立学院的管理工作具有充分的挑战性、创新性和开拓进取性,其结构要坚持去除脂肪、精干主技,建立扁平化、网络型组织。战略管理的任务之一就是随着结构的调整管理也要相应的做出调整。一般采用跨职能的任务团队方式来提高管理效能,剥离管理层级的束缚,去除部门间的障碍,设立多功能、多单元与灵活的授权工作小组,使管理者的工作日益扩大化和内容丰富化,充分释放自己的精力、智慧和自信。这种以任务为中心的团队更适合独立学院变化快的特点,也更容易发挥个人的聪明才智,更富有工作激情。法国在高等教育改革中取消了大学的院系建制,改为"教学与科学研究单位",既适应了新的科学技术与经济发展的需要,又促进了大学的教学与科研。其改革思想值得借鉴。

在学校管理中,以理念治校是办学者面临的新课题。理念治校是一所高校成熟的标志。确立适合本校实际的教育理念,是管理战略中不容忽视的问题。学校应从自身的办学传统、文化特色、学校积累、社会功能、培养目标等确立自己的教学理念,办出特色,形成优势,创出品牌。

(四)品牌战略

现代高等教育的发展日益进入深刻的、更加激烈的竞争时代,而品牌竞争是教育领域竞争的集中体现。一个知名的独立学院的品牌，不仅可以压缩竞争者的生存空间；同时又能为自身创造新的增长空间。品牌声誉的溢出效应使独立学院获得招生链和就业链的先手优势，获得在同类高校中的领导者地位，获得社会资源的不断涌入。品牌的增值相对于资本的增值往往是惊人的，品牌已经成为独立学院竞争的原子核，谁能拥有品牌并成功地运用品牌战略，谁就能获得办学优势，赢得教育市场。

独立学院的品牌要素包括：一个易写、易读、易记的全称和简称；一个具有视觉冲击力的形象标志，如校旗、徽标；一个具有开拓精神和现代意识的办学宗旨、办学理念、校训等。树立品牌，要具备知识要素、技术要素和管理要素，直接和间接的带有情感价值、市场价值和竞争价值，体现品牌的文化理念和精神。树立一个品牌，就是树立价值观、信誉度和亲和力。通过品牌，让社会、公众、家长、学生感受到独立学院有上乘的教育教学质量，可以给学生带来光明的前程和丰厚的待遇，是值得广大学生追求的求学目标，是社会进步需要依赖的智囊库，是科技进步的实验地。

实施品牌战略，可以用这一无形资产转换为有形资产，可以减轻独立学院发展空间受到挤压的压力，可以提升办学效益，可以用"信用"取得"贷款"吸纳社会资本，可以谋求长期的可持续发展。如世界著名的私立大学牛津大学、哈佛大学、剑桥大学、耶鲁大学、早稻田大学等，都是以百余年甚至数百年的历史铸就世界名校的品牌，这些品牌影响着一个人、一个民族、一个国家甚至整个世界的命运。

（五）创新战略

随着独立学院的不断发展、创新战略的意义不断凸现。创新战略是指独立学院通过构建一种新的发展模式，改变长期以来形成的运作规则，形成新的教育模式、教育内容和发展目标，获取更大发展空间的一种思想。创新旨在办学过程中建立并创造新的要素组合,其内容包括办学理念创新、管理体制创新、规章制度创新、科学研究创新、后勤管理创新等,从而形成整体竞争优势。简单地说,一切可以提升独立学院竞争力,形成差异化优势,为社会、家长、学生认同的开创性活动和行为都可以纳入学校创新的范畴,而社会对接受高等教育的需求则是学校创新最为重要的动力因素。创新战略需要转变独立学院原有的工作思路、调整组织结构、改革教学形式和内容,重组人力资源等。

创新战略是一个涵盖学校各个层面的重大决策,特别是管理层要有意识地借助科学手段和工具,从战略高度理性分析、研究、审视和规划创新过程的每个重要环节,重视与创新战略相匹配的资源储备和组织安排。

创新是典型的创造性活动,要求宽松、平等、和谐和有利于交流、沟通的氛围,建立创新型组织是实施创新战略的基本保障。学校领导在组织工作中除了要发挥自身的影响力外,还要求在组织中淡化等级概念,在尽可能平等的基础上,以不同的组织方式体现参与群体共同的利益,消除大家的分歧,使学校的创新目标与部门、个人的目标相一致。公平合理的分配机制是学校创新系统得以正常运作的重要保证,也是激发教职工积极性的关键。学校是无形资产的聚集地,其知识和技术的价值很难做出量的界定,在分配上必须遵循责、权、利相统一的原则。学校的激励机制要以激励团队和整体利益为目标,要积极引导和促使全体教职工不断向更高层次发展,培养个人与学校共存共荣的群体意识,培养大家对学校的认同感、忠诚感、向心力和凝聚力,促使大家高度协作和共同超越,为完成总体目标充分发挥各自的创造性和能动性。

独立学院的创新与整个国家的教育政策、民办高等教育的发展密切相关，这是学校制定创新战略时的重要参考。学校创新的效率将受这些外来因素的影响和制约。创新靠什么？一靠资金，二靠人才，三靠信息。资金是创新活动得以正常进行的重要保证，人才是创新的核心资源，信息是创新的重要资源。随着民办高等教育中介服务组织的不断涌现，如咨询公司、信息中心、评估中心、技术开发中心、人才交流中心等，他们在创新中行使撮合、催化、裂变、促进、服务等功能。学校创新要充分利用这些社会资源，发挥其重要的桥梁、纽带和补充作用。

（六）宣传战略

公办高校与独立学院在外在行为上的差异之一就是独立学院更注重利用广告宣传自己。民办教育是随着市场经济的发展而诞生，与市场经济的关系更为紧密，自然在办学活动中更多借助、借鉴市场运作的手法。任何一所独立学院在发展的初始阶段都离不开广告的作用。广告是学校对外传播的一个窗口，利用广告宣传自己的办学理念、教学环境、教学质量、人才培养水平等，以便让更多学生和家长认识学校。

广告是为一定目的、通过一定方式，向社会大众传播信息并希望得到一定回报的宣传活动。独立学院的广告可分为招生广告、宣传广告两大类。广告的投入成本较大，一定要进行先期调查，通过量入为出、合理预算、选择媒体、精心策划、增加创意、认真设计、诚信公布、信息反馈等多个环节，以期达到理想效果。

广告投入会产生瞬时效益和长远效益，特别是宣传性广告更具潜移默化的功能。经实验证明：一个人对自己非常满意或非常不满意的事，都会在一定时期内至少向10个人传播，其有效传播层次至少在三层。正面宣传可以使学校获得良好口碑，赢得更多、更好的生源；负面宣传也可以对学校造成不良影响，使其流失生源甚至没有生源。

广告战略的核心是扩大学校的正面影响，提高社会认可度，获得资金、生源、政策及相关社会资源的支持，取得最佳办学效益。同时也要看到，除广告宣传外，独立学院还可以通过对外开展公益性、文化性活动，加大传播力度，扩大学校影响，如赞助公益性事业、社会捐款、抗洪救灾、扶贫助残等。开展这些活动应选好主题、把握机会、系统策划、认真实施，以社会效益拉动办学效益。

独立学院的广告可以分为广播广告、电视广告、报刊广告、邮件广告、招生简章、学院简介等。一般具有时效性强、时间集中的特点，但宣传工作要贯彻始终。如通过广播新闻、电视新闻、报纸新闻以及参加庆典活动、公益活动、学术活动、文体活动、竞赛活动、投资城乡公益性建设、资助福利事业和有新闻价值的会议等进行宣传。平时也要加强与社会各界、学生、家长的沟通与协调，向社会公众传播学校的信息，让人们更多的了解学校、认同学校、接纳学校、树立学校的良好形象。

（七）国际化战略

所谓国际化，就是使本校逐渐意识到与国际教育活动接轨对自身未来发展的影响力和重要性，并与其他国家的教育机构建立和进行教育交流、教育合作等，以提高学校的竞争优势。国际化是高等教育适应世界变化的需要，是实现经济发展的需要，是高等教育改革的需要，也是高新技术迅猛发展的需要。我国独立学院由于受办学历史、办学规模、办学层次等因素的制约，虽然经过一段时间的快速发展，但仍处于相对落后和相对封闭的办学环境中，不要说与国际接轨，就是与国内公办高校的交流或独立学院与独立学院之间的交流都还不够。但随着我国加入WTO，教育作为服务性产业之一，也将按照GATS有关开放服务市场的规定，对加入WTO的所有成员国开放。教育劳务的不断渗入以及中国教育与国际教育的接轨，必然出现引进大量国外优质教育资源促进高等教育国际化的局面。近几年中外合作办学迅速发展即为明证。

教育国际化包括课程国际化、教师流动和学生流动三个因素，而课程国际化是重中之重。独立学院的发展，具有从国内战略向国际化战略延伸的必要和可能。独立学院的办学成就与其国际化的程度存在正相关。对于独立学院而言，近期实施国际化战略应侧重于以高等职业教育为主，增强开放意识，增加教师与国外的交流与交往，在教学中追踪教育国际化信息，体现教育国际化精神。从课程国际化来看，目前各校开设的国际合作、国际贸易、国际关系、外国语、外国文学、外国史等课程，应首先达到国际化标准；对涉及计算机、通信技术、生物化学的课程也应紧跟国际发展步伐，并在此基础上推动教育思想和教学方法的改革。

目前许多高校还不具备制定或实施国际化战略的可能，但不排除部分学校可以涉足这一领域。因为这既是扩张的需要，也是不断学习、借鉴、引进、吸收国外一切优质教育资源、教育思想、教育手段、教育内容的有效途径。

三、独立学院发展战略实施的前提

前述发展战略，基本涵盖了独立学院发展的四个关键环节中需要解决的主要问题。而制定战略与实施战略相比，后者更困难。不可忽视的是，在实施战略中会存在以下问题：一是实施过程不是一个简单地机械执行过程，因学校外部及内部条件的动态变化，往往会比预定计划碰到更多的困难和问题；二是学校领导及全体教职工的认识水平和业务能力对新的战略实施的适应性存在缺陷和不足；三是整个独立学院的发展态势以及其他竞争对手的影响往往会使本校的战略实施出现位移；四是学校内部各部门之间的本位主义可能导致总目标的偏离。因此，要将独立学院的发展战略实施到位，需要解决好以下几个问题：

（一）建立良好的管理体制

独立学院在起步阶段多是采取家族式管理。学校名为董事会或校委会领导，实际上是家长型董事会或咨询型董事会，很难发挥共同研究、集体决策的作用，董事会形同虚设。这种模式在机会成功阶段具有相当的普遍性和一定的合理性。独立学院进入战略成功阶段后，原有的家族式管理已成为学校向纵深发展的制约因素，必须从管理体制入手进行改革。首先，要建立健全董事会、评议会和监事会制度。董事会负责学校重大活动的决策，评议会负责对董事会的决策进行讨论，监事会负责监督董事会的决定是否符合学校的发展和监督董事会成员的工作情况。董事会、评议会和监事会在学校管理体制上形成权力制约机制，避免董事会取代校长的职权或校长大权独揽凌驾于董事会之上。这种三权分立的体制是战略成功的基础，是被国外私立大学证明的行之有效的管理体制。其次，学校的管理拟采用集权管理，重心下移，实行校、院、系三级管理模式，条块结合、以条为主。学校为决策中心，学院为管理中心，系、处、室为质量中心。学校拥有对重大事项的决策权和审定权，学院拥有微观决策权和一定的自主权。学校以立章建制的形式予以确认，学院以制度的形式进一步细化和完善。最后，学校的管理要充分学习现代管理制度，并受国家法律法规约束和外界督导评价，增强民主参与意识，如教师参与制度、社会人士参与制度、学生参与制度、家长参与制度等，建立发展规划制度、专业课程设置制度、教学质量评估制度、收费制度、财务制度、人事制度等。

（二）坚持统一指挥

独立学院的战略实施关键是高层领导的统一指挥是否卓有

成效，是否能把各方面的工作协调、平衡好。学校施行不同的战略与不同的领导者类型密切相关：当独立学院侧重于扩大办学规模、注重数量的发展时，应选择征服型领导；当侧重于数量、质量均衡发展时，应选择冷静型领导；当侧重稳定办学规模、强调提高质量时，应选择行政型领导。

(三) 减少干预，以最低成本解决问题

战略实施过程也是成本投入过程，如何以最小的投入获得最大的利益是举办者时刻要关注的问题。当在战略实施中不可避免地会发生一些问题时，决策者应视问题的性质和影响程度来决定其干预和介入的程度，原则上应尽量减少干预和降低工作重心。例如，对低层次的问题不要放到高层次解决，能由基层单位解决的不放到董事会解决等，以减少付出代价。

(四) 根据变化，适时调整战略

战略实施往往会出现现实与假设相冲突的现象，当情况变化不大时，应坚持按原战略实施，仅作微调；当情况发生重大变化时，则必须重新审视原战略，启动替代方案及时做出调整并实施。

(五) 依法保障、促进、规范战略实施

《中华人民共和国民办教育促进法》的颁布，标志着中国民办高等教育进入法制化阶段，依法办学、依法维权是举办者的行为准则，只有遵法、守法才能保证学校的发展，永远立于不败之地。

附 录

中华人民共和国民办教育促进法

（2002年12月28日第九届全国人民代表大会常务委员会第三十一次会议通过）

第一章 总则

第一条 为实施科教兴国战略，促进民办教育事业的健康发展，维护民办学校和受教育者的合法权益，根据宪法和教育法制定本法。

第二条 国家机构以外的社会组织或者个人，利用非国家财政性经费，面向社会举办学校及其他教育机构的活动，适用本法。本法未作规定的，依照教育法和其他有关教育法律执行。

第三条 民办教育事业属于公益性事业，是社会主义教育事业的组成部分。

国家对民办教育实行积极鼓励、大力支持、正确引导、依法管理的方针。

各级人民政府应当将民办教育事业纳入国民经济和社会发展规划。

第四条 民办学校应当遵守法律、法规，贯彻国家的教育方针，保证教育质量，致力于培养社会主义建设事业的各类人才。

民办学校应当贯彻教育与宗教相分离的原则。任何组织和个人不得利用宗教进行妨碍国家教育制度的活动。

第五条　民办学校与公办学校具有同等的法律地位,国家保障民办学校的办学自主权。

国家保障民办学校举办者、校长、教职工和受教育者的合法权益。

第六条　国家鼓励捐资办学。

国家对为发展民办教育事业做出突出贡献的组织和个人,给予奖励和表彰。

第七条　国务院教育行政部门负责全国民办教育工作的统筹规划、综合协调和宏观管理。

国务院劳动和社会保障行政部门及其他有关部门在国务院规定的职责范围内分别负责有关的民办教育工作。

第八条　县级以上地方各级人民政府教育行政部门主管本行政区域内的民办教育工作。

县级以上地方各级人民政府劳动和社会保障行政部门及其他有关部门在各自的职责范围内,分别负责有关的民办教育工作。

第二章　设　立

第九条　举办民办学校的社会组织,应当具有法人资格。

举办民办学校的个人,应当具有政治权利和完全民事行为能力。

民办学校应当具备法人条件。

第十条　设立民办学校应当符合当地教育发展的需求,具备教育法和其他有关法律、法规规定的条件。

民办学校的设置标准参照同级同类公办学校的设置标准

执行。

第十一条　举办实施学历教育、学前教育、自学考试助学及其他文化教育的民办学校，由县级以上人民政府教育行政部门按照国家规定的权限审批；举办实施以职业技能为主的职业资格培训、职业技能培训的民办学校，由县级以上人民政府劳动和社会保障行政部门按照国家规定的权限审批，并抄送同级教育行政部门备案。

第十二条　申请筹设民办学校，举办者应当向审批机关提交下列材料：

（一）申办报告，内容应当主要包括：举办者、培养目标、办学规模、办学层次、办学形式、办学条件、内部管理体制、经费筹措与管理使用等；

（二）举办者的姓名、住址或者名称、地址；

（三）资产来源、资金数额及有效证明文件，并载明产权；

（四）属捐赠性质的校产须提交捐赠协议，载明捐赠人的姓名、所捐资产的数额、用途和管理方法及相关有效证明文件。

第十三条　审批机关应当自受理筹设民办学校的申请之日起三十日内以书面形式作出是否同意的决定。

同意筹设的，发给筹设批准书。不同意筹设的，应当说明理由。

筹设期不得超过三年。超过三年的，举办者应当重新申报。

第十四条　申请正式设立民办学校的，举办者应当向审批机关提交下列材料：

（一）筹设批准书；

（二）筹设情况报告；

（三）学校章程、首届学校理事会、董事会或者其他决策机构组成人员名单；

（四）学校资产的有效证明文件；

（五）校长、教师、财会人员的资格证明文件。

第十五条　具备办学条件，达到设置标准的，可以直接申请正式设立，并应当提交本法第十二条和第十四条（三）、（四）、（五）项规定的材料。

第十六条　申请正式设立民办学校的，审批机关应当自受理之日起三个月内以书面形式作出是否批准的决定，并送达申请人；其中申请正式设立民办高等学校的，审批机关也可以自受理之日起六个月内以书面形式作出是否批准的决定，并送达申请人。

第十七条　审批机关对批准正式设立的民办学校发给办学许可证。

审批机关对不批准正式设立的，应当说明理由。

第十八条　民办学校取得办学许可证，并依照有关的法律、行政法规进行登记，登记机关应当按照有关规定即时予以办理。

第三章　学校的组织与活动

第十九条　民办学校应当设立学校理事会、董事会或者其他形式的决策机构。

第二十条　学校理事会或者董事会由举办者或者其代表、校长、教职工代表等人员组成。其中三分之一以上的理事或者董事应当具有五年以上教育教学经验。

学校理事会或者董事会由五人以上组成，设理事长或者董事长一人。理事长、理事或者董事长、董事名单报审批机关备案。

第二十一条　学校理事会或者董事会行使下列职权：

（一）聘任和解聘校长；

（二）修改学校章程和制定学校的规章制度；

（三）制定发展规划，批准年度工作计划；

（四）筹集办学经费，审核预算、决算；

（五）决定教职工的编制定额和工资标准；

（六）决定学校的分立、合并、终止；

（七）决定其他重大事项。

其他形式决策机构的职权参照本条规定执行。

第二十二条　民办学校的法定代表人由理事长、董事长或者校长担任。

第二十三条　民办学校参照同级同类公办学校校长任职的条件聘任校长，年龄可以适当放宽，并报审批机关核准。

第二十四条　民办学校校长负责学校的教育教学和行政管理工作，行使下列职权：

（一）执行学校理事会、董事会或者其他形式决策机构的决定；

（二）实施发展规划，拟订年度工作计划、财务预算和学校规章制度；

（三）聘任和解聘学校工作人员，实施奖惩；

（四）组织教育教学、科学研究活动，保证教育教学质量；

（五）负责学校日常管理工作；

（六）学校理事会、董事会或者其他形式决策机构的其他授权。

第二十五条　民办学校对招收的学生，根据其类别、修业年限、学业成绩，可以根据国家有关规定发给学历证书、结业证书或者培训合格证书。

对接受职业技能培训的学生，经政府批准的职业技能鉴定机构鉴定合格的，可以发给国家职业资格证书。

第二十六条　民办学校依法通过以教师为主体的教职工代表大会等形式，保障教职工参与民主管理和监督。

民办学校的教师和其他工作人员，有权依照工会法，建立工会组织，维护其合法权益。

第四章　教师与受教育者

第二十七条　民办学校的教师、受教育者与公办学校的教师、受教育者具有同等的法律地位。

第二十八条　民办学校聘任的教师，应当具有国家规定的任教资格。

第二十九条　民办学校应当对教师进行思想品德教育和业务培训。

第三十条　民办学校应当依法保障教职工的工资、福利待遇，并为教职工缴纳社会保险费。

第三十一条　民办学校教职工在业务培训、职务聘任、教龄和工龄计算、表彰奖励、社会活动等方面依法享有与公办学校教职工同等权利。

第三十二条　民办学校依法保障受教育者的合法权益。

民办学校按照国家规定建立学籍管理制度，对受教育者实施奖励或者处分。

第三十三条　民办学校的受教育者在升学、就业、社会优待以及参加先进评选等方面享有与同级同类公办学校的受教育者同等权利。

第五章　学校资产与财务管理

第三十四条　民办学校应当依法建立财务、会计制度和资产管理制度，并按照国家有关规定设置会计账簿。

第三十五条　民办学校对举办者投入民办学校的资产、国有资产、受赠的财产以及办学积累，享有法人财产权。

第三十六条　民办学校存续期间，所有资产由民办学校依法管理和使用，任何组织和个人不得侵占。

任何组织和个人都不得违反法律、法规向民办教育机构收取任何费用。

第三十七条 民办学校对接受学历教育的受教育者收取费用的项目和标准由学校制定，报有关部门批准并公示；对其他受教育者收取费用的项目和标准由学校制定，报有关部门备案并公示。

民办学校收取的费用应当主要用于教育教学活动和改善办学条件。

第三十八条 民办学校资产的使用和财务管理受审批机关和其他有关部门的监督。

民办学校应当在每个会计年度结束时制作财务会计报告，委托会计师事务所依法进行审计，并公布审计结果。

第六章 管理与监督

第三十九条 教育行政部门及有关部门应当对民办学校的教育教学工作、教师培训工作进行指导。

第四十条 教育行政部门及有关部门依法对民办学校实行督导，促进提高办学质量；组织或者委托社会中介组织评估办学水平和教育质量，并将评估结果向社会公布。

第四十一条 民办学校的招生简章和广告，应当报审批机关备案。

第四十二条 民办学校侵犯受教育者的合法权益，受教育者及其亲属有权向教育行政部门和其他有关部门申诉，有关部门应当及时予以处理。

第四十三条 国家支持和鼓励社会中介组织为民办学校提供服务。

第七章　扶持与奖励

第四十四条　县级以上各级人民政府可以设立专项资金，用于资助民办学校的发展，奖励和表彰有突出贡献的集体和个人。

第四十五条　县级以上各级人民政府可以采取经费资助、出租、转让闲置的国有资产等措施对民办学校予以扶持。

第四十六条　民办学校享受国家规定的税收优惠政策。

第四十七条　民办学校依照国家有关法律、法规，可以接受公民、法人或者其他组织的捐赠。

国家对向民办学校捐赠财产的公民、法人或者其他组织按照有关规定给予税收优惠，并予以表彰。

第四十八条　国家鼓励金融机构运用信贷手段，支持民办教育事业的发展。

第四十九条　人民政府委托民办学校承担义务教育任务，应当按照委托协议拨付相应的教育经费。

第五十条　新建、扩建民办学校，人民政府应当按照公益事业用地及建设的有关规定给予优惠。教育用地不得用于其他用途。

第五十一条　民办学校在扣除办学成本、预留发展基金以及按照国家有关规定提取其他的必需的费用后，出资人可以从办学结余中取得合理回报。取得合理回报的具体办法由国务院规定。

第五十二条　国家采取措施，支持和鼓励社会组织和个人到少数民族地区、边远贫困地区举办民办学校，发展教育事业。

第八章　变更与终止

第五十三条　民办学校的分立、合并，在进行财务清算后，由学校理事会或者董事会报审批机关批准。

申请分立、合并民办学校的,审批机关应当自受理之日起三个月内以书面形式答复;其中申请分立、合并民办高等学校的,审批机关也可以自受理之日起六个月内以书面形式答复。

第五十四条 民办学校举办者的变更,须由举办者提出,在进行财务清算后,经学校理事会或者董事会同意,报审批机关核准。

第五十五条 民办学校名称、层次、类别的变更,由学校理事会或者董事会报审批机关批准。

申请变更为其他民办学校,审批机关应当自受理之日起三个月内以书面形式答复;其中申请变更为民办高等学校的,审批机关也可以自受理之日起六个月内以书面形式答复。

第五十六条 民办学校有下列情形之一的,应当终止:

(一)根据学校章程规定要求终止,并经审批机关批准的;

(二)被吊销办学许可证的;

(三)因资不抵债无法继续办学的。

第五十七条 民办学校终止时,应当妥善安置在校学生。实施义务教育的民办学校终止时,审批机关应当协助学校安排学生继续就学。

第五十八条 民办学校终止时,应当依法进行财务清算。

民办学校自己要求终止的,由民办学校组织清算;被审批机关依法撤销的,由审批机关组织清算;因资不抵债无法继续办学而被终止的,由人民法院组织清算。

第五十九条 对民办学校的财产按照下列顺序清偿:

(一)应退受教育者学费、杂费和其他费用;

(二)应发教职工的工资及应缴纳的社会保险费用;

(三)偿还其他债务。

民办学校清偿上述债务后的剩余财产,按照有关法律、行政法规的规定处理。

第六十条 终止的民办学校,由审批机关收回办学许可证和销毁印章,并注销登记。

第九章 法律责任

第六十一条 民办学校在教育活动中违反教育法、教师法规定的,依照教育法、教师法的有关规定给予处罚。

第六十二条 民办学校有下列行为之一的,由审批机关或者其他有关部门责令限期改正,并予以警告;有违法所得的,退还所收费用后没收违法所得;情节严重的,责令停止招生、吊销办学许可证;构成犯罪的,依法追究刑事责任:

(一)擅自分立、合并民办学校的;

(二)擅自改变民办学校名称、层次、类别和举办者的;

(三)发布虚假招生简章或者广告,骗取钱财的;

(四)非法颁发或者伪造学历证书、结业证书、培训证书、职业资格证书的;

(五)管理混乱严重影响教育教学,产生恶劣社会影响的;

(六)提交虚假证明文件或者采取其他欺诈手段隐瞒重要事实骗取办学许可证的;

(七)伪造、变造、买卖、出租、出借办学许可证的;

(八)恶意终止办学、抽逃资金或者挪用办学经费的。

第六十三条 审批机关和有关部门有下列行为之一的,由上级机关责令其改正;情节严重的,对直接负责的主管人员和其他直接责任人员,依法给予行政处分;造成经济损失的,依法承担赔偿责任;构成犯罪的,依法追究刑事责任:

(一)已受理设立申请,逾期不予答复的;

(二)批准不符合本法规定条件申请的;

(三)疏于管理,造成严重后果的;

（四）违反国家有关规定收取费用的；

（五）侵犯民办学校合法权益的；

（六）其他滥用职权、徇私舞弊的。

第六十四条　社会组织和个人擅自举办民办学校的，由县级以上人民政府的有关行政部门责令限期改正，符合本法及有关法律规定的民办学校条件的，可以补办审批手续；逾期仍达不到办学条件的，责令停止办学，造成经济损失的，依法承担赔偿责任。

第十章　附　则

第六十五条　本法所称的民办学校包括依法举办的其他民办教育机构。

本法所称的校长包括其他民办教育机构的主要行政负责人。

第六十六条　在工商行政管理部门登记注册的经营性的民办培训机构的管理办法，由国务院另行规定。

第六十七条　境外的组织和个人在中国境内合作办学的办法，由国务院规定。

第六十八条　本法自2003年9月1日起施行。1997年7月31日国务院颁布的《社会力量办学条例》同时废止。

中华人民共和国民办教育促进法实施条例

第一章 总 则

第一条 根据《中华人民共和国民办教育促进法》（以下简称民办教育促进法），制定本条例。

第二条 国家机构以外的社会组织或者个人可以利用非国家财政性经费举办各级各类民办学校；但是，不得举办实施军事、警察、政治等特殊性质教育的民办学校。

民办教育促进法和本条例所称国家财政性经费，是指财政拨款、依法取得并应当上缴国库或者财政专户的财政性资金。

第三条 对于捐资举办民办学校表现突出或者为发展民办教育事业做出其他突出贡献的社会组织或者个人，县级以上人民政府给予奖励和表彰。

第二章 民办学校的举办者

第四条 国家机构以外的社会组织或者个人可以单独或者联合举办民办学校。联合举办民办学校的，应当签订联合办学协议，明确办学宗旨、培养目标以及各方的出资数额、方式和权利、义务等。

第五条 民办学校的举办者可以用资金、实物、土地使用权、知识产权以及其他财产作为办学出资。

国家的资助、向学生收取的费用和民办学校的借款、接受的捐赠财产，不属于民办学校举办者的出资。

第六条 公办学校参与举办民办学校，不得利用国家财政性经费，不得影响公办学校正常的教育教学活动，并应当经主管的教育行政部门或者劳动和社会保障行政部门按照国家规定的条件批准。公办学校参与举办的民办学校应当具有独立的法人资格,具有与公办学校相分离的校园和基本教育教学设施,实行独立的财务会计制度,独立招生,独立颁发学业证书。

参与举办民办学校的公办学校依法享有举办者权益,依法履行国有资产的管理义务,防止国有资产流失。

实施义务教育的公办学校不得转为民办学校。

第七条 举办者以国有资产参与举办民办学校的,应当根据国家有关国有资产监督管理的规定,聘请具有评估资格的中介机构依法进行评估,根据评估结果合理确定出资额,并报对该国有资产负有监管职责的机构备案。

第八条 民办学校的举办者应当按时、足额履行出资义务。民办学校存续期间,举办者不得抽逃出资,不得挪用办学经费。

民办学校的举办者不得向学生、学生家长筹集资金举办民办学校,不得向社会公开募集资金举办民办学校。

第九条 民办学校的举办者应当依照民办教育促进法和本条例的规定制定学校章程,推选民办学校的首届理事会、董事会或者其他形式决策机构的组成人员。

民办学校的举办者参加学校理事会、董事会或者其他形式决策机构的,应当依据学校章程规定的权限与程序,参与学校的办学和管理活动。

第十条 实施国家认可的教育考试、职业资格考试和技术等级考试等考试的机构,不得举办与其所实施的考试相关的民办学校。

第三章 民办学校的设立

第十一条 设立民办学校的审批权限,依照有关法律、法规的规定执行。

第十二条 民办学校的举办者在获得筹设批准书之日起3

年内完成筹设的,可以提出正式设立申请。

第十三条 申请正式设立实施学历教育的民办学校的,审批机关受理申请后,应当组织专家委员会评议,由专家委员会提出咨询意见。

第十四条 民办学校的章程应当规定下列主要事项:

(一)学校的名称、地址;

(二)办学宗旨、规模、层次、形式等;

(三)学校资产的数额、来源、性质等;

(四)理事会、董事会或者其他形式决策机构的产生方法、人员构成、任期、议事规则等;

(五)学校的法定代表人;

(六)出资人是否要求取得合理回报;

(七)学校自行终止的事由;

(八)章程修改程序。

第十五条 民办学校只能使用一个名称。

民办学校的名称应当符合有关法律、行政法规的规定,不得损害社会公共利益。

第十六条 申请正式设立民办学校有下列情形之一的,审批机关不予批准,并书面说明理由:

(一)举办民办学校的社会组织或者个人不符合法律、行政法规规定的条件,或者实施义务教育的公办学校转为民办学校的;

(二)向学生、学生家长筹集资金举办民办学校或者向社会公开募集资金举办民办学校的;

(三)不具备相应的办学条件、未达到相应的设置标准的;

(四)学校章程不符合本条例规定要求,经告知仍不修改的;

(五)学校理事会、董事会或者其他形式决策机构的人员构成不符合法定要求，或者学校校长、教师、财会人员不具备法定资格，经告知仍不改正的。

第十七条　对批准正式设立的民办学校，审批机关应当颁发办学许可证，并将批准正式设立的民办学校及其章程向社会公告。

民办学校的办学许可证由国务院教育行政部门制定式样，由国务院教育行政部门、劳动和社会保障行政部门按照职责分工分别组织印制。

第十八条　民办学校依照有关法律、行政法规的规定申请登记时，应当向登记机关提交下列材料：

（一）登记申请书；

（二）办学许可证；

（三）拟任法定代表人的身份证明；

（四）学校章程。

登记机关应当自收到前款规定的申请材料之日起5个工作日内完成登记程序。

第四章　民办学校的组织与活动

第十九条　民办学校理事会、董事会或者其他形式决策机构的负责人应当品行良好，具有政治权利和完全民事行为能力。

国家机关工作人员不得担任民办学校理事会、董事会或者其他形式决策机构的成员。

第二十条　民办学校的理事会、董事会或者其他形式决策机构，每年至少召开一次会议。经1/3以上组成人员提议，可以召开理事会、董事会或者其他形式决策机构临时会议。

民办学校的理事会、董事会或者其他形式决策机构讨论下列重大事项，应当经2/3以上组成人员同意方可通过：

（一）聘任、解聘校长；

（二）修改学校章程；

（三）制定发展规划；

（四）审核预算、决算；

（五）决定学校的分立、合并、终止；

（六）学校章程规定的其他重大事项。

民办学校修改章程应当报审批机关备案，由审批机关向社会公告。

第二十一条　民办学校校长依法独立行使教育教学和行政管理职权。

民办学校内部组织机构的设置方案由校长提出，报理事会、董事会或者其他形式决策机构批准。

第二十二条　实施高等教育和中等职业技术学历教育的民办学校，可以按照办学宗旨和培养目标，自行设置专业、开设课程，自主选用教材。但是，民办学校应当将其所设置的专业、开设的课程、选用的教材报审批机关备案。

实施高级中等教育、义务教育的民办学校，可以自主开展教育教学活动。但是，该民办学校的教育教学活动应当达到国务院教育行政部门制定的课程标准，其所选用的教材应当依法审定。

实施学前教育的民办学校可以自主开展教育教学活动，但是，该民办学校不得违反有关法律、行政法规的规定。

实施以职业技能为主的职业资格培训、职业技能培训的民办学校，可以按照国家职业标准的要求开展培训活动。

第二十三条　民办学校聘任的教师应当具备《中华人民共和国教师法》和有关行政法规规定的教师资格和任职条件。

民办学校应当有一定数量的专职教师；其中，实施学历教育的民办学校聘任的专职教师数量应当不少于其教师总数的1/3。

附　录　299

第二十四条　民办学校自主聘任教师、职员。民办学校聘任教师、职员，应当签订聘任合同，明确双方的权利、义务等。

民办学校招用其他工作人员应当订立劳动合同。

民办学校聘任外籍人员，按照国家有关规定执行。

第二十五条　民办学校应当建立教师培训制度，为受聘教师接受相应的思想政治培训和业务培训提供条件。

第二十六条　民办学校应当按照招生简章或者招生广告的承诺，开设相应课程，开展教育教学活动，保证教育教学质量。

民办学校应当提供符合标准的校舍和教育教学设施、设备。

第二十七条　民办学校享有与同级同类公办学校同等的招生权，可以自主确定招生的范围、标准和方式；但是，招收接受高等学历教育的学生应当遵守国家有关规定。

县级以上地方人民政府教育行政部门、劳动和社会保障行政部门应当为外地的民办学校在本地招生提供平等待遇，不得实行地区封锁，不得滥收费用。

民办学校招收境外学生，按照国家有关规定执行。

第二十八条　民办学校应当依法建立学籍和教学管理制度，并报审批机关备案。

第二十九条　民办学校及其教师、职员、受教育者申请国家设立的有关科研项目、课题等，享有与公办学校及其教师、职员、受教育者同等的权利。

民办学校的受教育者在升学、就业、社会优待、参加先进评选、医疗保险等方面，享有与同级同类公办学校的受教育者同等的权利。

第三十条　实施高等学历教育的民办学校符合学位授予条件的，依照有关法律、行政法规的规定经审批同意后，可以获得相应的学位授予资格。

第三十一条　教育行政部门、劳动和社会保障行政部门和其他有关部门，组织有关的评奖评优、文艺体育活动和课题、项目招标，应当为民办学校及其教师、职员、受教育者提供同等的机会。

第三十二条　教育行政部门、劳动和社会保障行政部门应当加强对民办学校的日常监督，定期组织和委托社会中介组织评估民办学校办学水平和教育质量，并鼓励和支持民办学校开展教育教学研究工作，促进民办学校提高教育教学质量。

教育行政部门、劳动和社会保障行政部门对民办学校进行监督时，应当将监督的情况和处理结果予以记录，由监督人员签字后归档。公众有权查阅教育行政部门、劳动和社会保障行政部门的监督记录。

第三十三条　民办学校终止的，由审批机关收回办学许可证，通知登记机关，并予以公告。

第五章　民办学校的资产与财务管理

第三十四条　民办学校应当依照《中华人民共和国会计法》和国家统一的会计制度进行会计核算，编制财务会计报告。

第三十五条　民办学校对接受学历教育的受教育者收取费用的项目和标准，应当报价格主管部门批准并公示；对其他受教育者收取费用的项目和标准，应当报价格主管部门备案并公示。具体办法由国务院价格主管部门会同教育行政部门、劳动和社会保障行政部门制定。

第三十六条　民办学校资产中的国有资产的监督、管理，按照国家有关规定执行。

民办学校接受的捐赠财产的使用和管理，依照《中华人民共和国公益事业捐赠法》的有关规定执行。

第三十七条　在每个会计年度结束时，捐资举办的民办学校和出资人不要求取得合理回报的民办学校应当从年度净资产增加额中、出资人要求取得合理回报的民办学校应当从年度净收益中，按不低于年度净资产增加额或者净收益的25%的比例提取发展基金，用于学校的建设、维护和教学设备的添置、更新等。

第六章 扶持与奖励

第三十八条 捐资举办的民办学校和出资人不要求取得合理回报的民办学校，依法享受与公办学校同等的税收及其他优惠政策。

出资人要求取得合理回报的民办学校享受的税收优惠政策，由国务院财政部门、税务主管部门会同国务院有关行政部门制定。

民办学校应当依法办理税务登记，并在终止时依法办理注销税务登记手续。

第三十九条 民办学校可以设立基金接受捐赠财产，并依照有关法律、行政法规的规定接受监督。

民办学校可以依法以捐赠者的姓名、名称命名学校的校舍或者其他教育教学设施、生活设施。捐赠者对民办学校发展做出特殊贡献的，实施高等学历教育的民办学校经国务院教育行政部门按照国家规定的条件批准，其他民办学校经省、自治区、直辖市人民政府教育行政部门或者劳动和社会保障行政部门按照国家规定的条件批准，可以以捐赠者的姓名或者名称作为学校校名。

第四十条 在西部地区、边远贫困地区和少数民族地区举办的民办学校申请贷款用于学校自身发展的，享受国家相关的信贷优惠政策。

第四十一条 县级以上人民政府可以根据本行政区域的具体情况，设立民办教育发展专项资金。民办教育发展专项资金由财政部门负责管理,由教育行政部门或者劳动和社会保障行政部门报同级财政部门批准后使用。

第四十二条 县级人民政府根据本行政区域实施义务教育的需要,可以与民办学校签订协议,委托其承担部分义务教育任务。县级人民政府委托民办学校承担义务教育任务的,应当根据接受义务教育学生的数量和当地实施义务教育的公办学校的生均教育经费标准,拨付相应的教育经费。

受委托的民办学校向协议就读的学生收取的费用,不得高于当地同级同类公办学校的收费标准。

第四十三条 教育行政部门应当会同有关行政部门建立、完善有关制度,保证教师在公办学校和民办学校之间的合理流动。

第四十四条 出资人根据民办学校章程的规定要求取得合理回报的,可以在每个会计年度结束时,从民办学校的办学结余中按一定比例取得回报。

民办教育促进法和本条例所称办学结余,是指民办学校扣除办学成本等形成的年度净收益,扣除社会捐助、国家资助的资产,并依照本条例的规定预留发展基金以及按照国家有关规定提取其他必须的费用后的余额。

第四十五条 民办学校应当根据下列因素确定本校出资人从办学结余中取得回报的比例:

(一)收取费用的项目和标准;

(二)用于教育教学活动和改善办学条件的支出占收取费用的比例;

(三)办学水平和教育质量。

与同级同类其他民办学校相比较,收取费用高、用于教育教学活动和改善办学条件的支出占收取费用的比例低,并且办学水平和教育质量低的民办学校,其出资人从办学结余中取得回报的比例不得高于同级同类其他民办学校。

第四十六条 民办学校应当在确定出资人取得回报比例前，向社会公布与其办学水平和教育质量有关的材料和财务状况。

民办学校的理事会、董事会或者其他形式决策机构应当根据本条例第四十四条、第四十五条的规定作出出资人取得回报比例的决定。民办学校应当自该决定作出之日起15日内，将该决定和向社会公布的与其办学水平和教育质量有关的材料、财务状况报审批机关备案。

第四十七条 民办学校有下列情形之一的，出资人不得取得回报：

（一）发布虚假招生简章或者招生广告，骗取钱财的；

（二）擅自增加收取费用的项目、提高收取费用的标准，情节严重的；

（三）非法颁发或者伪造学历证书、职业资格证书的；

（四）骗取办学许可证或者伪造、变造、买卖、出租、出借办学许可证的；

（五）未依照《中华人民共和国会计法》和国家统一的会计制度进行会计核算、编制财务会计报告，财务、资产管理混乱的；

（六）违反国家税收征管法律、行政法规的规定，受到税务机关处罚的；

（七）校舍或者其他教育教学设施、设备存在重大安全隐患，未及时采取措施，致使发生重大伤亡事故的；

（八）教育教学质量低下，产生恶劣社会影响的。

出资人抽逃资金或者挪用办学经费的，不得取得回报。

第四十八条 除民办教育促进法和本条例规定的扶持与奖励措施外，省、自治区、直辖市人民政府还可以根据实际情况，制定本地区促进民办教育发展的扶持与奖励措施。

第七章 法律责任

第四十九条 有下列情形之一的,由审批机关没收出资人取得的回报,责令停止招生;情节严重的,吊销办学许可证;构成犯罪的,依法追究刑事责任:

(一)民办学校的章程未规定出资人要求取得合理回报,出资人擅自取得回报的;

(二)违反本条例第四十七条规定,不得取得回报而取得回报的;

(三)出资人不从办学结余而从民办学校的其他经费中提取回报的;

(四)不依照本条例的规定计算办学结余或者确定取得回报的比例的;

(五)出资人从办学结余中取得回报的比例过高,产生恶劣社会影响的。

第五十条 民办学校未依照本条例的规定将出资人取得回报比例的决定和向社会公布的与其办学水平和教育质量有关的材料、财务状况报审批机关备案,或者向审批机关备案的材料不真实的,由审批机关责令改正,并予以警告;有违法所得的,没收违法所得;情节严重的,责令停止招生、吊销办学许可证。

第五十一条 民办学校管理混乱严重影响教育教学,有下列情形之一的,依照民办教育促进法第六十二条的规定予以处罚:

(一)理事会、董事会或者其他形式决策机构未依法履行职责的;

(二)教学条件明显不能满足教学要求、教育教学质量低下,未及时采取措施的;

(三)校舍或者其他教育教学设施、设备存在重大安全隐患，未及时采取措施的；

（四）未依照《中华人民共和国会计法》和国家统一的会计制度进行会计核算、编制财务会计报告，财务、资产管理混乱的；

（五）侵犯受教育者的合法权益，产生恶劣社会影响的；

（六）违反国家规定聘任、解聘教师的。

第八章 附 则

第五十二条 本条例施行前依法设立的民办学校继续保留，并在本条例施行之日起1年内，由原审批机关换发办学许可证。

第五十三条 本条例规定的扶持与奖励措施适用于中外合作办学机构。

第五十四条 本条例自2004年4月1日起施行。

教育部关于印发《关于规范并加强普通高校以新的机制和模式试办独立学院管理的若干意见》的通知

教发［2003］8号

各省、自治区、直辖市教育工作部门、教育厅（教委），新疆生产建设兵团教委，计划单列市教育局，有关部门（单位）教育司（局）：

现将《关于规范并加强普通高校以新的机制和模式试办独立学院管理的若干意见》（以下简称《意见》）印发给你们，请认真遵照执行。

自2003年起，凡普通高等学校试办的独立学院与《意见》规定不一致的要立即停办或停止招生。特别是普通高等学校在校内举办的独立学院（即"校中校"），即使今年已经安排招生并对社会进行宣传的，也要立即取消并做好善后工作，确保今年各项招生工作的平稳进行。

各地、各部门在试办独立学院过程中有何重要情况和意见，请及时向我部报告。

附件：关于规范并加强普通高校以新的机制和模式试办独立学院管理的若干意见

二〇〇三年四月二十三日

关于规范并加强普通高校以新的机制和模式试办独立学院管理的若干意见

近年来，随着我国高等教育规模的快速增长，各项相关改革不断深化，一些地方和高校在高等教育办学机制方面进行了大胆探索，其中由普通高校按照新的机制和模式试办的相对独立的二级学院（以下简称独立学院）发展较快，在保证高等教育规模的增长、扩大高等教育资源等方面起到了积极作用。但是，由于种种原因，一些独立学院在办学过程中出现了不少问题和矛盾，对相关的政策急需进一步明确，管理工作亦应加强和规范。据此，为了更好地促进独立学院持续、健康发展，现特对独立学院的规范管理提出若干意见如下：

一、本文所称独立学院，是专指由普通本科高校按新机制、新模式举办的本科层次的二级学院。

一些普通本科高校按公办机制和模式建立的二级学院、"分校"或其他类似的二级办学机构不属此范畴。

二、试办独立学院要贯彻"积极支持、规范管理"的原则。

独立学院是新形势下高等教育办学机制与模式的一项探索和创新，是更好更快扩大高等教育资源的一种有效途径，对今后我国高等教育的持续、健康发展具有重大的意义。为此，今后各地、各部门和各高等学校，都要继续有步骤、有计划地推进独立学院的试办工作，既要鼓励积极探索、大胆实践，又要切实加强管理，不断规范办学行为，注意并坚决反对一哄而起和"刮风"现象，确保独立学院稳妥、健康地发展。

在试办独立学院的具体工作中，一要坚持充分利用现有的优质高等教育资源；二要有利于高等教育资源的不断扩大。据此，在今后一个相当长的时间内，要优先支持办学质量高、办学条件好的普通本科高校试办独立学院；办学质量差、办学困难多的普通本科高校，重在进一步提高自身办学水平，改善办学条件，暂不要试办独立学院。不允许以各种变相形式，把高职（大专）学校改办为独立学院。

三、独立学院的申请者（以下简称申请者），应为普通本科高校。

独立学院的合作者（以下简称合作者），可以是企业、事业单位，社会团体或个人，也可以是其他有合作能力的机构。

申请者要对独立学院的教学和管理负责，并保证办学质量。申请者要充分发挥校本部的智力、人才资源优势，切实加强独立学院的教师队伍和管理队伍建设，建立并不断完善独立学院教学水平的监测、评估体系。

合作者负责提供独立学院办学所需的各项条件和设施，参与学院的管理、监督和领导。

为明确申请者和合作者的责、权、利关系，双方应在试办独立学院时签署具有法律效力的合作办学协议。经双方协商，可以成立校董会。校董会的组成及人选由双方商定。院长由申请者推荐、校董会选任。

四、试办独立学院要一律采用民办机制。

试办独立学院建设、发展所需经费及其他相关支出，均由合作方承担或以民办机制筹措解决。

试办独立学院要一律采用新的办学模式。独立学院应具有独立的校园和基本办学设施，实施相对独立的教学组织和管理，独立进行招生，独立颁发学历证书，独立进行财务核算，应具有独立法人资格，能独立承担民事责任。独立学院还可按国家有关教育事业统计工作的规定，独立填报《高等教育基层统计报表》。

五、申请者申请试办的独立学院，因属本科层次，按《高等教育法》规定，现阶段仍由教育部负责审批。

同时，抓紧改革审批办法，简化审批程序，积极创造条件，逐步将审批权下放给高教发展规划科学、布局合理、办学行为认真规范的省级政府。

试办独立学院的申请工作，目前一律按属地化原则办理。即先由申请者向所在地的省级教育行政部门提出申请，由省级教育行政部门初审（包括由省级高校设置评审委员会组织专家评审）并提出意见后，报教育部审批。中央部门所属高校在向所在地省级教育行政部门提出申请之前，要先征求上级主管部门的意见。教育部在审批前，将视情况对各地申报的一些独立学院，以多种形式组织评估。

申请试办的独立学院，如果暂时达不到规定的办学条件要求，可申请筹建，但也须征得所在地省级教育行政部门的同意。筹建期一至二年，筹建期内不得招生。筹建期满，达到规定要求的，按上述程序审批；未达到要求的，则终止筹建。

六、独立学院原则上应在申请者所在的省（自治区、直辖市）范围内试办。

如需跨省试办，则在征得独立学院所在地省级教育行政部门和学校主管部门同意后报教育部审批。为了进一步促进高等教育均衡发展，国家鼓励和支持有条件的普通高校到西部地区和高等教育资源比较薄弱的地区合作举办独立学院，对申请到这些地区举办的独立学院，教育部将优先审批。

七、必须确保办学条件和质量。

独立学院应具备必要的办学条件。初办时一般应当具备：校园占地面积不少于150亩（艺术类院校和国家另有规定的除外），为了保证今后发展需要，应预留发展用地，校园规划占地面积不少于300亩。教学行政用房建筑面积不少于4万平方米，教学仪器设备总值不少于1000万元，图书不少于4万册。独立学院还应具备不少于100人的、聘期一学年以上的、相对固定的专任教师队伍。专任教师中具有副高级以上职称的比例应不低于30%。独立学院正式招生时生均各项办学条件应基本符合国家规定标准。

加强对办学质量和办学行为的督查与评估。独立学院的办学水平、教育质量和办学行为要按照《高等教育法》和国家有关规定，接受教育部及省级教育行政部门的监督和由其组织的评估。教育部将根据国家有关普通高校办学条件的规定和独立学院的实际情况，对独立学院的招生资格和办学条件实行年审，并定期向社会公布年审结果。对办学质量和办学条件达不到国家规定要求，或办学秩序混乱、管理水平差的独立学院，将视情况给予包括暂停招生资格在内的各类处罚。情节严重的，要予以撤销。

八、独立学院的专业设置，应主要面向地方和区域社会、经济发展的需要，特别是要努力创造条件加快发展社会和人力资源市场急需的短线专业。

独立学院招生计划由所在地省级人民政府在国家下达的普通本科招生计划总数内统筹安排。独立学院招生标准不得低于当地本科最低录取控制线。具体招生录取批次、办法及对户籍管理与毕业生就业的有关政策，由所在地省级人民政府按照国家有关法律和规定制定。

学生收费标准由所在地省级人民政府根据国家有关民办高校招生收费政策制定。

九、独立学院的财产、财务管理以及变更和解散、撤销，依据国家有关法律和政策、规定及合作办学的协议处置。

十、各地、各部门要切实加强对独立学院的领导、指导和统筹规划。要根据国家高等教育发展和高校布局结构调整的要求，认真做好本地区、本部门试办独立学院的整体规划，并据此统筹安排好独立学院的试办工作。各地、各部门和各高等学校，都要加强对独立学院办学秩序和办学行为的管理，尤其要加强对独立学院申请设立、招生录取、收费标准、办学地点、毕业证书颁发等工作的监督与管理，确保独立学院试办工作顺利进行。

独立学院要建立党、团组织，积极开展党、团工作，思想政治工作，维护稳定的工作。各省级教育工作部门要切实加强领导和指导。

　　各地、各部门要按照本意见的要求，一方面要切实加强对独立学院的管理，维护高等教育的办学声誉；另一方面，要立即对目前已经举办的独立学院进行检查、清理，凡不符合规定和要求的，要立即停办或停止招生。对因不执行本意见规定而诱发事端、影响稳定的，要严肃追究有关高校和部门的责任。

中华人民共和国教育部令

第 26 号

《独立学院设置与管理办法》已于 2008 年 2 月 4 日经教育部部务会议审议通过，现予发布，自 2008 年 4 月 1 日起施行。

教育部部长　周济
二〇〇八年二月二十二日

独立学院设置与管理办法

第一章　总则

第一条　为了规范普通高等学校与社会组织或者个人合作举办独立学院活动，维护受教育者和独立学院的合法权益，促进高等教育事业健康发展，根据高等教育法、民办教育促进法、民办教育促进法实施条例，制定本办法。

第二条　本办法所称独立学院，是指实施本科以上学历教育的普通高等学校与国家机构以外的社会组织或者个人合作，利用非国家财政性经费举办的实施本科学历教育的高等学校。

第三条　独立学院是民办高等教育的重要组成部分，属于公益性事业。

设立独立学院，应当符合国家和地方高等教育发展规划。

第四条　独立学院及其举办者应当遵守法律、法规、规章和国家有关规定，贯彻国家的教育方针，坚持社会主义办学方向和教育公益性原则。

第五条　国家保障独立学院及其举办者的合法权益。

独立学院依法享有民办教育促进法、民办教育促进法实施条例规定的各项奖励与扶持政策。

第六条 国务院教育行政部门负责全国独立学院的统筹规划、综合协调和宏观管理。

省、自治区、直辖市人民政府教育行政部门（以下简称省级教育行政部门）主管本行政区域内的独立学院工作，依法履行下列职责：

（一）独立学院办学许可证的管理；

（二）独立学院招生简章和广告备案的审查；

（三）独立学院相关信息的发布；

（四）独立学院的年度检查；

（五）独立学院的表彰奖励；

（六）独立学院违法违规行为的查处；

（七）法律法规规定的其他职责。

第二章 设立

第七条 参与举办独立学院的普通高等学校须具有较高的教学水平和管理水平，较好的办学条件，一般应具有博士学位授予权。

第八条 参与举办独立学院的社会组织，应当具有法人资格。注册资金不低于5000万元，总资产不少于3亿元，净资产不少于1.2亿元，资产负债率低于60%。

参与举办独立学院的个人，应当具有政治权利和完全民事行为能力。个人总资产不低于3亿元，其中货币资金不少于1.2亿元。

第九条 独立学院的设置标准参照普通本科高等学校的设置标准执行。

独立学院应当具备法人条件。

第十条 参与举办独立学院的普通高等学校与社会组织或

者个人,应当签订合作办学协议。

合作办学协议应当包括办学宗旨、培养目标、出资数额和方式、各方权利义务、合作期限、争议解决办法等内容。

第十一条　普通高等学校主要利用学校名称、知识产权、管理资源、教育教学资源等参与办学。社会组织或者个人主要利用资金、实物、土地使用权等参与办学。

国家的资助、向学生收取的学费和独立学院的借款、接受的捐赠财产,不属于独立学院举办者的出资。

第十二条　独立学院举办者的出资须经依法验资,于筹设期内过户到独立学院名下。

本办法施行前资产未过户到独立学院名下的,自本办法施行之日起1年内完成过户工作。

第十三条　普通高等学校投入办学的无形资产,应当依法作价。无形资产的作价,应当委托具有资产评估资质的评估机构进行评估;无形资产占办学总投入的比例,由合作办学双方按照国家法律、行政法规的有关规定予以约定,并依法办理有关手续。

第十四条　独立学院举办者应当依法按时、足额履行出资义务。独立学院存续期间,举办者不得抽逃办学资金,不得挪用办学经费。

第十五条　符合条件的普通高等学校一般只可以参与举办1所独立学院。

第十六条　设立独立学院,分筹设和正式设立两个阶段。筹设期1至3年,筹设期内不得招生。筹设期满未申请正式设立的,自然终止筹设。

第十七条　设立独立学院由参与举办独立学院的普通高等学校向拟设立的独立学院所在地的省级教育行政部门提出申请,按照普通本科高等学校设置程序,报国务院教育行政部门审批。

第十八条 申请筹设独立学院，须提交下列材料：

（一）筹设申请书。内容包括：举办者、拟设立独立学院的名称、培养目标、办学规模、办学条件、内部管理体制、经费筹措与管理使用等。

（二）合作办学协议。

（三）普通高等学校的基本办学条件，专业设置、学科建设情况，在校学生、专任教师及管理人员状况，本科教学水平评估情况，博士点设置情况。

（四）社会组织或者个人的法人登记证书或者个人身份证明材料。

（五）资产来源、资金数额及有效证明文件，并载明产权。其中包括不少于500亩的国有土地使用证或国有土地建设用地规划许可证。

（六）普通高等学校主管部门审核同意的意见。

第十九条 申请筹设独立学院的，审批机关应当按照民办教育促进法规定的期限，作出是否批准的决定。批准的，发给筹设批准书；不批准的，应当说明理由。

第二十条 完成筹设申请正式设立的，应当提交下列材料：

（一）正式设立申请书；

（二）筹设批准书；

（三）筹设情况报告；

（四）独立学院章程，理事会或董事会组成人员名单；

（五）独立学院资产的有效证明文件；

（六）独立学院院长、教师、财会人员的资格证明文件；

（七）省级教育行政部门组织的专家评审意见。

第二十一条 独立学院的章程应当规定下列主要事项：

（一）独立学院的名称、地址；

（二）办学宗旨、规模等；

（三）独立学院资产的数额、来源、性质以及财务制度；

（四）出资人是否要求取得合理回报；

（五）理事会或者董事会的产生方法、人员构成、权限、任期、议事规则等；

（六）法定代表人的产生和罢免程序；

（七）独立学院自行终止的事由；

（八）章程修改程序。

第二十二条　独立学院的名称前冠以参与举办的普通高等学校的名称，不得使用普通高等学校内设院系和学科的名称。

第二十三条　申请正式设立独立学院，审批机关应当按照民办教育促进法规定的期限，作出是否批准的决定。批准的，发给办学许可证；不批准的，应当说明理由。

依法设立的独立学院，应当按照国家有关规定办理法人登记。

第二十四条　国务院教育行政部门受理申请筹设和正式设立独立学院的时间为每年第三季度。省级教育行政部门应当在每年9月30日前完成审核工作并提出申请。

审批机关审批独立学院，应当组织专家评议。专家评议的时间，不计算在审批期限内。

第三章　组织与活动

第二十五条　独立学院设立理事会或者董事会，作为独立学院的决策机构。理事会或者董事会由参与举办独立学院的普通高等学校代表、社会组织或者个人代表、独立学院院长、教职工代表等人员组成。理事会或者董事会中，普通高等学校的代表不得少于五分之二。

理事会或者董事会由5人以上组成，设理事长或者董事长1人。理事长、理事或者董事长、董事名单报审批机关备案。

第二十六条　独立学院的理事会或者董事会每年至少召开2次会议。经三分之一以上组成人员提议，可以召开理事会或者董事会临时会议。

理事会或者董事会会议应由二分之一以上的理事或者董事出席方可举行。

第二十七条　独立学院理事会或者董事会应当对所议事项形成记录，出席会议的理事或者董事和记录员应当在记录上签名。

第二十八条　独立学院理事会或者董事会会议作出决议，须经全体理事或者董事的过半数通过。但是讨论下列重大事项，须经理事会或者董事会三分之二以上组成人员同意方可通过：

（一）聘任、解聘独立学院院长；

（二）修改独立学院章程；

（三）制定发展规划；

（四）审核预算、决算；

（五）决定独立学院的合并、终止；

（六）独立学院章程规定的其他重大事项。

第二十九条　独立学院院长应当具备国家规定的任职条件，年龄不超过70岁，由参与举办独立学院的普通高等学校优先推荐，理事会或者董事会聘任，并报审批机关核准。

独立学院院长负责独立学院的教育教学和行政管理工作。

第三十条　独立学院应当按照办学许可证核定的名称、办学地址和办学范围组织开展教育教学活动。不得设立分支机构。不得出租、出借办学许可证。

第三十一条　独立学院必须根据有关规定，建立健全中国共产党和中国共产主义青年团的基层组织。独立学院党组织应当发挥政治核心作用，独立学院团组织应当发挥团结教育学生的重要作用。

独立学院应当建立教职工代表大会制度，保障教职工参与民主管理和监督。

第三十二条　独立学院的法定代表人为学校安全稳定工作第一责任人。独立学院应当建立健全安全稳定工作机制，建立学校安全保卫工作队伍。落实各项维护安全稳定措施，开展校园及周边治安综合治理，维护校园安全和教学秩序。

参与举办独立学院的普通高等学校应当根据独立学院的实际情况，积极采取措施，做好安全稳定工作。

第三十三条　独立学院应当按照国家核定的招生规模和国家有关规定招收学生，完善学籍管理制度，做好家庭经济困难学生的资助工作。

第三十四条　独立学院应当按照国家有关规定建立学生管理队伍。按不低于1∶200的师生比配备辅导员，每个班级配备1名班主任。

第三十五条　独立学院应当建立健全教学管理机构，加强教学管理队伍建设。改进教学方式方法，不断提高教育质量。

第三十六条　独立学院应当按照国家有关规定完善教师聘用和管理制度，依法落实和保障教师的相关待遇。

第三十七条　独立学院应当根据核定的办学规模充实办学条件，并符合普通本科高等学校基本办学条件指标的各项要求。

第三十八条　独立学院对学习期满且成绩合格的学生，颁发毕业证书，并以独立学院名称具印。

独立学院按照国家有关规定申请取得学士学位授予资格，对符合条件的学生颁发独立学院的学士学位证书。

第三十九条　独立学院应当按照国家有关规定建立财务、会计制度和资产管理制度。

独立学院资产中的国有资产的监督、管理，按照国家有关规定执行。独立学院接受的捐赠财产的使用和管理，按照公益事业捐赠法的有关规定执行。

第四十条 独立学院使用普通高等学校的管理资源和师资、课程等教育教学资源，其相关费用应当按照双方约定或者国家有关规定，列入独立学院的办学成本。

第四十一条 独立学院收费项目和标准的确定，按照国家有关规定执行，并在招生简章和广告中载明。

第四十二条 独立学院存续期间，所有资产由独立学院依法管理和使用，任何组织和个人不得侵占。

第四十三条 独立学院在扣除办学成本、预留发展基金以及按照国家有关规定提取其他必需的费用后，出资人可以从办学结余中取得合理回报。

出资人取得合理回报的标准和程序，按照民办教育促进法实施条例和国家有关规定执行。

第四章 管理与监督

第四十四条 教育行政部门应当加强对独立学院教育教学工作、教师培训工作的指导。

参与举办独立学院的普通高等学校，应当按照合作办学协议和国家有关规定，对独立学院的教学和管理工作予以指导，完善独立学院教学水平的监测和评估体系。

第四十五条 独立学院的招生简章和广告的样本，应当及时报省级教育行政部门备案。

未经备案的招生简章和广告，不得发布。

第四十六条 省级教育行政部门应当按照国家有关规定，加强对独立学院的督导和年检工作，对独立学院的办学质量进行监控。

第四十七条 独立学院资产的使用和财务管理受审批机关和其他有关部门的监督。

独立学院应当在每个会计年度结束时制作财务会计报告，委托会计师事务所依法进行审计，并公布审计结果。

第五章 变更与终止

第四十八条 独立学院变更举办者，须由举办者提出，在进行财务清算后，经独立学院理事会或者董事会同意，报审批机关核准。

独立学院变更地址，应当报审批机关核准。

第四十九条 独立学院变更名称，应当报审批机关批准。

第五十条 独立学院有下述情形之一的，应当终止：

（一）根据独立学院章程规定要求终止，并经审批机关批准的；

（二）资不抵债无法继续办学的；

（三）被吊销办学许可证的。

第五十一条 独立学院终止时，在妥善安置在校学生后，按照民办教育促进法的有关规定进行财务清算和财产清偿。

独立学院举办者未履行出资义务或者抽逃、挪用办学资金造成独立学院资不抵债无法继续办学的，除依法承担相应的法律责任外，须提供在校学生的后续教育经费。

第五十二条 独立学院终止时仍未毕业的在校学生由参与举办的普通高等学校托管。对学习期满且成绩合格的学生，发给独立学院的毕业证书；符合学位授予条件的，授予独立学院的学士学位证书。

第五十三条 终止的独立学院，除被依法吊销办学许可证的外，按照国家有关规定收回其办学许可证、印章，注销登记。

第六章 法律责任

第五十四条 审批机关及其工作人员，利用职务上的便利收取他人财物或者获取其他利益，滥用职权、玩忽职守，对不符合本办法规定条件者颁发办学许可证，或者发现违法行为不予以查处，情节严重的，对直接负责的主管人员和其他直接人员，依法给予行政处分；构成犯罪的，依法追究刑事责任。

第五十五条　独立学院举办者虚假出资或者在独立学院设立后抽逃资金、挪用办学经费的，由省级教育行政部门会同有关部门责令限期改正，并按照民办教育促进法的有关规定给予处罚。

第五十六条　独立学院有下列情形之一的，由省级教育行政部门责令限期改正，并视情节轻重，给予警告、1至3万元的罚款、减少招生计划或者暂停招生的处罚：

（一）独立学院资产不按期过户的；

（二）发布未经备案的招生简章或广告的；

（三）年检不合格的；

（四）违反国家招生计划擅自招收学生的。

第五十七条　独立学院违反民办教育促进法以及其他法律法规规定的，由省级教育行政部门或者会同有关部门给予处罚。

第七章　附则

第五十八条　本办法施行前设立的独立学院，按照本办法的规定进行调整，充实办学条件，完成有关工作。本办法施行之日起5年内，基本符合本办法要求的，由独立学院提出考察验收申请，经省级教育行政部门审核后报国务院教育行政部门组织考察验收，考察验收合格的，核发办学许可证。

第五十九条　本办法自2008年4月1日起施行。此前国务院教育行政部门发布的有关独立学院设置与管理的文件与本办法不一致的，以本办法为准。

参考文献

1. 周济. 促进高校独立学院持续健康快速发展 [N]. 中国教育报, 2003-07-08.
2. 周济：加强规范管理是独立学院健康发展必然要求 [EB/OL]. 教育部网站, 2008-03-01.
3. 周济. 开创高校毕业生就业新局面 [EB/OL]. 中国教育在线, 2004-12-13.
4. 张保庆. 统一思想提高认识注重质量严格管理努力促进独立学院健康、持续发展 [J]. 中国大学教学, 2005 (5).
5. 牟阳春. 独立学院——我国高等教育新一轮发展的历史选择 [J]. 教育发展研究, 2004 (4).
6. 中央教育科学研究所比较教育研究室. 简明国际教育百科全书. 教学（上册）[M]. 北京：教育科学出版社, 1990.
7. 来茂德. 独立学院：中国高等教育发展的新探索 [M]. 杭州：浙江大学出版社, 2004.
8. 胡培, 赵冬梅. 管理科学基本原理与方法 [M]. 成都：西南交通大学出版社, 1996.
9. 李东生. 教育竞争与招生工作指南 [M]. 北京：清华大学出版社, 2001.
10. 刘炳贵. 江苏高校招生考试科研论文集 [M]. 南京：

东南大学出版社，1998.

11. 李满苗. 大学素质教育论纲［M］. 南昌：江西教育出版社，1999.

12. 周三多，陈传明，等. 管理学原理与方法［M］. 上海：复旦大学出版社，2007.

13. 郭咸纲. 西方管理思想史［M］. 北京：经济管理出版社，2004.

14. 刘巨钦，朱健. 独立学院发展的意义、问题与对策［J］. 当代教育论坛（宏观教育研究），2008（7）.

15. 张国忠. 高校合并面面观［J］. 中国高校招生，2000（4）.

16. 中国教育部采取十项措施支持西部大开发［EB/OL］. 中国新闻网，2000-03-15.

17. 伍志强. 解决高校扩招"瓶颈"问题的几点思考［J］. 中国高校招生，2000（6）.

18. 李守信. 三年大扩招——中国高等学校扩招启示录［J］. 中国高等教育，2001（18）.

19. 翟振元. 改革用人机制、转变择业观念［J］. 中国高校招生，2000（3）.

20. 李梓华. 建立招生计划与专业建设良性互动的新机制［J］. 高校招生，2001（5）.

21. 党姗，代建国，等. 大学新生入学教育的对策与实践［J］. 陕西广播电视大学学报，2007（2）.

22. 李萍. 大学新生入学教育体系的探索和实践［J］. 河南教育（高校版），2007（4）.

23. 肖杏烟. 试论学校职业指导的开展与推动［J］. 广东青年干部学院学报，2006（2）.

24. 张树彬，项慧新，等. 高校学生全程就业指导的内容体

系及其实施 [J]. 唐山学院学报, 2006 (2).

25. 刘勇兵, 高新. 独立学院可持续发展的思考与实践 [J]. 中国高教研究, 2005 (8).

26. 郜金荣. 浅谈独立学院中的教师队伍建设 [J]. 学习月刊, 2006 (10).

27. 于福, 史天勤. 独立学院师资队伍建设研究 [J]. 现代教育科学, 2004 (5).

28. 田雨, 林洁. 独立学院青年教师队伍建设 [J]. 桂林电子工业学院学报, 2005 (5).

29. 许激. 系统和系统论 [EB/OL]. http://www.manage9.com, 2004-2-16.

30. 郜金荣. 浅谈独立学院中的教师队伍建设 [J]. 学习月刊, 2006 (10).

31. 黄伟. 试论学校职业指导的开展与实践 [J]. 煤炭高等教育, 2005 (1).

32. 高军民, 等. 开展全程职业指导, 深化教育教学改革 [J]. 中国职业技术教育, 2004 (14).

33. 潘红军. 关于高校毕业生就业工作的几点思考 [J]. 江苏高教, 2005 (6).

34. 楼锡锦, 陈立明. 独立学院毕业生就业竞争优劣势分析 [J]. 社会科学战线, 2006 (2).

35. 伍力. 论独立学院毕业生就业渠道的拓展 [J]. 教书育人, 2006 (2).

36. 莫荣, 刘军. 当前高校毕业生就业形势分析 [N]. 经济参考报, 2003-06-11.

37. 许中华, 雷育胜. 大学生自主创业探析 [J]. 科技创业月刊, 2005 (8).

38. 张纯, 等. 大学生应具备的创业能力与培养途径 [J].

中国轻工教育，2005（2）．

39．夏露．大学生创业热的冷思考［J］．世界教育信息，2005（1）．

40．施菊华．大学生创业教育引导就业教育的探讨［J］．当代教育论坛，2005（7）．

41．杨琳．以就业为导向深化创业教育［J］．职教论坛，2005（8）．

42．曾昭燕，等．创业教育与传统教育改革［J］．当代教育论坛，2005（7）．

43．吴金林．独立学院人才培养目标定位研究［J］．教育与职业，2005（2）．

44．张建永．我国独立学院发展战略的路径选择［J］．中国高教研究，2006（5）：45-46．

45．高贤峰．融智之道［CD］．北京大学音像出版社，2007．

46．L von Bertalanffy. General System Theory: Fundations, Development, Application, 1968.

47．曹国林．普通独立学院招生工作中存在的问题及对策［J］．中国成人教育，2006（6）．

48．曹国林．高校招生网上录取手段实施与方法研究［J］．中国科教创新导刊，2007（11）．

49．曹国林．高校招生工作营销策略研究［J］．职业圈，2007（11）．

50．曹国林．谈人本管理在普通独立学院招生工作中的应用［J］．现代企业文化，2008（5）．

51．曹国林．试论独立学院教学工作中存在的问题及对策［J］．中国成人教育，2007（4）．

52．曹国林．浅谈高校实施学分制与教学管理体制改革的关系[J]. 职业时空, 2008 (11).

53. 曹国林. 独立学院开展大学生就业指导的建议及思考[J]. 中国校外教育, 2008 (1).

54. 曹国林. 浅谈高校毕业生就业问题研究[J]. 现代企业文化, 2008 (1).

55. 曹国林. 试论家庭因素对独立学院毕业生就业及择业的影响[J]. 中国校外教育, 2007 (7).

56. 曹国林. 试论模拟面试在高校就业指导工作中的运用[J]. 云南省高校就业工作论文集, 2008 (9).

57. 曹国林. 当前高校毕业生自主创业存在的问题及对策研究[J]. 继续教育研究, 2009 (11).

58. 那薇. 人本管理与高校现代教学管理[J]. 中国成人教育, 2009 (9).

59. 那薇. 关于独立学院毕业论文工作的几点思考[J]. 中国教育创新, 2007 (9).

60. 那薇. 对独立学院"三师型"教师队伍建设的思考[J]. 中国成人教育, 2007 (3).

61. 那薇. 融智观念在独立学院师资队伍建设中的应用[J]. 继续教育研究, 2010 (3).

62. 那薇. 浅谈大学生网络成瘾的原因及防预[J]. 教育艺术, 2010 (2).

63. 那薇. 高校全程化就业指导的契入点——新生入学教育[J]. 职业时空, 2008 (8).

64. 那薇. 独立学院财务管理专业毕业生跟踪调查报告[J]. 中国校外教育, 2007 (7).

65. 那薇. 独立学院学生学习动机和学习行为调查报告[J]. 职业圈, 2007 (8).

图书在版编目(CIP)数据

独立学院管理的研究与实践/那薇,曹国林著. —成都:西南财经大学出版社,2011.4
ISBN 978 - 7 - 5504 - 0228 - 7

Ⅰ.①独… Ⅱ.①那…②曹… Ⅲ.①高等学校—学校管理—研究 Ⅳ.①G647

中国版本图书馆 CIP 数据核字(2011)第 046140 号

独立学院管理的研究与实践
那 薇 曹国林 著

责任编辑:赵 琴
封面设计:杨红鹰
责任印制:封俊川

出版发行	西南财经大学出版社(四川省成都市光华村街55号)
网 址	http://www.bookcj.com
电子邮件	bookcj@foxmail.com
邮政编码	610074
电 话	028 - 87353785　87352368
印 刷	郫县犀浦印刷厂
成品尺寸	148mm×210mm
印 张	10.625
字 数	265 千字
版 次	2011 年 4 月第 1 版
印 次	2011 年 4 月第 1 次印刷
书 号	ISBN 978 - 7 - 5504 - 0228 - 7
定 价	35.00 元

1. 版权所有,翻印必究。
2. 如有印刷、装订等差错,可向本社营销部调换。